利用者支援の実践研究

~福祉職員の実践力向上を目指して~

津田　耕一

kumi

はじめに

　社会福祉の仕組みは、主な領域の多くが従来の「措置制度」から「契約による利用制度」（以下、利用制度）へと大きく変遷した。この利用制度は、福祉サービス利用者（以下、利用者）の自己選択・自己決定といった利用者の意思を最大限尊重し、利用者と福祉サービス提供者とが対等な関係のもと利用者が福祉サービスを選ぶことができる、というものである。利用者の福祉サービスを受ける権利性を国が認めた制度といえよう。

　1951（昭和26）年に制定された「社会福祉事業法」が、2000（平成12）年に「社会福祉法」に全面改正されたが、このなかで「福祉サービス」ということばが条文のなかに随所に見られるようになった。社会福祉はサービス業であるという考えも聞かれるようになった。

　このように、社会福祉の考え、福祉サービス提供システムが大きく変化した。これらの一連の改革は、措置制度の問題点を克服するために打ち出されたもので、1994（平成6）年の「新たな高齢者介護支援システムについて」、1998（平成10）年の「社会福祉基礎構造改革について」が相次いで意見として出され、「社会福祉法」はじめ、「介護保険法」の制定、障害関係各法が改正され、利用制度が実施されるに至った。

　今日ほど社会福祉の制度・政策が利用者支援という社会福祉援助に大きく影響を与えてきた時代はかつてなかったといえよう。しかし、これからの利用者支援には社会福祉全般の制度や政策といった国の動向を見極めていくことが不可欠であり、これらを見据えたうえで利用者支援を考えていかなければならない。

　利用制度では、措置制度下で指摘されてきた問題を克服し、利用者主体に基づく質の高い福祉サービスの提供が求められている。質の高い福祉サービスを提供するには、社会福祉施設（以下、施設）をはじめとする社会福祉事業経営者（以下、経営者）と現場で働く職員が一丸となって取り組む必要がある。つまり、社会福祉援助に関わる"人"によって大きく左右されるといえよう。経営者や職員の福祉専門職としての向上が求められているところである。さらに、障害児者施設をはじめ施設は大きく再編成されようとしており、ますます混迷を極めている。このようななかにあって、施設の存在意義

や本質が改めて問われている。

　そこで、社会福祉の理念、動向、新たな制度、社会福祉援助の理論などを踏まえた社会福祉の現場（以下、現場）に役立つ書物が求められている。現場で働く職員の実践力を高めることを目的に本書の執筆を試みた。

　本書の特徴は三つある。まず第一点目は、本書の基本姿勢である利用者を最も大切にした支援、利用者主体の支援を貫いている。利用制度に移行し、社会福祉経営手腕が問われるなかで経費削減といった経済効率のみを優先させるのではなく、社会福祉事業の存在意義を再認識しつつ利用者のニーズを充足すること、利用者の生活を中心に置いた支援を目指すことを強調している。

　第二点目は、単なる社会福祉や社会福祉援助の理論を紹介するのではなく、また、単なる経験談を列挙するのでもなく、理論を踏まえたうえで現場に活用できるよう記述している。いわゆる根拠に基づく実践（Evidence Based Practice）を意識している。しかも、現場において実践可能な利用者支援の実践を具体的に分かりやすく事例やエピソードを盛り込みながら書き進めている。なお、本書に登場する事例やエピソードは事実を基にした創作であり、人名は仮名である。

　第三点目は、現場で働く職員の苦労を労いつつ業務にやる気をより引き出すことができるよう心がけている。現場の援助のあり方を一方的に否定したり、職員の質や意識の低さを強調したりするのではなく、現場で働く職員が自省すべきところは自省し、専門職としての動機をより高めてもらうことを狙いとしている。

　現場の職員のなかには矛盾や限界を感じている方も多くおられるだろう。「制度改革のなかにあって崇高な理念と制度・政策や実践の間に大きなギャップがある」「利用者主体や利用者本位の支援といわれているが具体的にどうすればよいのか」「職場全体の士気を高め利用者を中心としたプログラムをどう組み立てたらよいのか」「職員の専門性向上を図るにはどうすればよいか」「利用者や家族から信頼される職員（ワーカー）になれるだろうか」「関わっている利用者との関係が上手く構築できず支援に行き詰まっている」「利用者の抱える問題が大きすぎて対応に限界がある」など様々な悩みを抱えているのではないだろうか。その意味で、職員の苦しみを受けとめ分かち

合いつつ、共によりよい利用者支援を目指す、というスタンスをとっている。

　わが国の現場には、様々な領域で施設、機関、その他の社会福祉関係事業所（以下、事業所）が数多く存在し、それぞれの現場に即した支援が展開されている。このようななか、社会福祉援助の共通基盤に基づいた利用者支援が注目されている。本書は、社会福祉の領域、施設や機関あるいは事業所の種別を超え、多くの現場で活用可能なように利用者支援を社会福祉援助共通基盤の観点から模索することとした。

　以上の特徴をもった本書が、現場で実践されておられる職員の方々の利用者支援にやりがいと自信を持って取り組んでいただける一助になれば幸いである。

もくじ

第1章 社会福祉の制度改革と利用者支援 …………… 1
1．社会福祉制度の変遷 …………………………………………… 1
2．制度改革と現場 ………………………………………………… 11

第2章 福祉現場と専門職性 ……………………………… 33
1．現場に求められる理論的根拠 ………………………………… 33
2．社会福祉固有の視点と社会福祉援助（ソーシャルワーク）… 40
3．利用者支援における専門職性 ………………………………… 45
4．専門職としての自覚 …………………………………………… 59

第3章 ソーシャルワークの考え方 ……………………… 69
1．ジェネラリスト（ジェネラル）・ソーシャルワークとエコシステム
 ……………………………………………………………………… 69
2．エンパワメント ………………………………………………… 77

第4章 利用者主体の支援 ………………………………… 101
1．人権と権利擁護 ………………………………………………… 101
2．自立 ……………………………………………………………… 113
3．福祉ニーズ ……………………………………………………… 119
4．利用者主体の支援 ……………………………………………… 128

第5章 利用者支援の展開過程 …………………………… 139
1．支援過程の枠組み ……………………………………………… 139
2．導入 ……………………………………………………………… 143
3．アセスメント …………………………………………………… 146
4．支援計画作成 …………………………………………………… 161
5．支援の実施 ……………………………………………………… 166
6．モニタリング、再アセスメントへのフィードバック、
 評価（evaluation）……………………………………………… 168

7．終結 ……………………………………………………… 173

第6章　利用者支援の技法 ……………………………… 177
　　1．援助関係 ………………………………………………… 177
　　2．コミュニケーション …………………………………… 187
　　3．利用者との関わり（行動理論からの考察）………… 202

第7章　実践力の向上を目指して ……………………… 223
　　1．求められる専門職としての素養 ……………………… 223
　　2．ワーカーのストレスとバーンアウト ………………… 229
　　3．スーパービジョン ……………………………………… 241
　　4．さらなる飛躍を目指して ……………………………… 247

第1章
社会福祉の制度改革と利用者支援

　利用者支援について考える前に、わが国の社会福祉システムを理解する必要がある。本章では、社会福祉制度改革の意義・課題を整理し、現場の状況を述べる。そのうえで、福祉サービスの質の向上を目指して事業所・施設はどうあるべきかを考察する。

1．社会福祉制度の変遷

(1)「措置」から「契約による利用」制度へ
　福祉サービスの主要領域の提供システムが「措置制度」から「契約による利用制度」へと移行し、大きな変革を遂げようとしている。
　措置制度とは、戦後の混乱期に社会福祉の仕組みを整えるために、行政の判断と責任による行政主導のもと実施された制度をいう。この措置制度は、社会福祉を進展させる上で大きな役割を果たしたことは事実である。緊急性の高い人や必要な人に必要な福祉サービスが提供される、行政の判断と責任で福祉のサービスが提供される、最低基準が設けられていたことで全国共通の水準が確保できる、といった緊急性と中立性・公平性を保持するというメリットがあった。
　その一方で、問題点も多く指摘されるようになった[1]。行政処分であるため利用者の権利性が認められない（反射的利益を受けているに過ぎない）、サービス提供者主導で利用者主体となっていない、個別性より集団性を尊重し画一的・均一的なサービスしか提供されていないため多様な福祉ニーズに対応できないなどサービスの質の向上が望めない。また、措置費の運用が限定されており、先駆的、創造的な福祉サービスが提供されず、最低限の福祉

第1章　社会福祉の制度改革と利用者支援

サービスしか提供されない。さらに、利用者は毎日の生活のなかでけがや病気をすることなく過ごしているだけで福祉サービスを提供しているといえるのか、といった疑問も投げかけられた。国民の税金を使って福祉サービスに効果が表れないということでは国民の信頼と納得が得られないなど様々な問題が表面化した。

　しかも、措置とは「行政処分」という意味である。利用者は、「自活できない人」「欠けている人」といったレッテルを貼られ行政処分の対象者として扱われてきたのである。したがって、行政主導の利用者処遇が行われ、利用者は「出来ないところ」「欠けているところ」を補うために訓練、指導、保護、管理されたのである。このように措置制度そのものが批判されるようになった。

　一方、1990年代以降、措置制度の問題だけでなく、社会福祉全体の考え方や社会構造の変化とともに措置制度が見直されることとなった。人々の生活上の問題は、複雑化、深刻化しており、福祉ニーズも多様化してきた。福祉サービスを受けるのはごく限られた一部の人という考えから誰もが生活を営む上で福祉サービス利用者になりうるという福祉の普遍化の考えが浸透した。一方、少子高齢社会のなかで労働人口層の減少、急速に増大する老人保健医療問題や年金問題、介護問題、慢性的な不景気などによって財政難に陥り国家予算に限界が見えはじめるなど社会構造が大きく変化したことに伴い福祉業界も聖域ではなくなった。

　以上のような理由から、戦後の混乱期に出来た行政主導の措置制度は現代社会にそぐわなくなり、今後予想される多様な福祉ニーズに応えられなくなった。そこで考案されたのが利用制度である。

（2）社会福祉基礎構造改革と制度改革
1）社会福祉制度改革の動向

　今日の社会福祉制度改革の先駆けとなったのが、「今後の社会福祉の在り方について」（1989（平成元）年：福祉関係三審議会合同企画分科会）という意見具申であり、翌年にはこれを受けて「老人福祉法等福祉関係八法」が改正された。その後、「保育問題検討会の報告書」（1993（平成5）年：保育問題検討会）、「二十一世紀福祉ビジョン－少子・高齢社会に向けて－」

(1994（平成 6 ）年：高齢社会福祉ビジョン懇談会）、「社会保障将来像委員会第 2 次報告」（1994（平成 6 ）年：社会保障制度審議会）、「新たな高齢者介護システムの構築を目指して」（1994（平成 6 ）年：高齢者・介護自立支援システム研究会）、「今後の障害保健福祉施策の在り方について（中間報告）」（1997（平成 9 ）年：障害関係三審議会合同企画分科会）といった意見書が相次いで提出され、利用制度の導入が議論された。

　そして、「社会福祉基礎構造改革について（中間まとめ）」（1998（平成10）年：中央社会福祉審議会社会福祉構造改革分科会）へと結実し、同年に「社会福祉基礎構造改革を進めるにあたって（追加意見）」が出され、利用制度に向け本格的な制度改革が行われることになった。これと前後して、1997（平成 9 ）年には「介護保険法」が制定され、2000（平成12）年度から実施され、同時に「成年後見制度」もスタートした。また、「児童福祉法」の改正（1997（平成 9 ）年）により、1998（平成10）年度から保育所入所が行政との契約方式へと移行した。障害者領域では、「今後の障害保健福祉施策の在り方について」（1999（平成11）年：障害関係三審議会合同企画分科会）が出され、障害者福祉サービスの利用制度への移行が盛り込まれた。2000（平成12）年には、「社会福祉事業法」はじめ福祉関係八法が改正・廃止され、利用制度、地域福祉推進のための法整備がなされた。2001（平成13）年には、母子生活支援施設と助産施設が行政との契約方式に移行した。そして、2003（平成15）年度からは身体障害児者、知的障害児者の福祉サービスの主要部分において利用制度（支援費制度）が実施され「障害者自立支援法」（2005（平成17）年）へと受け継がれた。まさに、福祉サービスは利用制度の時代へと突入したといえる。

　社会福祉の制度改革は、社会保障制度改革の一環として行われているものである。2001（平成13）年度以降、社会保障制度の構造改革推進に一段と弾みがついたといえるが、その理由として渡辺俊介は大きく三つ挙げている[2]。第一は、財政的な問題である。世界に例を見ないスピードで進む少子高齢化と現役労働者の減少に伴い、膨大な社会保障費を負担していくのは困難である。第二は、「官製市場の民間開放（規制緩和）」である。掛かる経費の全てを「官」で賄うのではなく、民間にも責任を担ってもらい、効率化と医療や福祉分野を成長産業として期待し経済成長を促していくことにある。つまり、

非効率とされる「官」から「民」に移すことによってムダをなくすという効率化が期待でき、公費負担の減少によって財政問題の解決にも有効となる。第三は、「新しいライフスタイルへの対応の必要性」である。社会構造、家族構成や家族の役割が変化し、また新たな福祉ニーズが出現していることから現行の仕組みだけでは対応できなくなった。このような時代の変化のなかで社会保障制度改革が行われ、年金、福祉、医療の改革が行われている。

２）社会福祉基礎構造改革

　社会福祉制度改革でもっとも大きな意味をもつのが、「社会福祉基礎構造改革について（中間まとめ）」であろう。わが国の新たな社会福祉の仕組みを提言した意見書であり、今日の社会福祉法制度の根拠となる意見書である。

改革の必要性

　社会福祉に対する国民の意識が大きく変化しており、社会福祉制度についてもかつてのような限られた者の保護・救済にとどまらず、国民全体を対象として、その生活の安定を支える役割を果たしていくことが期待されている。今後、国民のますます社会福祉に求めるものが増大・多様化することが考えられるが、こうした期待に応えていくために、必要な福祉サービスを的確に提供できるよう、社会福祉の新たな枠組みを作り上げていく必要がある。

改革の理念

　「理念」とは、「事業・計画などの根底にある根本的な考え方」をいう[3]。つまり、改革の理念とは、社会福祉基礎構造改革の一番根底にある大事な考えをさす。

　改革の理念は、国民が自らの生活を自らの責任で営むことを基本としつつも、生活上様々な問題が発生し自らの努力だけでは自立した生活を維持できなくなる場合があることから、「限られた者の保護・救済にとどまらず、国民全体を対象として、（略）個人が人としての尊厳をもって、家庭や地域の中で、障害の有無や年齢にかかわらず、その人らしい安心のある生活が送れるよう自立を支援することにある」とされている。そして改革の基本的方向として以下の7項目が挙げられている。

1. 社会福祉制度の変遷

① 対等な関係の確立：個人が尊厳を持ってその人らしい生活を送れるよう支援するという社会福祉の理念に対応する。
② 地域での総合的な支援：利用者本位の考え方に立って、利用者を一人の人間としてとらえ、利用者の需要を総合的かつ継続的に把握し、必要となるサービスを総合的に効率的に提供される体制を地域において構築する。
③ 多様な主体の参入促進：利用者の需要に応えるためにはそれぞれの主体の性格、役割等に配慮しつつ多様なサービス提供主体の参入を促進する。
④ 質と効率性の向上：社会福祉従事者の専門性の向上やサービスに関する情報の公開を進め、利用者の選択と競争原理の促進、市場原理の活用を行い、サービスの質と効率性の向上を促す。
⑤ 透明性の確保：福祉サービスの選択を可能とし、社会福祉の信頼を高めるためにサービスの内容や評価等に関する情報を開示し事業運営の透明性を確保する。
⑥ 公平かつ公正な負担：社会福祉のための費用を公平かつ公正に負担する。
⑦ 福祉の文化の創造：地域に根ざしたそれぞれに個性のある福祉の文化を創造する。

この「社会福祉基礎構造改革について（中間まとめ）」をもとに議論を重ね、同年の年末に「社会福祉基礎構造改革を進めるにあたって（追加意見）」が出された。これを受けて、2000（平成12）年に、「社会福祉増進のための社会福祉事業法等の一部を改正する等の法律」に基づき新たなシステムに向けての法整備が進められた。

改正の趣旨は、今後増大・多様化が見込まれる国民の福祉への要求に対応するため、社会福祉事業、社会福祉法人、措置制度など社会福祉の共通基盤制度についての見直しを行うものである。また、すでに実施されている介護保険制度の円滑な実施や成年後見制度の補完、地方分権の推進、社会福祉法人による不祥事の防止などを目的としている。

主な改正の内容として、①利用者の立場に立った社会福祉制度の構築、②サービスの質の向上、③社会福祉事業の充実・活性化、④地域福祉の推進、

以上4点が挙げられている。

（3）利用制度の意義と課題
1）利用制度の意義

　これら一連の改革は、単に社会福祉システムや制度が変わったというだけでなく、「福祉サービス」という新しいことばの登場に見られるように、社会福祉そのものの考え方が大きく変わったといえる。利用制度の意義として以下のことが挙げられる[4]。

　まず、利用制度では、措置制度時代の画一的・均一的な処遇から脱却し、多様化する福祉ニーズに対応し、質の高い福祉サービスを提供するために、利用者自らが適切な福祉サービスを提供している事業所・施設を選ぶという、利用者の自己選択・自己決定の考えが導入された。質の高い福祉サービスを提供すれば選ばれる事業所・施設となるが、そうでなければやがて衰退していくという仕組みである。

　この競争原理・市場原理に規制緩和も加わり、独創的・先駆的な事業展開が可能となった。利用制度は、各事業所・施設が選ばれるために独自の福祉サービスを展開したり、質の向上を目指したりすることを狙いとしている。職員は、利用者の権利擁護者として利用者の生活の質の向上、利用者のニーズに応える福祉サービスを模索していくことになる。

　そして、福祉サービス提供者主導から利用者主体への転換である。利用者は生活の主体者であり、権利として福祉サービスを受けるという考えである。利用者主体とは、利用者が主役となり、利用者の意思に基づく生活の在り方を模索する支援である。そして、そのことを通して利用者の自立生活や自己実現をめざした支援を展開していく福祉サービスをいう。

　具体的には、利用者による自己選択・自己決定ができることで、福祉サービス利用の主体者となる。利用者と事業所・施設とが契約関係にあることで対等な関係が可能となり、権利義務関係も明確になる。利用料や介護保険料など利用者が福祉サービスにかかる費用を負担することで「対価」感覚が生まれ、消費者としての権利意識が高まる。このことによって、福祉サービスに対する苦情など権利主張（苦情解決事業、運営適正化委員会の設置）が出来るようになった。一方、利用制度を円滑に執り行うための利用者保護の制

度（成年後見制度、日常生活自立支援事業）が整ったことも意義深い。

　利用制度を軌道に乗せていくためには、利用者主体をどこまで実現できるかが大きなポイントとなるといっても過言ではなかろう。

　さらに、福祉サービスの実施主体が市町村に委譲されたことで住民に最も近い行政が窓口となり、地域に密着した福祉サービスを提供できるようになった。「社会福祉法」はじめ福祉関係各法に地域生活支援に関する新規事業が多く規定されたことで地域福祉が理念だけでなく実践レベルにおいても推進されるようになった。

2）利用制度の課題

　措置制度を克服する形で生み出された利用制度にも課題は存在する[5]。まず、利用者と事業所・施設とが直接契約を締結することで行政が契約に介入しないため、行政の果たす役割が見えにくくなり公的責任や福祉の公共性が薄れる懸念がある。措置制度であれば、行政の責任と判断でサービスの内容、量、提供先まで決められていた。行政が深く介入し、責任も明確であった。ところが、契約による利用制度では、福祉サービス申請に必要な受け付け業務（介護認定や障害程度区分の判定）やサービスの提供先について、事業所・施設等の指定は行政が行うものの、利用契約については関与しない。よって緊急性や必要度といった中立性・公平性が担保されにくくなる恐れが生じる。

　利用者が選べるほど福祉サービスの種類や事業所・施設数が存在しているだろうか。とくに第一種社会福祉事業に規定されている施設は、需要が供給を上回っており、利用者が選べる状況になく、定員に空きが出たところと契約を締結するという状態である。つまり、福祉サービスの絶対数が不足しているのである。さらに、利用者と施設の契約によることから、施設に空きが出来、新たな利用者と契約を結ぶとき、施設にとって都合の良い利用者と契約を結ぶ傾向が一部に見られる。この都合の良い利用者とは、収入が見込める要介護状態あるいは障害程度区分にあり、従順でおとなしく要求を多く言わないような利用者であり、寝たきり状態で職員の手のかからない利用者を指す。利用者が施設を選ぶはずであるにもかかわらず、施設が利用者を選ぶという逆転現象が起こっているところもある。このような状態が蔓延すると、

各施設が福祉サービスの質の向上に努めなくとも利用者が集まることになり、現実的には競争原理が働かなくなる。

　事業所・施設を選択する際、数多く存在する事業所・施設の中からその利用者の状況やニーズに即した福祉サービスを提供できる事業所・施設に関する情報がどこまで的確に利用者に伝えることができるだろうか。利用者は、単に事業所・施設一覧を手渡されてもどの事業所・施設がどのような福祉サービスを提供しているか、どのような特色があるか判断できない。高齢者、障害者といった福祉サービスを必要とする人には必要な情報へのアクセスが困難であるため、適切なケアマネジメントシステムが不可欠となる。

　自己選択・自己決定の尊重には自己責任も問われる。利用者の選択を自己責任として転嫁してしまう危険がある。「利用者が選択したことだから…」と支援者が責任を放棄してしまう恐れがある。適切な情報提供をもとに利用者が正しく判断できるようどこまで支援できるかが問題となることもある。

　すべての利用者が自己選択・自己決定できるのだろうか。認知症高齢者、知的障害者、精神障害者のなかには意思表示や意思決定の困難な人もいる。現実問題として、利用者が自らの意思に基づき、その人に適した福祉サービスを提供する事業所を選択することがどこまで可能か疑問の残るところである。

　対等な関係で本当に契約を締結することが可能だろうか。自己選択・自己決定困難な利用者の場合、本人の納得のもとに契約締結することが困難ではないだろうか。本来であればこれらの問題に対し、成年後見制度を活用すべきであるが、現実にはそれほど進んでいないのが現状であり、家族が代理人として契約締結しているところが多い。しかし、家族が結んだ契約は法的に有効なのだろうか。

　契約締結後も利用者と事業所・施設は対等な関係を維持できるだろうか。権利主張や利用者保護の制度が出来たとはいえ、利用者は受けている福祉サービスに対してどれほど要望や苦情を主張できるだろうか。「お世話になっている」「苦情を言えばどこかで職員に仕返しをされるのではないか」といった旧態依然とした関係が残っているかもしれない。また、主張したとしてもどれほど改善が期待できるだろうか。事業所・施設側がいろいろな理由を盾に改善に難色を示すことも予想される。

ニーズの少ないところはコストが高くなり、サービスの提供が行われなくなる恐れもある。市場原理の導入に伴い、採算割れをする領域では事業が縮小、撤退となる可能性が高くなる。

　所得の低い人はサービスを利用しにくい。応益負担（定率負担）の場合、福祉サービスを受ける資格があるにもかかわらず、自己負担金を支払うことができず結果的に利用者がサービス量を制限してしまう恐れがある。所得に応じて減免措置が取られているが、その恩恵を受けられる利用者は限られていることから、応益負担（定率負担）は、経済的に裕福な人に有利な制度となることが危惧される。この応益負担（定率負担）の導入によって、障害者の在宅サービスを提供している事業所では、利用者の利用が減少しているという事実がある。また、施設では、食費・光熱水費がサービスの対象外となったことで、利用者の自己負担となり、負担増を強いられることとなった。

　市町村に権限が委譲されたことで、市町村間でサービス提供の量や中身に格差が見られる。市町村の福祉サービスに対する理解の度合いや財源状況によって取り組みに格差が生じる恐れがある。

　利用者の利用日数に応じて行政からの費用が支払われる日割計算方式になったことや利用者の要介護度・障害程度区分によっても支払われる費用が異なっているため事業所・施設の収入が不安定となり、経費削減や効率性が強調されるようになった。このような仕組みは、利用者の自立を阻害することにつながりかねない。例えば、従来入所施設で家族との関係を重視するため休日には帰省を促していたが、日額制になったことで施設に滞在していない日はサービスを提供していないという理由で収入の対象とならないため、利用者の帰省に難色を示す施設が出始めた。また、通所施設でも利用者が様々な事情で長期欠席している場合、施設は家庭訪問等施設外でのケアを行っているにもかかわらず収入につながらないため、暗に退所を促す事態も出てきかねない。一方、利用者の要介護度や障害程度区分が軽度になることで収入減になるとの理由で利用者の身辺自立を意図的に阻害し「寝たきり」「寝かせきり」状態をつくっているところもある。

　このような事情から事業所・施設財政を圧迫している。財源の不安定や収入減を克服するために、各社会福祉法人や事業所・施設は支出で大きな割合を占める人件費の削減に乗り出した。規制緩和にともない正規職員に限らず

多様な雇用形態の職員を雇い入れることができるようになり、臨時職員、パートといった身分の不安定な職員の割合が増えた。このことで福祉サービスの質の低下につながる恐れが生じる。この点については後ほど詳述する。

3）利用制度の光と影

　以上、利用制度の意義とともに課題を整理することで利用制度を冷静に解釈する必要がある。個人の尊厳、対等な関係、利用者本位、利用者の自己選択・自己決定、利用者の権利擁護、自立支援、福祉サービスの質の向上、規制緩和、地域福祉、専門性の向上、事業の透明性など素晴らしい理念が唱えられている。これはいわば光の部分である。一方、財源の締めつけ、行政責任の不明確さ、制度改革で謳われている理念の実施の困難さなどが課題として挙げられる。介護保険の見直しや障害児者施策の見直しにおいても理念と表裏一体のように財源問題が見え隠れしている。事業所・施設への締めつけや利用者の負担増、福祉サービス給付の抑制といったことに弾みがついたことも事実であろう。いわば影の部分である。制度改革にはこの光と影の両側面が存在していることを見落としてはならない。

　また、措置制度を全面的に攻撃する論調があることに対し慎重論も聞かれる[6]。措置制度でも福祉サービスの選択について利用者の意思を尊重することが可能であること、判断能力の不十分な人や家族などから虐待されている人の緊急的な保護のために措置制度が必要であること、措置制度は「公」の責任を明確にしていることから、措置と利用制度は、役割を相互補完するもので事案に応じて活用していく必要性が訴えられている。

　実際、措置制度では、利用者の意思を十分尊重できないか、といえば必ずしもそうではない。行政が措置決定を下す過程において利用者の意思を最大限尊重した取り組みが行われてきたことは事実である[7]。そして、利用制度へ移行した福祉事業において措置制度がまったく廃止されたわけではない。緊急に福祉サービスが必要で申請を行う時間がない場合、家庭において被虐待状態にあり申請が困難な場合、意思能力が不十分で成年後見制度を利用しておらずすぐに福祉サービスが必要な場合など適切に福祉サービスを利用することが困難な場合は、「やむを得ない事由」に該当し措置制度を活用することが出来る。

このように、一連の制度改革は、事業所・施設の立場からだけでなく、本当に利用者の利益につながっているのか、といった観点も含め総合的にその意義を評価すべきである。

2．制度改革と現場

(1) 新たな概念の登場と現場の混乱
1) 制度改革に伴う新たな社会福祉キーワードの登場
　制度改革にともない様々な考えが導入され、多くのキーワードが登場するようになった。近年、頻繁に用いられる社会福祉・社会福祉援助関連の用語を思いつくまま表1－1に列挙した。これらの用語は、これからの社会福祉を考えていくうえで、あるいは実践していくうえで非常に重要なものである。

表1－1　近年の社会福祉・社会福祉援助に登場するキーワード

> 社会福祉基礎構造改革、措置から契約による利用制度、福祉経営、人権尊重、利用者の権利擁護、個人の尊厳、自立支援、成年後見制度、規制緩和、日常生活自立支援事業、苦情解決事業、運営適正化委員会、オンブズマン、第三者評価、福祉サービス、利用者本位、利用者と事業所（職員）との対等な関係、福祉サービスの質の向上、競争原理・市場原理、職員の専門性の向上、地域福祉の推進、情報公開、自己選択・自己決定、個別ケア、エンパワメント、ストレングス、生活モデル、利用者主体、指導・訓練から援助・支援へ、パートナシップ、ケアマネジメント

　これらの用語をどれほどの事業所・施設職員が知っているだろうか、またそのことばの意味を知っていてもそのことを正しく理解したうえで実践しているだろうか。いくつかの事例を通して考えてみたい。

2) 利用者の人権と「○○ちゃん」という呼び方や指示・命令口調
　福祉現場で働く職員は、「利用者の人権尊重」を重要だと認識しており、「利用者の人権などどうでもよい」という職員はいないだろう。しかし、日々の実践のなかでどうすることが利用者の人権を尊重した支援なのか、ま

たどのようなことが人権侵害にあたるのかを具体化しているだろうか。

　ある障害者施設（成人施設）を訪問したときのことである。施設長が、声高らかに「私達の施設では利用者の人権を大切にしています。障害者問題は人権問題と密接に関係しています」と説明し、施設内を案内してくれた。

　廊下ですれ違う何人もの利用者に、親しそうに「○○ちゃん元気？」と声をかけていた。また、作業場では若い職員が年配の利用者を「○○ちゃん」と呼び命令口調で指図していた。見学を終えた後、同伴者が施設長に、「先ほど施設長は利用者の人権を大切にしている、とおっしゃっておられましたが、施設長や職員の方々は成人の利用者を「○○ちゃん」とかニックネームで呼んでおられました。しかもかなり厳しい口調での指図も見られたのですが、成人の利用者に対し、そのような接し方はいかがなものでしょうか。ましてや若い職員が年配の利用者に対する対応に少々違和感を覚えたのですが…」と質問をした。

　施設長の顔が一瞬こわばり沈黙が続いた。そして、施設長が「我々と利用者は何年も付き合いがあるため、双方に信頼関係が出来ています。だからそのような呼び方や接し方になっているのです。親しみの表れです」と返答した。

　その施設は、措置制度の時代から様々な取り組みを行っており、先駆的とも言える実践を展開していた。ところが、成人の利用者を「○○ちゃん」と呼んだり命令口調で指図したりすることが人権問題を考えるうえで重要なポイントになっているとは気づいていないのである。いわば全く悪気なく日常的に繰り返されているのである。しかし、子ども扱いや一方的な指示や命令が利用者の主体性や自立を阻害することは明確である。理念と実践が結びついていない事例といえよう。

3）利用者の自己決定の尊重と日中活動プログラム

　ある知的障害者施設での出来事である。利用者の自己選択が強調されるなか、従来は施設側が一方的に日中活動のプログラムを用意し、利用者に強制的にそのプログラムに従事してもらっていた。これは自己選択に反する、という考えのもと、日中の全てのプログラムを中止し、利用者からの要望が出ればそれに応えていく、というスタイルをとった。ところが利用者からの要

望が出ないまま日中活動が行われないという日が続いた。しばらく経つと、利用者のパニックやトラブルが増え、情緒的に不安定になる人が多くなった。仕方なく、トラブルを起こす利用者、パニック状態になる利用者を散歩と称して、夕方1時間～2時間施設のワゴン車に乗ってもらい街中をドライブするのである。この間、他の利用者はトラブルやパニックを起こす利用者から開放される、というのである。

　これは何を意味しているのであろうか。利用者に強制的に「〇〇させる」のではなく利用者の自己選択、自己決定を待っている、要望が出ないから利用者には自由に過ごしてもらっている、というのが施設側の言い分である。しかし、単に待っているだけで利用者から「〇〇をしたい」といった要望が出てくるであろうか。利用者の意思表明を促す支援こそが、自己選択・自己決定を尊重した支援ではないだろうか。具体的には、利用者に適していると思われるプログラムをいくつか用意し、実際に従事してもらい、そのなかから選択してもらうことができるはずである。とくにこれまで自ら選択する機会の少なかった利用者にとっては、適切な情報のなかから「選択できる」ということをまず体験してもらい、「自分で選ぶことができる」という思いを抱いてもらうことが大切ではないだろうか。

4）利用者のニーズと表明された要望への対応
　「利用者のニーズに応える」といったことも同じような問題が起こっている。「利用者のニーズに応えるとは、すなわち利用者の要望に応える、ということであり、利用者の言いなりになることなのか」という疑問が真剣に出ている。そして、「そのようなことは出来ないから、利用者の要望に応えるなど無理な話」といった結論に短絡的に結びつけてしまう傾向も見られる。

　これも、「ニーズ」の意味を正しく理解していないことに原因がある。「利用者の要求事項」＝「ニーズ」という誤解が現場に混乱をきたしている。ニーズの意味は後述するとして、ニーズの意味を正しく理解すると、利用者からの要求事項全てがニーズとは限らないことが分かる。そうすると、おのずとどのような要求事項がニーズに沿ったものか、ニーズにそぐわないものかの分別が可能となる。ニーズにそぐわない要求事項に対してどう対応すべきか次の段階の判断となる。ニーズに直結していなくとも、要求事項に応えて

いくことが適切な場合も多々ある。一方、長期的な視点に立ったとき、利用者に不利益をもたらす場合は、その要求事項に応えないことが求められる。そのことが結果的にニーズ充足や利用者の自立に近づくことになる。このように考えると、利用者の要求事項全てに応えることがニーズに応えることではないということが理解できるであろう。

（2）現場に求められる状況を読み取る力

このように、現場では新しく登場してきた理念と実践が結びついていなかったり、極端に偏りすぎた解釈がなされたりしている。制度改革の最中にあっては必然ともいえ、現場の混乱は避けて通れないのも事実であろう。しかし、いつまでも"混乱期"で済ますのではなく、新しい時代の利用者支援を具体的に考え実践に結びつけていく時期が到来したといえる。

社会福祉は、これからも大小様々な制度改革が予想される。制度改革の動向として、①規制緩和の促進、②サービスの多様化のいっそうの進展、③民間活力と民間参入度の増大、④国、地方の福祉など予算の増加の限界といったことが挙げられる[8]。このような状況のなか、現場では戸惑いと先行きの見えない将来に漠然とした不安を抱いている。大きなうねりの中で、そのうねりに飲み込まれないためにも、社会保障や社会福祉あるいは社会福祉援助の大きな流れの方向性、制度改革の目的、新たな社会福祉キーワードが用いられるようになった背景やその内容・意味、意義と課題を理解したうえでの実践力が求められている。表面的な意味理解に終始するとその用語の本質を見誤る危険性があることを忘れてはならない。我々は制度改革の「光と影」を客観的に評価しつつ、大きな流れのなかのどこに位置しているのかを把握して正しい判断を行わなければならない。

自らの置かれている位置をしっかりとわきまえるために、施策や制度改革などの情報を迅速かつ正確に入手し、そしてその内容を正しく理解し分析する力が不可欠となる。そのために日々、社会福祉や社会福祉援助についての自己研鑽を深め、自らの社会福祉に関する考えを模索しておく必要がある。なぜなら、崇高な理念が唱えられ、制度が整えられても現場でそのことが実践されなければ、利用制度は全く意味をなさない。さらに、国、地方自治体、あるいは各審議会から出された意見書や改革案にみられる美しい理念に隠

れ、財源の削減や効率性重視による福祉サービスの質の低下がもたらされる恐れがあるからだ。

　本来、社会福祉の理念があり、福祉サービスを制度化したり国民に社会福祉についての理解を求めたりしながら具現化し、それらを実施するための財源確保に努めていくべきである。そのための意見書であり国の施策であるべきなのが、今の制度改革は、財源を削減することが至上命題となっている。この財政難を表面に出せないがゆえに理念だけは立派なものを掲げ、その一方で事業所・施設、そこで働く職員に対する締めつけが厳しくなるばかりか利用者に対しても負担増や福祉サービスの給付抑制を強いるといったことが表裏一体に行われている。

　ところが、社会福祉の急激な変化に事業所・施設の現場が対応できていないのが実情である。あまりにも短期間に様々な改革が行われたため、新たな概念や制度の意味を表面的にしか理解できておらず誤った解釈がなされている。また、財政難を覆い隠すための制度改革に対抗できず押し流されているのが実情ではないだろうか。

　限られた財源を有効活用するのは当然である。しかし、どう試算しても大幅な赤字が予想されるならば、制度改革で謳われている福祉サービスの質の向上はおろか、福祉事業そのものが成り立たなくなる。社会福祉は社会全体で支える仕組みが必要であり、そのような事態に陥らないためにも制度改革で出された意見書や国の方針を読みこなし、堂々と意見や要望を言えるだけの力を身につけることも怠ってはならない。福祉サービスの内容を限定したり利用者負担を増大したりする施策に対抗する力が不可欠となる。行政の言いなり、行政の下請けの福祉サービスにしてはならない。

(3) 制度改革の意義

　制度改革は、財政問題が大きな要因となっていることは事実であるがそのことが唯一の要因ではない。日本弁護士連合会（高齢者・障害者の権利に関する委員会）は、「権利性保障に関するニーズの高まりや社会認識の変化の中で、これに従来の社会福祉制度が的確に対応できてこなかったという事情があり、現代における生活保障システムのありようについて、見直しを必要とする社会的ニーズの存在があったという観点を踏まえなくてはならないで

あろう」と述べている[9]。つまり、福祉ニーズの増大や多様化あるいは社会福祉に関する考え方の変化に制度や現場で展開されている実践が時代の要請に的確に対応してこなかったことに対し見直しが迫られたのである。

このように、単なる財政難による制度改革としてのみ捉えるのではなく、福祉サービスの質の向上としての制度改革でもあるという視点を押さえておかねばならない。限られた財源を最大限有効活用することは、当然のことであり、国民から集めた保険料や税金をムダにしてはならない。しかし、財源を削減するためだけの制度改革にしてもならない。

以上の点を踏まえ、本書ではこの「社会福祉基礎構造改革」で謳われている内容を中心に事業所・施設の現場においてこれらの内容をどう具現化し、実践すればよいかを述べていくこととする。

(4) 制度改革と福祉経営（福祉サービスの質の向上を目指して）

1) 競争原理の促進と市場原理の活用

利用制度では、限られた財源を有効に活用し、福祉サービスの質の向上を目的としている。利用者による選択制度を導入することによって、各事業所・施設が選ばれるべく切磋琢磨することを目指している。福祉業界も競争原理、市場原理が導入されたのである。つまり、社会福祉法人の経営・運営にも市場原理・競争原理を持ち込むことによって、一定の収益性を認めつつ採算性と効率性の両側面を意図することを求めているのである[10]。ここに福祉業界も公的資金にあぐらをかいているのではなく、顧客である利用者が魅力を感じるような独自の福祉サービスの提供を目指し、自ら収入源を確保するための努力が求められるようになったのである。

2) 不安定な財源

利用制度のもう一つの大きな変革は、収入源にある。行政から事業所・施設に支払われる介護報酬、介護給付・訓練等給付費、補助金などの費用（以下、費用）が福祉サービスの実働に応じて支払われる仕組みとなった。ここで問題となるのが、利用者が在籍していても、入院や帰省といった理由によって事業所・施設で福祉サービスを受けなければ、その日の費用は支払われない仕組みとなっている。また、費用単価の引き下げによって、財政が圧迫

されるようになった。さらに、要介護度や障害程度区分によって費用が異なってくる。このように、各事業所・施設の財源は措置制度時代のように安定したものではなくなった。

　従来の施設には運営はあっても経営はないといわれていた[11]。きめられた枠の中で措置費を消化すればこと足りたのである。そこには経営という概念は存在しなかった。ところが、財源が安定しなくなると、いかに施設の財政を切り盛りするかが至上の命題となってしまった。施設会計では、人件費が全体の7～9割を占めており[12]、経費削減として最も注目されたのが、いかに人件費を押さえるかである。

3）多様な雇用形態職員の採用

　人件費削減の原動力となったのが職員の雇用形態の規制緩和である。国の規制緩和に伴い、従来正規雇用を原則としていた福祉現場が1年契約の臨時職員、パート、アルバイトといった多様な雇用形態の職員を導入することが可能となった。これは、常勤換算方式といって、正規雇用と同じ時間の労働力が確保されておれば職員の雇用形態は問わない、という方式である。これによって、正規職員が退職したあとの補充として臨時職員、パート、アルバイト形態の職員を雇い入れ、人件費を大幅に引き下げ不安定な収入や収入減に対応しようとするものである。このことによって、入浴、食事の時間帯など必要な時間帯に多くの職員を導入し、きめ細かい福祉サービスを提供することが可能となったことは事実であろう。

　しかし、これらの形態の職員を多く雇用することのデメリットも多く存在する。臨時職員は1年あるいは複数年契約となっており、職場への帰属意識や業務に対する責任感が希薄となる傾向が見られたり、職員の定着率が悪く慣れてきた頃に辞めてしまうため、福祉サービスの質の向上にはつながりにくい。また、安価な給料や労働条件の悪さなど不安定な身分にもかかわらず正規職員とほぼ同じような仕事に従事せざるを得ないため不満が募っていく。そうなると利用者支援に専念できない。単に経費削減のために臨時職員、アルバイト、パートといった身分の不安定な職員を多く雇い入れたとするならば、果たしてどれほど福祉サービスの質の向上に貢献できるか疑問である。事業所・施設で働く職員は"人財"である。単なる材料ではなく、その事業

所・施設の財産である。経費削減の苦肉の策としての人件費削減、多様な雇用形態の職員採用という構図にあるが、そうしなければ、事業所・施設経営が成り立っていかない、というのが経営者の本音であろう。しかし、ここで押さえておかなければならないのは、苦肉の策として安価な職員を多く雇用している経営者や管理職自身は正規職員である。臨時職員の辛さが理解できているのだろうか。単に安価な人件費で済ませるのではなく職員を大切にし、利用者支援に専念できる環境作りこそが経営者に求められているといえよう。

4）「経営」概念の必要性

　福祉業界は、市場原理・競争原理が導入されたこと、国や地方自治体の手厚い保護が緩んで助成金が縮小・廃止されたり事業所・施設の収入が不安定になるなど収入源の仕組みが大きく変更されたり、規制緩和などによって先駆的な取り組みや独創的な取り組みが可能となり利用者一人ひとりに応じた多様でかつ質の高い福祉サービスが求められるようになったことなど事業所・施設を取り巻く環境は大きく変革した。措置費として与えられた経費を消費する時代からまさに限られた財源をいかに最大限効果的に活用するかが問われるようになり、経営感覚が求められる時代になった。

　一般企業では、経費削減とサービスの質の向上は常識である。一見矛盾することをやり遂げたところが淘汰されずに生き残っている。この常識が福祉業界に持ち込まれただけである。

　ところが「経営」という概念を経験したことのない福祉業界にとって、収入源の仕組みの変更が強調されすぎたため漠然とした不安だけが先走り、「経営＝経費削減」といった錯覚が蔓延していった。むろん、財源の安定は経営者にとって至上の命題である。しかし、経営の効率化に目を奪われて利用者支援をないがしろにしていると、福祉サービスの質の向上はおろか低下につながり、利用制度の意義が実現できなくなる。さらに、やがてそのことが原因となり、利用者に訴えられる可能性もある。信用は一瞬にして喪失する。そうなってからでは遅い。リスクマネジメントの観点からも利用者支援を真剣に考えなければならない。まさに、事業所・施設も「経営手腕」が問われる時代である[13]。

ただ、一般企業の経営と社会福祉法人や事業所・施設の経営とでは収入源に大きな違いがある。一般企業では、良い商品を開発し、それが売れれば利益につながり、新たな事業展開の資金ともなる。ところが、施設の場合は定員があり、いくら素晴らしい福祉サービスを提供しても定員を超えた利用者と契約することは出来ない。新たな事業を展開するにも自己資金が必要であり、これまで得た利益を容易に流用することは出来ない。しかも、費用単価が減額されればいくら自助努力を行っても収入増に限界がある。

　このようなことから、一般企業の経営と事業所・施設の経営には違いがあり、事業所・施設の経営は最小限度の保障はされているもののいくら努力しても膨大な利益を得ることは困難であることも認識しておかねばならない。したがって、事業所・施設からすると規制緩和によって多少の裁量権は認められたものの、限られた財源で経営を強いられているという思いがあるだろう。まさに、「苦渋を味わっている」というのが経営者の本音であろう。

　ここに、「経営＝経費削減＝人件費削減＝正規職員の削減」といった構図が出来上がる所以があるのかもしれない。ただ、だからといって制度に押し流されるのではなく、福祉経営とは何か、事業所・施設の存在意義を見直すことを通してあるべき姿を見据えなければならない。

5）事業所・施設の存在意義と福祉経営

　事業所であれ施設であれ、社会福祉を実践する団体である。その存在意義は、各種別ごとに目的は異なるものの究極的には、利用者の生命を守り、生活を支援し、自立を支援することにある[14]。つまり、利用者の権利、利益を守りながら生活を支援し、より質の高い生活を目指して自立生活や自己実現を支援することにある[15]。

　社会福祉法人や事業所・施設の経営は、一般企業の経営と異なり福祉経営という。福祉経営とはどのようなものをさすのであろうか。川原邦彦は、大辞林の定義を参考にし、法人の経営を「明確な経営理念のもと、経営管理者の方針が職員の隅々にまで行き渡り、利用者ニーズへの対応と保有する機能の最も効率的な運営が行える体制（組織）を構築し、年間計画に基づく利益を確保するために、その進捗を各部門ごとに管理しつつ、福祉サービス並びにそれに伴う諸業務を促進すること」としている[16]。つまり、明確な経営理

念を持ち、利用者のニーズに応えるために理念の徹底化と効率性のもと組織を活用し、福祉サービスを提供することこそが福祉経営であるとしている。

6）経営理念、方針、具体的目標

　経営理念とは、社会福祉法人（事業所・施設）が経営を行っていく際のもっとも根本的な考えをさす。経営理念は、各事業所・施設の設立の趣旨を示したもので、拠りどころであり、その存在意義を表している。「誰もが地域の一員として社会参加し、自立した市民生活、地域生活を営むことができる社会づくりを目指す」など広い観点から捉えられているものである。各事業所・施設の経営理念を考えるとき、上述の存在意義や社会福祉の援助観、人間観といった社会福祉の価値や倫理に基づいたものでなければならない[17]。社会福祉制度がどのように変わろうとも、利用者の実態やニーズを的確に把握し、ニーズに応えていく事業・実践を展開していくという基本姿勢は不変である。そうでないと「社会福祉」を看板に掲げた事業所・施設としての存在価値が消失してしまう恐れがある。

　理念は単に掲げるだけでなく、実現したり守り抜いたりするための具体的取り組みが不可欠である[18]。各社会福祉法人（事業所・施設）は、明確な経営理念を提示し、理念に基づいた経営方針を示すことによって具体的な福祉サービスを提供していくこととなる。この理念を実現するための道しるべこそが経営方針であり、それを具現化したものが各部署の目標や計画である。各部署の目標や計画は、部署間で矛盾の生じることのないように一貫性のある内容になっていなければならない。

　ここでいう経営方針とは、経費削減のみを指すのではない。規制緩和に伴い、各社会福祉法人や事業所・施設は、独創性のある先駆的な取り組みが可能となったことは事実であり、これらのメリットを活かし、質の高い福祉サービスを提供するための方針であり、その実行力が経営を左右する大きな要因といえよう。経営方針のキーワードとなるのが、「地域との交流、地域への還元といった地域の福祉を推進する内容」「利用者の自分らしく生きる、生きがいのある生活、安心した生活、質の高い生活、利用者が幸せ・満足感を感じるサービスの提供といったサービス提供に関する内容」などが挙げられる。

2．制度改革と現場

　効率優先は、福祉サービスの質の低下につながるばかりかミスやトラブルを誘発する遠因にもなりうる。経営の合理化による現場職員の負担増が、結果的に介護事故、虐待など事業所・施設現場にマイナスをもたらすことを経営者は自覚すべきである。

7）サービス提供の基本理念、原則、モットー

　一方で、経営理念に基づき具体的に福祉サービス提供にあたっての基本理念、原則、モットーを明記することも可能である。サービス提供の基本理念は、「利用者をかけがえのない存在として大切にするという生命の尊厳や個人の尊厳の遵守」「自尊心の尊厳の遵守」「人権尊重」「利用者の主体性の尊重」「利用者の可能性の追求」「利用者の質の高い自立生活や自己実現に向けた支援への取り組み」「一人ひとりのニーズに応じた支援（個別支援）」「トータルケア（生活全体を視野に入れた支援）」といったことが挙げられる。

　原則とは、一般的に「決まり」「規則」といった意味で用いられ、基本理念を遵守した具体的な約束ごとを指す。利用者への接し方として、「支持的態度で安心感のもてる関わり方」「ていねいな接し方」「温かい対応や言葉かけ」「笑顔や挨拶をきっちり行う対応」「落ち着いた対応」「利用者の意思を最大限尊重した接し方」「利用者のペースに合わせた接し方」といったことが挙げられる。また、「利用者のこれまで歩んできた人生や生き方を尊重する」など利用者と接する上での基本姿勢、「情報提供をきっちり行う」「機敏な対応を行う」など具体的な行為を挙げることで基本理念がより具現化されることとなる。

　そしてこれらのことを実行するにあたって職員のモットーを定めているところも多くある。「利用者を人生の先輩として敬意をもって接する」「利用者を最も大切にする」「利用者が納得する支援を行う」「福祉サービスの質の向上のために常に専門職として研鑽する」など職員としての行為を戒める標語を掲げることによってより具体化することも可能である。

　事業所・施設によっては、「利用者の権利宣言」「サービス提供のための○ヶ条」「職員の行動規範」といったものを設け、より具現化しているところもある。

　以上の経営理念、経営方針、具体的な目標や計画、サービス提供の基本理

念、原則、モットーは管理職だけでなく全職員に周知徹底させることが不可欠である。よって、具体的な目標や計画、サービス提供の基本理念、原則、モットーについては、管理職が一方的に作成するのではなく、それを実行する職員自らが作成してこそ充実感や達成感が得られるといえよう。

8）経営理念から支援の実施へ、支援の実施から経営理念への循環

　経営理念に基づき、経営方針が立てられ、各事業所・施設ごとのサービス提供の基本理念、原則、モットーが作成され、それに基づき、事業所・施設内の各部署ごとの目標や計画が立てられ、実践へと移っていく。そして、一人ひとりの利用者の支援目標や計画が立てられ実施されていくのである。

　経営理念から一人ひとりの利用者支援まで一貫した方針のもとにつながっているのである。一方、実践が的確に行われることで、事業所・施設内の各部署ごとの目標や計画が達成されることとなり、さらにサービス提供の基本理念、原則、モットーが達成され、やがて経営方針や経営理念が実現されるのである。このようにみていくと、経営理念から実践へ移され、実践から経営理念へとフィードバックしていくことが分かるであろう（図1－1）。いわば循環しているのである。この循環機能を通して経営理念に基づく実践が実施され、そのことによって経営理念が実現されより高められていくのである。

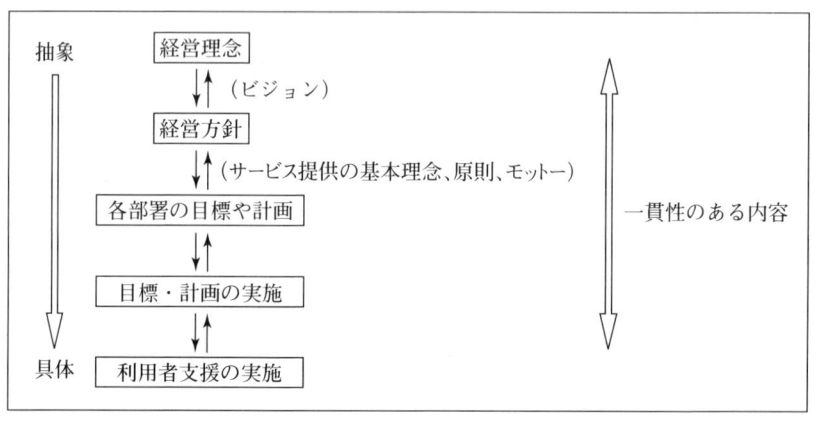

図1－1　経営理念から支援の実施までの循環図

このように理念から実践までを一体的に捉えることによって、各職員が経営理念や経営方針をより身近なものとして認識でき、職場全体の方針や方向性が確認でき共通の理解を得ることが出来る。さらに、各職員が日々の実践や利用者支援に行き詰まった際に、理念、方針に立ち返ることができる。理念を再確認することで日々の実践に新たな気づきがもたらされることもある。

9）福祉経営者の責務（果たすべき責任と取るべき責任）

経費削減、人件費削減が福祉経営の至上命題のように思われていたが、利用制度が定着するにつれ、徐々に福祉サービスの質の向上に目を向けるべきである。経営者が制度改革のなかで混乱して方向性を見失うと、職員が不安に陥り目標をなくすだけである。時代に押し流されるだけでなく、時代の流れに乗りつつ、事業所・施設の存在意義を問い直し、利用者のニーズに応える質の高い福祉サービスを提供する責務が経営者にはある。経営者は、なにか問題が発生した時にその責任を取るだけでなく、福祉経営のなかでより質の高い福祉サービスを提供していく責務もある。つまり、経営者には果たすべき責任と取るべき責任があることを肝に銘じておく必要がある[19]。

70年以上の歴史を有する聖隷福祉事業団の長谷川力は、「聖隷の歴史は新しい課題への挑戦の歴史」であり、制度があるから事業を行うのではなく、やるべきことをやる、その決断をトップ（故長谷川保）が下してきた、その事業の必要性が認められれば制度は後から出来る、といった趣旨の内容を述べている[20]。このように、福祉事業は、住民のニーズに応えていくものであり、社会福祉法人の公共性を鑑みるなら、住民のニーズに即したより質の高い福祉サービス提供の責務は経営者にあるといえよう。

各社会福祉法人や事業所・施設の理念を実践に移す行動力こそが経営者に求められており、将来に対する見通し（ビジョン）をしっかりともち、社会福祉に対する前向きな姿勢を示すべきである。そのような経営者にこそ現場で働く職員は従っていくのではないか。「昔とは時代が違う」と言ってしまえばそれまでかもしれないが、やはり社会福祉法人や事業所・施設の使命は今も昔も変わらないはずである。むしろ、混沌とした時代だからこそ制度に振り回されるのではなく、開拓精神、創造性が必要ではないか。

（5）福祉サービスの意味

　社会福祉の領域で、「福祉サービス」ということばが頻繁に用いられている。社会福祉法にも「福祉サービス」という文言が用いられているように一般化しつつある。サービスということばは、「物を直接作ったりするのではなく、生産者・消費者のために必要な便宜を供与すること」「得意・来客が満足するような、心のこもった対応をすること」という意味である[21]。社会福祉はサービス業であるといわれているが、はたして一般企業でいうサービス業と福祉サービスは同義語であろうか。

　福祉サービスがサービス業であるといわれるときホテル業を引き合いにして用いられることが多いので、ホテル業との比較から一般企業のサービス業と福祉サービスの違いを考察する。福祉業界に「ホテルマンのような対応をしなさい」ということばが強調されたことがあった。これは、本来、職員が利用者に命令的、威圧的に接していたことへの反省から利用者を一人の人として尊重した関わりをしていくことが重要であるという意味において用いられたことばである。顧客をもっとも大切にし、顧客の要望や苦情に対し敏速かつ責任のある対応を行い、顧客に対して極めて懇切丁寧に接するホテルマンの接客マナーを見習うべきだということから取り入れられたのである。しかし、ホテルそのものを真似るわけではない。ホテルは客のひとときの安らぎの場で、ホテル側は至れり尽せりのサービスを行うことがサービスの質の向上につながる。事業所・施設が利用者に至れり尽せりのサービスを提供することが本当に良い福祉サービスなのかを考え直す必要がある。

　一般企業でいうサービス業も福祉サービスもともに対人サービスであることは共通しているが、福祉サービスは単なる対人サービスにとどまらず、「対人援助サービス」といわれている[22]。福祉サービスの固有性を考えるとき以下の2点から考察する。まず、提供するサービスの利益の追求からの観点である。一般企業でいうサービス業は、利潤を追求する。利益につながらない事業からは撤退するのが鉄則である。ところが、福祉サービスは、極めて公共性の高いものであり、ニーズが存在し、サービスが必要であれば採算を度外視してでも行わなければならない事業もある。

　第二に、顧客の満足度の尺度からの観点である。一般企業でいうサービス業は、顧客の要望に応えることや満足度を高めるよう最善の努力を尽くす。

顧客が多少の不利益につながることになっても、長い目で見れば自立や自己実現を阻害することになっても、法に抵触しなければ顧客の求めに応え顧客が満足することでサービス提供者の利益につながればよいサービスとして評価される。一方、福祉サービスは、単に利用者の要望に応えるだけでなく、利用者の自立や自己実現とは何かを考えることにある。福祉サービスは、顧客である利用者の意思を最大限尊重しつつも利用者の生活や利益を守り、自立、自己実現とは何かを常に追い求めながら提供するサービスである。

　このように、福祉サービスと一般企業でいうサービス業は目的とするところが異なっており、福祉サービスに「福祉」ということばが用いられる所以である。今の時代、「変わらなければならない」といわれている。「守るべきものと変えるべきこと」「変えてはいけないことと変わらなければならないこと」をしっかり見極めるべきである。利用者の人権を尊重し生活と利益を守ることは今も昔も変わらない重要なことで変えてはいけないことである。一方、事業所・施設の職員主導といった旧態依然たる態度やサービス提供のあり方は変えるべきことである。「守るべきものを守るために変えるべきことを変える」のである。

　我々は、この「福祉」という箍を決してはずすことなく福祉サービスを実践することを心がけなければならない。近年、「介護サービス」「介護ビジネス」ということばが用いられるが、これらには「福祉」ということばが入っていない。中身そのものまで福祉が忘れられていないか懸念されるところである。たしかに、具体的な介護サービス、家事援助、介護機器だけを求めている利用者も多くいるだろう。その一方で、具体的なサービスだけでなく、人と人とのふれあいや援助者による相談援助や見守りを通して自立や自己実現に向けた様々な支援を必要としている利用者も多くいる。

　目に見えないソフトな側面に比重を置くのが福祉サービスであり、表に現れにくく数値化し難いものかもしれない。しかし、その表面化しにくい側面からのアプローチを通して利用者の自立や自己実現へと結びつけ、利用者の生活と利益を守るところに福祉サービスの固有性があることを決して忘れてはならない。この視点こそが支援の出発点になるからである。

(6) 福祉サービスの目指すもの

　従来の事業所・施設処遇なら、一日の日課が無事終了し、利用者がその日一日けがや病気もせず過ごすことができれば問題なかった。ところが、社会福祉の改革に伴い質の高い福祉サービスが求められる今日、利用者の介護、作業活動、日常生活援助といった利用者とのかかわりに終始するだけでは質の高い利用者支援を行うことは出来ない。利用者を一人の人として尊重し、利用者のニーズに応じた自立生活支援を極めて個別的に実践しなければならない。

　障害領域を例に考えてみよう。措置制度の時代であれば、いくら地域福祉だと叫ばれていても現場サイドでは、入所施設の利用者は一生涯施設で生活することが前提とされていたところが多かった。「利用者の重度化、高齢化に伴い地域での受け入れ体制が不十分な状況下ではとても障害者は地域で生活できない」「地域福祉の重要性は理解できるが私達の施設の利用者の状況を見ているととても地域での生活は困難」「施設での生活の方が幸せだし利用者も施設での生活を望んでいる」というのが現場の率直な声であり、行政をはじめ周囲もそのことばに納得していた。しかし、利用者を施設内に囲うことに終始する時代ではなくなった。入所施設の存在意義を認識しつつも地域福祉の拠点としての入所施設は、利用者の地域生活支援、地域の障害者の地域生活支援に取り組むべきである。このことは、なにも入所施設不要を唱えているのでもなく、全ての入所施設利用者が地域に移行すべきだ、と言っているのでもない。施設から地域社会へ向け一歩踏み出し、利用者の社会が広がる可能性を模索してはどうか、ということである。そして利用者の生活拠点を施設に限定せず地域社会も含め選択肢を増やしていくことが肝要なのである。

　就労移行や就労継続支援事業所である授産施設も同様である。本来、利用者の就労を目指した施設であるにもかかわらず、不景気、利用者の重度化、高齢化といった施設の外的要因を理由に就労支援をほとんど行っていない事業所・施設が多く存在している。なかには、「せっかく利用者が就労したにもかかわらず、就労先で上手くいかず、退職してしまった。心身ともに疲れている状態であり、このような光景を見ていると利用者を無理して就職させることはよくないのではないか」といった声も聞かれる。このようなことか

ら、開設以来20年以上経過するにもかかわらず、一人も就労に結びついた利用者がいない授産施設もあるときく。企業等への就労が困難ならば、施設において利用者が地域で生活できるよう少しでも高い賃金を支払う取り組みを行うことも出来るはずである。授産施設でありながら就労に結びつかない、高い賃金は支払えない、となれば果たして授産施設といえるだろうか。

　このように、利用者の重度化、高齢化、社会状況といった外的要因を理由にして事業所・施設としての役割を担えないならば、その事業所・施設の存在意義そのものが今後真剣に問われるであろう。「障害者自立支援法」では、施設の再編が盛り込まれている。これは、従来の障害者施設が法的に規定されたとおりの機能を果たしていないことに対する国の施設現場への警告とも受け止めることができよう。外的要因を理由とするのではなく、どうすれば本来のあるべき姿を実践できるのかを模索すべき時代が到来したといえよう。障害者施設に限らず、高齢者、児童の施設においても同様のことがいえるのではないだろうか。

　質の高い福祉サービスとはどのようなことを指すのだろうか。利用者への関わりと事業所・施設としての取り組みという二つの側面からみてみたい。利用者へのかかわりにおいては、利用者の人権をしっかり押さえ、一人の人として尊重する、生活を守る、利益を守る、といったことを常に心がけ、最大限利用者の意思（自己選択・自己決定）を尊重し、利用者のその人らしい生活の在り方を利用者とともに模索しながら利用者のニーズに応える取り組みを行うことである。

　事業所・施設としての取り組みでは、利用者の自立生活を支援する、一人ひとりの利用者についての自立のあり方を模索している、利用者のニーズに応えるべく先駆的、独創的な取り組みを事業所・施設のプログラムとして行っていく、といったことが挙げられる。設備などのハード面での取り組みと具体的なプログラムの実施や職員の対応といったソフト面での取り組みの複眼的視点が必要である。

（7）福祉サービスは対人援助サービスであり職員は人財

　福祉サービスは"モノ"を売買する業界ではなく、人から人を介して提供される対人援助サービスが大きなウエイトを占めている。しかし、ファース

トフード店のような接客マニュアルどおりの対応で業務が完結するわけではない。また、対人援助サービスは、"もの"を作るのとは異なってサービス内容を規格化したり統一したりしにくい。利用者と職員との間には個別性が高く、双方の関係性のなかで具体的な福祉サービスの中身が構築されるものである。つまり、事業所・施設で働く職員によって大きく福祉サービスの内容や質が変化する。他の事業所・施設と同じ設備は予算を計上すれば整備することは可能である。しかし、他の事業所・施設で働いている優秀な職員と同じ職員を採用することは不可能である。こう考えると、各事業所・施設で働く職員がいかに重要で大切な存在であるかが分かる。近年、職員は「人財」であるといわれている[23]。職員は、単なる材料ではなく、職場にとっての財産という意味である。

　ところが、経営者から職員の批判・中傷を耳にすることも多々ある。現場職員の能力のなさを嘆く経営者は、採用した担当者の人を見る目がなかったことを露呈するものであり、職員を伸ばす能力がないという自らの管理能力が問われることにもつながる。さらには、能力がないと判断した職員と同じ基準で採用された他の職員や自分自身の能力をも否定しかねない。職員を嘆く前に、いかに職員を大切に育成するかを考えるべきであろう。優秀な職員を採用するとともに定着率を高めていくことによって福祉サービスの質の向上を目指すべきであろう。

　職員が安心して働ける職場であってはじめて職員は業務に専念できるのである。ところが、多様な雇用形態の職員が増加することで、正規職員と臨時職員との間で待遇の違いから摩擦が起きる。身分の不安定な職員は、自らの進退問題が重くのしかかり複数年にわたって業務に専念することが出来ず慣れてきた頃に職場を去ってしまう。職場への帰属意識が薄く責任ある仕事を任し難いなどの問題が生じ、福祉サービスの向上につながらない。

　一方、正規職員も臨時職員など多様な雇用形態の職員が急増したことに伴い、正規職員としての仕事量が増え、責任が重くなり、負担が増大するばかりである。このことによってストレスがたまり職員自身が悩みイライラが募って利用者や後輩職員に辛くあたったり、あるいは自ら問題を抱え込み消化することが出来ず休職、退職へと追い込まれたりすることもある。

　ある福祉事業団でのことである。組織の再編に伴い、規模の縮小や統合化

で揺れており、自らの進退に不安を抱える職員が多くいる。このような状況で、「自分の人生がどうなるかわからないのに、利用者の援助に専念できるはずがない」といった声をよく耳にする。そのとおりであろう。しかし、このような事態に陥って一番害を被っているのは利用者であるということを経営者は肝に銘じておかなければならない。

　職員を使い捨てにしか考えていない組織は"人"を大切に出来ないため利用者をもないがしろにしているのではないだろうか。職員という"人"を大切にする組織こそが利用者という"人"も大切にできるのである。収支バランスばかりに目を向けるのではなく、より質の高い福祉サービスを提供するには、職員の待遇も良くするということであり、それは経営者の責務である[24]。そして、事業所・施設の経営者には職員を育成していく責務が課せられている。

　職員を大切にする職場は、職員の意欲が高く定着率も高い。そのような職場には求人に対する応募も多くなるであろう。優秀な人財を確保しやすくなる。そして、新しく採用された職員は育っていき、さらに福祉サービスの質が向上していくのである。

（8）選ばれる事業所・施設とは

　事業所・施設の存在意義を再考し、福祉サービスの意味を理解することによって、本当に「選ばれる事業所・施設」とはどのような事業所・施設を指すのかが見えてくる。目先の経費削減に伴う人件費削減に終始するのではなく、利用者を一人の人として尊重し、生活や利益を守ることをすべての基本におき、利用者の意思を最大限尊重した利用者主体の関わりを通して極めて個別的にニーズの充足に向けた取り組み、すなわち質の高い福祉サービスを提供する事業所・施設が選ばれる事業所・施設となるのである。

　利用者中心主義をどこまで貫くことができるか、そして利用者のニーズに応じた先駆的、独創的なプログラムをどこまで開発し実施できるかにかかっている。そのためには、各社会福祉法人や事業所・施設の理念、経営方針が明確であり、経営者がそれらの実現に向け明確なビジョンをもつことである。さらに、これらのことを実践するのは、現場で働く職員であり、職員の資質や専門性が問われてくる。

第1章 社会福祉の制度改革と利用者支援

　ここでぜひ考えていただきたいことがある。今の職場が、自分自身あるいは家族が安心して利用できるような事業所・施設だろうか。自信を持って福祉サービスを提供しているといえるだろうか。自分自身が利用したいと思う事業所・施設はどのような事業所・施設かを考えることが選ばれる事業所・施設を見出す糸口になるのではないだろうか。

文献
1) 小笠原祐次「社会福祉の法制度と措置制度」、小笠原祐次、福島一雄、小國英夫編集『社会福祉施設』有斐閣、1999、pp.88－90
　　田島誠一「いま社会福祉法人が直面する経営課題とは何か」『月刊総合ケア』10（3）、2000、pp.44－51
　　津田耕一「契約制度下における社会福祉施設経営と利用者支援－コスト意識と福祉サービスの質の向上からの一考察－」『関西福祉科学大学紀要』7、関西福祉科学大学、2004、pp.95－105
2) 渡辺俊介「社会保障制度改革の動向と課題」『月刊福祉』2004（11）、2004、pp.11－15
3) 新村出編『広辞苑第3版』岩波書店、1983、pp.2510－2511
4) 前掲1)、小笠原祐次、pp.88－90
　　津田耕一「社会福祉基礎構造改革以降の制度」、松本英孝、髙間満、相澤譲治、津田耕一編著『社会福祉原論』久美出版、2005、pp.63－64
5) 前掲1)、小笠原祐次、pp.88－90
　　前掲4)、津田耕一、pp.63－64
　　日本弁護士連合会、高齢者・障害者の権利に関する委員会編『契約型福祉社会と権利擁護のあり方を考える』あけび書房、2002、pp.28－29
6) 大澤理尋「社会福祉における権利」、社団法人日本社会福祉士会編集『新・社会福祉援助の共通基盤上』中央法規出版、2004、p.30
7) 津田耕一「社会福祉施設における援助実践の専門性を目指して　－ソーシャルワーク理論の応用と援助システムの構築化に向けて－」『社会福祉研究』62、1995、pp.87－94
8) 石井二郎「福祉などのマーケティングとサービスの向上」、YNI総合コンサルティ

ンググループ編『施設トップのためのわかりやすい福祉経営－経営理念から財務、労務、法律の知識まで－』中央法規出版、2004、p.23

9) 前掲5)、日本弁護士連合会、p.21

10) 小笠原祐次「施設サービスの経営戦略　特別養護老人ホームを中心に」、三浦文夫監修、小笠原祐次、中西茂編集『介護保険施設の経営戦略－その理論と実践－』中央法規出版、2000、p.15

11) 武居敏「措置制度見直しと社会福祉の経営課題－介護保険導入後の経営－」『社会福祉研究』69、1997、pp.18－25

　　川原邦彦「福祉経営Q&A No.2経営者の意識改革と経営執行機能の強化」『月刊福祉』1998（6）、1998、pp.76－77

12) 前掲11)、武居敏、pp.18－25

　　橋本正明「転換期における福祉経営を考える」、福祉経営研究会編『介護保険時代の福祉経営を考える』中央法規出版、2000、p.48

13) 津田耕一『施設に問われる利用者支援』久美出版、2001、p.2

14) 小笠原祐次「社会福祉施設の体系・制度の再編と今日の課題」、小笠原祐次、福島一雄、小國英夫編集『社会福祉施設』有斐閣、1999、p.6

15) 前掲13)、津田耕一、p.6

16) 前掲11)、川原邦彦、pp.76－77

17) 前掲1)、津田耕一、pp.95－105

18) 岡久＋NPO法人税法労務協会著『現場発！評価される福祉施設マネジメントブック－福祉サービス第3者評価完全対応版－』同友館、2004、p.23

19) 前掲13)、津田耕一、p.156

　　久田則夫「プロとして『果たすべき責任』を把握し、現状打破を実現せよ～辛くとも現状勅旨から改善の第一歩は始まる～」『月刊福祉』2002－3、pp.46－49

20) 長谷川力「先人たちの心を探る」『ホーリスティック社会福祉研究』ホーリスティック社会福祉研究所、7、2002、pp.14－23

21) 金田一京助、山田忠雄他編『新明解国語辞典第5版』三省堂、1997、p.517

22) 宮崎民雄「福祉経営とマーケティング戦略の推進」『月刊福祉』2001（2）、2001、pp.92－95

23) 田島誠一「社会福祉法人の経営改革－理念・使命の明確化、経営の効率性と人材の育成・確保－」『社会福祉研究』76、1999、pp.41－49

第1章 社会福祉の制度改革と利用者支援

24) 蟻塚昌克「福祉現場の専門性を高める課題」『月刊福祉』2006（6）、2006、pp.12－15

参考文献

・北場勉「規制改革と福祉改革の交錯～措置制度見直しと供給主体多元化に焦点をあてて～」『月刊福祉』2004（11）、2004
・伊藤周平『介護保険と社会福祉－福祉・医療はどう変わるのか－』ミネルヴァ書房、2000

第2章
福祉現場と専門職性

　社会福祉援助としての利用者支援は、専門的観点で実施されなければならない。現場においてしっかりとした理論的根拠に基づいた実践が求められている。本章では、実践と理論の融合について述べ、次に社会福祉の固有性や社会福祉援助の意味について説明し、さらに現場職員の専門職性の向上について言及している。

１．現場に求められる理論的根拠

（１）理論の重要性
　利用者のニーズに応える質の高い福祉サービスを提供していくには、目指すべき目標に向け、計画的に支援を行う必要がある。我々が展開している実践は、勘や経験、そのときどきの感情だけで行うのではなく、理論的な裏づけのある根拠に基づいて行うべきである。「なぜあの時、利用者にあのように言ったのか、あのような態度をとったのか、あのような行動をしたのか」「利用者に今後どう関わるか、どのような支援を行うのか、それはどのような根拠に基づくのか」といったことをしっかり説明できなければならない。あるいは「利用者の想いはどのようなものだったのか、利用者は何を意図していたのか」といったことについても整理しなければならない。「ただ、なんとなく」ではすまされない。
　また、場当たり的な対応だけでなく、長期的な展望を見据えた支援が不可欠である。長期的な展望、つまり支援の目標達成に向けて現時点でどのような対応を行うべきか説明出来なければならない。支援全体を通して継続性と一貫性が求められてくるため、その場その場では適切な対応を行っているよ

うに見えても長期的な視点から見ると不統一な対応になっていることもある。したがって、支援の全体と部分の整合性が要求される。

ベテランといわれる職員（ワーカー）の長年の経験や勘が全く不要というわけではない。勘や経験だけで物事が進められることが問題だといっているのである。利用制度以降、福祉サービスの中身、その意味の説明が求められるようになった。これをアカウンタビリティー（説明責任）という。説明責任を果たすためには理論的裏づけが大切となる。利用者や家族からすると根拠がしっかりしていると安心でき信頼を寄せることができる。理論的裏づけを重視するなら、もし誤った支援が展開されていても、その誤りに気づけばすぐに軌道修正出来るであろう。

利用者支援を展開するうえで、社会福祉の考え方、社会福祉関係の制度、社会福祉援助の理論を理解する必要がある。利用者支援に関しては、様々なモデルやアプローチがあったり、一方でソーシャルワークの統合化が進められたりしている。特定の問題や利用者に対して、その問題の捉え方、対応法や具体的な実践の手続き、そしてその拠りどころとなる理念や概念、知識（実践理論）を実践モデルという[1]。勘や経験から脱却するために、利用者の価値観や意向を尊重しつつ確かな根拠によって証明された実証研究や調査に基づき、利用者にもっとも適した実践モデルを選択する必要がある。これを「根拠に基づいた実践」（EBP：Evidence Based Practice）」といい[2]、今後の利用者支援に看過できない考えといえよう。

（2）社会福祉援助の理論を踏まえた実践

1）社会福祉援助の理論が現場に根づかなかった要因

対人援助である社会福祉援助は、専門職であるといわれているにもかかわらず、これまで施設に限らず日本の現場では、理論に裏づけされた実践が根づかなかった。その原因は、以下のようなことが考えられている[3]。

まず、専門職性[4]が求められなかったことが挙げられる。従来の行政主導の社会福祉援助では、「行政」の相談窓口を中心に実施され、福祉六法関係の相談業務であった。そこでの相談業務は福祉サービスを受ける資格要件に関することで、一部のワーカーを除き利用者の生活全体についての相談に乗るというものではなかった。そこには、措置制度のもと、措置決定者の行政

と利用者とが対等な関係を形成し難いこと、縦割り行政のなかで利用者の生活全体をアセスメントし、相談業務を行うことに無理が生じること、よって実践を踏まえた研究が豊かに開花する余地がなかったこと、専門職というマンパワー問題を論議する状況になく大多数の自治体で専門職の採用が進まなかったことが挙げられる。

　一方、措置制度で運営されていた施設では利用者を「預かる」といった意識が強く、最低限度の基準さえ守っておれば、行政からも世間からも利用者・家族からも責められることはなかった。利用者はけがすることなく病気に罹ることなくその日一日過ごすことができれば援助は円滑に進んでいる、といった理解がなされた。また、措置費の運用が厳格に規定されており、先駆的な取り組みが困難で画一的・集団的処遇しか実践できなかった。より積極的な福祉サービスを行う土壌ではなかった。

　第二に、欧米で発達したソーシャルワーク理論がそのまま日本に直輸入され、日本の文化、風土、福祉事情（日本の社会福祉の問題、福祉関連制度、社会福祉供給システムなど）をほとんど考慮されず理論の紹介が先行したため実践に活かされなかったことが挙げられる。ソーシャルワークの重要性は強調されてきたものの、文献のほとんどが英米の考えをもとにしていたため、翻訳の域を脱しきれず、日本でどう実践すればよいか、現場の事例にどのように展開できるのかという研究が十分に行われなかった。

　ソーシャルワーク研究者の多くは、英米に留学し英米の理論や実践を学び研究手法や実践手法を紹介することは出来るが、日本での実践経験やフィールドに乏しかったため日本の風土、文化、福祉事情に即した実践的な研究が医療ソーシャルワークなど一部の領域を除き構築できなかった。

　とくに、施設においてこのことは顕著であった。たとえば、一般的なテキストに記載されている面接室での面接を主体に展開されるケースワークといったものは利用者と日常生活をともにする施設では馴染まなかった。一方、施設現場では日々の実践が理論的にどのような意味をもっているのかを整理することができず、レジデンシャル・ワークとしての理論的確立や実践力を高めるに至らなかった。

　現実にそぐわない理論が、実践を考慮せずに研究のみ進められたため、現場では理論を十分消化しきれず、このことが現場からの不信感を募らせるこ

ととなり、両者間に対立や不協和が生じてしまった。よって、現実に即した理論であっても実用性に欠けることから、実践場面に十分浸透しなかったのである。

しかし、日々の実践が理論的な根拠を意識していなくとも理論を踏襲している、ということも現場ではよく起こっている。このことは何を意味しているかというと、対人援助である社会福祉援助は日本においても実践のなかで培われてきたことが証明されているといえよう。ところが実践のみを重視する方法は、ワーカーの勘や経験を頼りにそのワーカーの裁量や判断に基づいてなされるものである。勘や経験を頼りにしているため、明確な根拠が伴わない個人芸のような実践を他のワーカーは到底真似できるものではなく後進へ伝承することが困難である。また、模範となるそのワーカーの判断が常に正しいと限らないし、そのことへの反論となる根拠も提示できない。言い換えれば、科学性や専門性を欠いたものである。このことが現場に混乱をもたらし、実践としての進展が阻まれる要因となっていった。

よって、大学等で英米の社会福祉援助の理論や実践を学んでも日本の風土、文化、福祉事情に必ずしもマッチするわけではないため、わが国の実践とは乖離したものと捉えられていたのであろう。このことが、大学等で社会福祉を学んだ学生を「頭でっかちで役に立たない」といった風評を引き起こした原因といえる。

第三に、社会福祉援助の理論や専門用語が、十分熟しきれていないことが挙げられる。論者によって解釈が異なったり、拡大解釈されているなど共通の定義がなされていない。共通の言語として整理されておらず、現場では、理論を実践に結びつけるには至らなかった。

2）実践と理論との融合に向けて

社会福祉学は、「実践を伴う学問であり、その実践を科学的に行わしめる学問」、つまり実践科学であるといわれている[5]。岡本民夫が指摘した「実践の科学化」が求められているのである[6]。「社会福祉研究の究極の目標は、実践を志向するものでなければならない」といわれている[7]ように、実践と理論が乖離するのではなく、融合することが不可欠である。

英米で発達したソーシャルワーク理論は、もともとCOS活動やセツルメン

1. 現場に求められる理論的根拠

ト運動といった実践から生まれ、理論化され、それが再び実践に応用され、新たな理論を生み出すという理論と実践が循環して構築されたもので、実践に裏づけられた理論である。実践と理論は別物ではなく、相互に関連しているのである。

社会福祉実践という言葉に見られるように、社会福祉援助は実践である。その意味において現場は重要である。日々の現場での実践は経験であり、経験の積み重ねによってワーカーは自らの支援方法を修得していく。実践の伴わない現場の実情を無視した理論は、机上の空論に過ぎず利用者支援を展開していくうえでほとんど意味をなさない。しかし、経験主義に終始すると、そこには支援の根拠は見出せない。理論的根拠のない実践は単なる経験にすぎない。支援に行き詰まったとき、理論的裏づけのない実践は、本質を見失い、気がつけば利用者の自立支援から逸脱していたり、不利益をもたらしたり、場合によっては人権侵害につながる危険性をはらんでいる。この「実践、現場、経験、理論的根拠」といったキーワードの調和こそ重要となる（図2-1）。

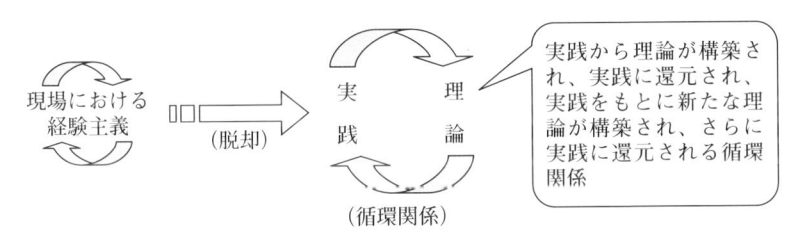

図2-1　実践と理論の関係

芝野松次郎は、わが国のソーシャルワークについて「実践活動をガイドし、可能にするモデル化された実践手続き（実践モデル）のデザイン・アンド・ディベロップメントが必要となる」と指摘している[8]。今後の課題は、実践と理論を別物と捉えるのではなく、いかに両者の融合を図りながら実践の質の向上をめざすかである。

この実践と理論をつなぐ際、現場のワーカーと研究者が上手くつながっていないといった問題が指摘されている[9]。ここに、現場のワーカーと研究者の歩み寄りが不可欠となる。現場のワーカーは、勘や経験のみを拠りどころ

とするのではなく、質の高い福祉サービスを探求すべく、理論の重要性を認識すべきである。一方、研究者は、欧米の理論紹介や現場を省みない机上の空論を振りかざすのではなく、現場のワーカーとともに実践と理論を結びつける現場に目を向けるべきである。

　社会福祉援助の理論や専門用語が漠然としており、共通の定義がされておらず、論者によって異なっているからこそ、理論や専門用語を明確にすべく共通の定義を目指して行くべきではないだろうか。共通の言語をもつことによって、理論や専門用語が鞏鼓たるものになっていく。

　このとき、実践と理論の融合を図っていく三つのチャンネルが存在すると思われる。まず、社会福祉援助の理論（実践モデル）を実践に応用することである。英米で開発されたソーシャルワークの理論を踏まえ、日本の現場でいかに実践に結びつけていけばよいかを模索することである。たとえば、ことばによるコミュニケーションの困難な重度の知的障害のある利用者の支援として、行動理論に基づく行動変容アプローチを用いて、利用者の行動の意味を理解し支援計画に役立てていくことができる。

　第二は、実践を理論（実践モデル）に適用して実践根拠を確立していくことである。つまり、日々の実践を社会福祉援助の理論に当てはめて説明しようとするものである。日々の実践の積み重ねを客観的に分析すると、「我々が行ってきた実践は、社会福祉援助の○○といった理論に当てはまる」ということを認識することで理論的根拠を確立していくのである。

　たとえば、ある行事を行うときに、職員が利用者のことを考慮しつつ一方的にお膳立てするのではなく、失敗や時間のロスがあるにせよ、できるだけ利用者に考えてもらいながら進めていくことのほうが、結果的に利用者の達成感や充実感が得られ満足度も高いということを何度か経験したとする。このことを感覚的なものとして留めるのではなく、利用者の主体性を尊重し、自己選択や自己決定を促した支援であり、利用者の持てる能力を引き出すというエンパワメント概念やストレングスの視点にもつながるということを認識することによって、支援の理論的根拠へとつながっていくのである。

　第三は、一つひとつの事例を蓄積し理論（実践モデル）を再構築することである。上述の二つの側面である理論を実践に当てはめる作業、実践を理論に当てはめる作業とは異なり、日本の文化、風土、福祉事情を考慮したうえ

1．現場に求められる理論的根拠

で実践の積み重ねから普遍性を導き出し、既存の理論に修正を加え再構築したり新たな理論を構築したりすることである。

米本秀仁は、「福祉臨床は一例毎の経験でしかあり得ないとしても、その経験のありさまを「反省的に」捉え返してみれば、ある一定の構造が見えてくるのであり、一般性との関連も明らかになってくる」と述べている[10]。すなわち、個別性を重視するとともに、個々の事例を丹念に研究することを通して上位への仮説を提起したり、新たな法則、モデル、理論構成への可能性を提示したりすることができるとしている。そして、北川清一は、既存の準拠枠にとらわれず、新たな枠組みを探求する必要性を認識できるか否かの問題であるとしている[11]。このように、実践を蓄積し、検証し、経験知から理論を構築することの意義が強調されている。

（3）"実践力"の向上

利用者支援に向け、具体的に何をどう取り組むのか、理論的根拠に基づく実践が求められてこよう。利用者や家族から福祉サービスの内容に関する説明を求められてきたとき、「さあ、分かりません」といった曖昧な返答では許されない時代が到来した。また、利用者や家族が求める福祉サービスを提供できず各事業所・施設が用意したメニューに利用者のニーズを当てはめようとするだけでは利用者や家族は満足しない。

実践と理論を結びつけるには、研究者と現場のワーカーがともに協力しつつ、社会福祉援助の実践と理論の融合を図ることが喫緊の課題である。現場のワーカーは、単なる勘や経験主義に満足することなく、理論を嫌うのでもなく、"学ぶ"という姿勢と"考える"力を養うべきではないだろうか。学ぶことと考えることは相互関係にある。単に知識を吸収するだけでなく、それらをもとにどう分析し、実践するかという思考力と行動力が求められる。その一方、正確に分析するための判断材料としての知識や情報も必要であり、学ぶということも決してないがしろにできない要素である。

社会福祉援助が実践から生まれ理論化された英米の歴史を振り返ると、わが国においても実践と理論の融合は実施可能なはずである。むしろ、わが国の場合は英米の理論を参考にできるメリットさえ兼ね備えていると理解できる。社会福祉援助の共通基盤が整備されつつあるなか、共通基盤の視点を踏

まえ、それぞれの福祉現場において実践力が求められている。社会福祉援助が対人援助であり専門職といわれながらもそのような認知が社会でなされていないが、制度改革の最中にある今こそ専門職としての自覚をしっかりと持つべきであろう。

具体的には、社会福祉、社会福祉援助に関する文献を読む、関連領域の専門雑誌を定期購読する、研修会にも積極的に参加する、自主学習会を企画する、職場内で利用者支援についての討議を行う機会を設ける、先駆的な取り組みを行っている現場からノウハウを聞き出すなどいくらでも方法はある。一番肝心なことは、ワーカーがそのような自覚を持って行動するかどうかである。

ソーシャルワークは、科学的な援助方法の展開により利用者の社会生活上の問題の解決や軽減（改善）を具体的に実現し、達成しようとする専門的実践活動であるといわれている[12]。このように、実践と理論を結びつける地道な活動こそが社会福祉援助が根拠に基づく実践として定着するもっとも近道といえよう。

2．社会福祉固有の視点と社会福祉援助（ソーシャルワーク）

(1) 社会福祉固有の視点

1) 社会関係の主体的側面

わが国で社会福祉固有の視点を整理した岡村重夫の考え方（岡村理論）は、社会福祉援助を展開していくうえで大いに参考になる[13]。以下、岡村理論を概説する。岡村は、社会福祉が関わるのは「社会生活上の困難（生活困難、生活問題）」であるとしている。我々人間が生活していくうえで、社会生活上の基本的要求があり、それを充足するために、社会制度との間に相互に関連する社会関係が存在する。そして、この社会制度は専門的に分化・発展している。利用者は、それぞれにふさわしい社会制度を利用しなくてはならないので、多数の社会制度との間に多数に社会関係を結ばなければならない。その際、各社会制度から個々バラバラに要求される役割を果たさなければな

2．社会福祉固有の視点と社会福祉援助（ソーシャルワーク）

らない。よって、矛盾の生じる場合がある。

　ところが利用者個人にとっては、それらの役割を実行するには制度側からの視点とは異なって専門分業的に分割することは出来ない。制度側から様々な役割を要求された場合にそれらを両立したり、異なる役割を要求された場合に矛盾する内容を調整したりしなければならない。社会制度から利用者に向かって要求し規定する客観的側面と、専門分業化した制度から見れば個別、無関係な多数の社会関係を自分のものとして統合調和させて実行しなければならない主観的側面とが絡み合った二重構造になっている。前者を生活条件を客体的に規定するので社会関係の客体的側面（制度的側面）といい、後者を多数の社会関係を統合、調和させながら自分の生活行為として実行していくので社会関係の主体的側面（個人的側面）という。

　専門分化された制度では、個人の生活に一定の影響は与えるものの専門領域以外については無関係となる。しかし、我々人間の生活は専門分化された制度だけでは捉えきれない部分がある。この社会関係のなかに相反する二つの側面があり、これを社会関係の二重構造と呼んでいる。そして専門分化した客体的側面の目の届かない主体的側面に着目するところに社会福祉の固有性があるとしている。

　例えば、病気になった人がいるとする。医師は、入院を勧めしばらく療養することを要求する。一方、就職先は、仕事を休まれると会社の損失につながるので長期欠勤するのなら配置転換をすると迫ってくる。また、家族は、入院されると負担が増えるし収入が減り家計が苦しくなる、と不安を訴えてくる。それぞれがバラバラにその人に役割を要求してくる。これが客体的側面である。しかし、その人の側からすると、入院して病気を治療しないといけないが仕事を失う心配がある。仕事を休むことで収入がなくなったり、家族関係に悪影響を及ぼしたりするなど今後の生活に不安を抱き、入院を快しとしないかもしれない。これを主体的側面という。このとき、病気で医師の指示があるから入院しなければならないといった客体的側面だけに着目し専門分化的に見るのでは分からない生活問題がある。入院による様々な生活不安を全体的に調和していかなければならないが、その当時者の視点、つまり主体的側面の問題に着目すべきである、という考えが岡村の唱えた社会福祉固有の視点である[14]。

また、社会保障、医療、教育、住宅、文化等が、専門とする人と環境との特定部分に関わっているのに対し、社会福祉は、「専門分業的社会制度の全体に対して各個人のもつ関係の全体を問題」にしている[15]。医療が病気やけがの患部と関わるのに対して、社会福祉は患者という人間の生活全体と関わっていくのである。このように社会福祉は、全体的・総合的な接近法をとるという点にその固有性があるとしている。

２）社会福祉の対象
　岡村は、社会福祉や社会福祉援助が取り上げるべき問題、すなわち社会福祉の対象を社会関係の主体的側面に立つ「社会生活上の困難」としており、社会福祉固有の対象領域を以下のように整理している[16]。①社会関係の不調和：個人が関わる多数の社会関係が矛盾し、要求される社会的役割を果たすことができず、その人と多数の社会関係との調和を維持できない状況が生じる。この板ばさみ状態を社会関係の不調和と呼んでいる。②社会関係の欠損：個人が社会生活の基本的要求を充足するのに必要な専門分業制度との関係を失って制度を利用できない状況に陥る。社会関係の不調和が進行すると、個人はいずれかの社会的役割を遂行できなくなる。これを社会関係の欠損と呼んでいる。③社会制度の欠陥：専門分業化した社会制度が人々の生活の主体的側面を無視し、利用者との間の断絶状態や制度改善の弾力性を失った状態が生じる。これを社会制度の欠陥と呼んでいる。
　そして、社会福祉固有の視点は、社会関係の主体的側面と客体的側面の両側面に対する援助が必要となるとしている。
　以上見てきたように、岡村理論の当事者の視点に着目すること、生活の全体性に着目する視点、社会関係の主体的側面と客体的側面の両側面に対する援助の必要性を説いていることは、社会福祉援助を展開するうえでの重要な視点が内包されている。

（２）社会福祉援助（ソーシャルワーク）とは

　専門的な社会福祉援助は、ソーシャルワーク、社会福祉援助活動、社会福祉実践といったいくつかの呼び方があり、それぞれ解釈の仕方がやや異なっているが、ここでは専門的な社会福祉援助という枠で括り、同義語として捉

2．社会福祉固有の視点と社会福祉援助（ソーシャルワーク）

えることとする。

　一方、ケアワークと呼ばれる援助実践も存在する。大和田猛は、ケアワークとソーシャルワークの関係を次のように整理している。ケアワークもソーシャルワークも専門的な社会福祉援助活動であり、利用者の「ニーズに基づいて社会生活機能を高め、質の高い生活が送れるよう支援することにその目的がある」と共通点を見出している[17]。そして、ケアワークは、利用者の日常生活の維持・拡大機能が主であるのに対しソーシャルワークは、利用者の社会生活の維持・拡大機能が主となっているが、ともに「社会福祉の目標や価値、倫理、原理に集約された援助技術を共有し、基盤としながら相補関係にあると理解できる」とし、両者の違いは利用者支援の比重の高低・軽重の差、濃淡の違いがあるに過ぎないとしている[18]。

　実際、施設現場やホームヘルプサービスでは、直接利用者と関わる職員の多くはケアワーカーであり、ケアワークを中核としつつソーシャルワークの機能が展開されてきたことからソーシャルワークとケアワークの統合の課題が提起されている[19]。そこで本書では、現場で働くワーカーの利用者支援をより理解しやすくするため、ケアワークをソーシャルワークの一方法と捉える相澤譲治の考え[20]やソーシャルワークのなかに収斂され統合されるものとする大和田猛の考え[21]に基づいて、ソーシャルワークと同じ枠組みのなかで社会福祉援助として捉えていくこととする。

　また、専門的な社会福祉の実践者をソーシャルワーカー、ケアワーカーと呼んでいるが、利用者と直接かかわる職員は、相談員、介護員、作業指導員、保育者、援助員、支援員など多様な職種の呼び方がある。そこでこれらの職種を総合してワーカーあるいは職員と呼ぶ。一方、利用者もソーシャルワークではクライエント（client）と呼んでいる。クライエントとは、「顧客」という意味で一般のビジネス業界でも用いられる用語である。つまり、福祉サービスを利用する顧客という意味で用いられてきた。よって、文脈や引用によって用いることばが変化するがこれらは同義語とする。そして、施設における利用者支援も専門的な社会福祉援助と位置づけ、ソーシャルワークの理論や実践をもとに利用者支援について考察することとする。

　専門的な社会福祉援助とは、具体的にどのようなものであろうか。国際ソーシャルワーカー連盟（IFSW）の定義は、「ソーシャルワーク専門職は、人

間の福利（ウェルビーイング）の増進を目指して、社会の変革を進め、人間関係における問題解決を図り、人びとのエンパワーメントと解放を促していく。ソーシャルワークは、人間の行動と社会システムに関する理論を利用して、人びとがその環境と相互に影響し合う接点に介入する。人権と社会正義の原理は、ソーシャルワークの拠り所とする基盤である」とされている（2000（平成12）年）[22]。

太田義弘は、「ソーシャルワークとは、利用者固有の生活状況を基点に、より豊かな社会生活の回復と実現を目指し、制度としての社会福祉諸サービスの提供を通じ、利用者による課題解決を可能にする支援活動の展開と、他方では、社会の発展に対応した社会福祉の維持と、その諸条件の改善・向上を目標にした専門職業者による支援活動システムの展開過程である」と定義している[23]。

このような定義から、ソーシャルワークを中核にすえた社会福祉援助は、人間のより豊かな生活をめざして、生活上の問題を解決、改善すべく（ニーズを充足すべく）、利用者に働きかけたり、あるいは利用者を取り巻く様々な環境に働きかけたりすることを通して、利用者と利用者を取り巻く環境との関係性を調整する支援過程である、と捉えることができる。さらに、人間の生活は、狭い範囲の福祉だけでなく、医療、就労、教育など様々な領域と関わっており、生活全体を捉えるという幅広い視点が必要である。一方、社会福祉関係の各法律の目的や基本理念のなかに、福祉サービスを必要とする人々の「自立生活支援」が挙げられている。このことからも利用者の自立生活支援が社会福祉援助のゴールの大きな柱となっているといえよう。

3. 利用者支援における専門職性

　社会福祉援助を展開していくにあたって、その根拠となる社会福祉（援助）の価値・職業倫理、知識、技能（スキル）を整理しておく必要がある。

(1) 価値
1) 価値の意味
　「価値」とは、「人間の生活において、それを好ましい（有用な）ものとして受け入れ、精神的・物質的に充足を感じさせる程度」という意味である[24]。平塚良子は、人間福祉における価値を考えるにあたって「価値は実現が志向されるある理想的な状態・条件をさす。それは、人間主体の諸行為を発動する源としての位置にあり、あるべき行為を導く判断基準としての働きをするものである」と定義している[25]。いわば社会福祉援助の価値とは、社会福祉援助の実践における望ましい方向を導くものであり[26]、根底にあるもっとも大切な考えをいう。

　では、社会福祉援助の価値とはいかなるものか。ソーシャルワークの価値を見ていくことで社会福祉援助の価値を検討していくこととする。ブトゥリム，Z.T.（Butrym,Z.T）は、「ソーシャルワークの根本的な価値は、すべての人がもっている人間としての固有の価値におかれている。この人間としての基本的な価値は無条件であって、その人自身や他の人のいかなる行為によっても低められたり壊されたりできないものである」と述べている[27]。換言すれば、「人は価値ある存在」であり、「人権尊重」や「個としての尊厳（人間尊重）」こそが、根本的な価値ということになる。

　「ソーシャルワーカーの倫理綱領」（社会福祉専門職団体協議会・倫理綱領委員会）の前文において、「すべての人が平等であり、価値ある存在であること、人としての尊厳を有していることを深く認識し、人権と社会正義の原理に則り、サービス利用者本位の質の高い福祉サービスの開発と提供に努めることによって、社会福祉の推進とサービス利用者の自己実現をめざす」と言明している[28]。

　このように、利用者支援を展開していくうえでもっとも根底にある考えとは、利用者を一人の人として尊重し利用者の人権を守ることにあるといえよ

う。いわば、人は、存在しているだけで意味があるという人間観であり、「あなたは大切な人ですよ」ということを信じて、言い続けることであろう[29]。よって、人としての自尊心を最大限配慮した支援こそが重要となる[30]。尊厳が保たれることによって、利用者自身の自尊感情が触発され、自己選択・自己決定の能力を引き出すことは、多くの実践で既に見出されている[31]。

2）社会福祉援助の価値

副田あけみは、ソーシャルワーク実践の価値を普遍的な価値である根本的価値、ソーシャルワーク実践の目標を導く価値を中核的価値、ソーシャルワーク実践の望ましい方法を導く手段的価値に分類して説明している。ソーシャルワーカーの行為の前提にあるのが根本的価値と中核的価値で具体的な行為のなかで遵守すべき価値を手段的価値としており、その内容を表2－1のように示している[32]。

表2－1　ソーシャルワーク実践の価値

根本的価値	個人の尊重、人権（自由権、生存権）、社会統合、社会正義等
中核的価値	主体性、自己実現、権限の委譲（エンパワーメント）、ノーマライゼーション、共生、インクルージョン、自立生活、QOL、アドボカシー（代弁）、権利擁護・人権擁護等
手段的価値	自己決定、参加、インフォームドチョイス、プライバシー等

出典：副田あけみ「ソーシャルワークの視点・目標・価値・倫理」、北島英治、副田あけみ、高橋重宏、渡部律子編『ソーシャルワーク実践の基礎理論』有斐閣、2002、p.48

一方、ブトゥリム,Z.T.は、ソーシャルワークの前提となる価値として、①人間尊重、②人間の社会化、③変化の可能性を挙げている[33]。①人間尊重は、先ほど述べたとおり、ただ人間であるというそのことだけをもって人間は尊重に値するという考えで、すべての基本であり、もっとも重要な価値とされている。②人間の社会化は、人間はそれぞれ独自性をもった存在であるがその独自性を貫徹するために他者に依存する存在であるという考えである。③変化の可能性は、人間は変化、成長、向上の可能性を秘めた存在であるという考えである。

変化の可能性は、他者と比較しての変化、成長、向上の度合いを測定する

相対的な評価ではなく、その利用者個人についての変化、成長、向上を捉えるという極めて絶対的な評価に基づくものである。日々の利用者支援のなかで我々は、支援の目標に近づかない、利用者に変化が見られない、重度の認知症、心を閉ざした児童、重症心身障害、知的障害や精神障害の利用者との関わりに行き詰まっている、担当している利用者の自立はあり得るのか、といった問題に直面し、利用者支援に戸惑いや疑問を感じたりする。

　日々の支援のなかに埋没してしまうと、ややもすれば利用者の変化に気づきにくくなる。ワーカー自身が利用者の変化に目が向かなくなり、利用者を「自らの意思を持たない存在」「意思表明や自己選択・自己決定の出来ない存在」「日常的な生活習慣が身についていない存在」「長期的な展望のもてない存在」としてレッテルを貼ってしまいがちとなり、支援に躓いたり自信喪失に陥ったりする。そうなると、その時点で利用者の自立や自己実現を目指した支援はストップしてしまい、最低限のルーティンワークにとどまってしまうことになる。

　このとき、利用者の変化の可能性を信じて疑わないというソーシャルワークの価値を思い起こすことで、再度利用者支援を見つめ直し、わずかな利用者の変化、成長、向上を見出すことに役立つのではないだろうか。利用者にレッテルを貼って支援を放棄するのではなく、利用者によって程度や内容に差はあるにせよ、何らかの「意思」を有していることを確信し、利用者の意思の内容を表現してもらう方法を見出すことに焦点を注ぐことで利用者の変化や成長を促すことにつながっていくのである。この視点を保ちつづけることが出来るかどうかが支援の分かれ道となろう。

　ワーカーとして利用者支援を展開していくうえで、「私は○○の価値に基づいて物事を判断した」と説明できることが理論的根拠に基づいた実践である。この価値基盤が揺らいだり、曖昧であったり、蔑にされたりすると、利用者支援の根底が崩れ、誤った方向へと陥落していく恐れがある。

(2) 職業倫理

1) 職業倫理の意味

　ワーカーが専門的価値を遵守して具体的に行動する際、その行動の善悪の判断基準となるのが職業倫理である。倫理は、人としてあるべき道を説くも

のであり、その時代や社会状況に関わらず普遍性をもつものであって、社会通念、道徳、法に照らし合わせて遵守すべきものである[34]。専門的価値はワーカーとしての信念や考えのなかにあり、職業倫理はワーカーの具体的な行動のなかにあるとされており[35]、価値と倫理は密接な関係にある。

ワーカーの行動規範と責務を表した「ソーシャルワーカーの倫理綱領」(2005（平成17）年）が採択された[36]。その内容は、先ほど紹介した前文から始まり、「価値－倫理原則－倫理基準」と体系的に構成されている。ソーシャルワークの価値を踏まえ、倫理原則を提示し、そして具体的な倫理基準を規定している。

価値と原則では、①すべての人をかけがえのない存在として尊重する人間の尊厳、②差別、抑圧などのない自由、平等、共生に基づく社会正義の実現、③人間の尊厳の尊重と社会正義の実現の貢献、④本倫理綱領に対して誠実であること、⑤専門的力量の発揮と専門性の向上が挙げられている。表2－2に具体的な倫理基準の概要を紹介している。

表2－2　ソーシャルワーカーの倫理綱領（倫理基準）

①利用者に対する倫理責任
・利用者との関係：ワーカーは、利用者との専門的援助関係によって結ばれている。
・利用者の利益の最優先：ワーカーは、利用者に対するサービスを最優先に考える。
・受容：ワーカーは、自らの先入観や偏見を排し、利用者をあるがままに受容する。
・説明責任：ワーカーは、利用者に必要な情報を適切な方法・わかりやすい表現を用いて提供し、利用者の意思を確認する。
・利用者の自己決定の尊重：ワーカーは、利用者の自己決定を尊重し、利用者がその権利を十分理解し、活用していけるよう援助する。
・利用者の意思決定能力への対応：ワーカーは、意思決定能力の低下した利用者に対して、常に最善の方法を用いて利益と権利を擁護する。
・プライバシーの尊重：ワーカーは、利用者のプライバシーを最大限尊重し、関係者から情報を得る場合、利用者から同意を得る。
・秘密の保持：ワーカーは、利用者や関係者から情報を得る場合、業務上必要な範囲にとどめ、その情報を秘密に保持する。
・記録の開示：ワーカーは、利用者から記録の開示の要求があった場合は、本人に記録を開示する。
・情報の共有：ワーカーは、利用者の援助のために利用者に関する情報を関係機関・関係職員と共有する場合、その情報の秘密を保持するよう最善の方策を用いる。

- 性的差別・虐待の禁止：ワーカーは、利用者に対して、性別、性的志向等の違いから派生する差別やセクシャル・ハラスメント、虐待をしない。
- 権利侵害の防止：ワーカーは、利用者を擁護し、あらゆる権利侵害の発生を予防する。

②実践現場における倫理責任
- 最良の実践を行う責務：ワーカーは、実践現場において最良の業務を遂行するために、自らの専門的知識・技術を惜しみなく発揮する。
- 他の専門職等との連携・協働：ワーカーは、相互の専門性を尊重し、他の専門職と連携・協働する。
- 実践現場と綱領の遵守：ワーカーは、実践現場との間で倫理上のジレンマが生じるような場合、実践現場が本倫理綱領の原則を尊重し、その基本精神を遵守するよう働きかける。
- 業務改善の推進：ワーカーは、常に業務を点検し評価を行い、業務改善を推進する。

③社会に対する倫理責任
- ソーシャル・インクルージョン：ワーカーは、人々をあらゆる差別、貧困、抑圧、排除、暴力、環境破壊などから守り、包含的な社会を生み出せるよう努める。
- 社会への働きかけ：ワーカーは、利用者や他の専門職等と連帯し、効果的な方法により社会に働きかける。
- 国際社会への働きかけ：ワーカーは、全世界のワーカーと連帯し、国際社会に働きかける。

④専門職としての倫理責任
- 専門職の啓発：ワーカーは、利用者・他の専門職・市民に専門職としての実践を伝え社会的信用を高める。
 信用失墜行為の禁止：ワーカーは、他のワーカーが専門職業の社会的信用を損なうような場合、本人にその事実を知らせ必要な対応を促す。
- 専門職の擁護：ワーカーは、不当な批判を受けることがあれば、専門職として連帯し、その立場を擁護する。
- 専門性の向上：ワーカーは、最良の実践を行うため、スーパービジョン、教育・研修に参加し、援助方法の改善と専門性の向上を図る。
- 教育・訓練・管理における責務：ワーカーは、教育・訓練・管理に携わる場合、相手の人権を尊重し、専門職としてのよりよい成長を促す。
- 調査・研究：ワーカーは、すべての調査・研究過程で利用者の人権を尊重し、倫理性を確保する。

ソーシャルワーカーの倫理綱領（2005）をもとに筆者が要約

　この倫理基準のなかで、日々利用者と関わるワーカーにとって、「利用者に対する倫理責任」がもっとも身近なものとなる。専門的な援助関係で結ば

れた利用者とワーカーの関係を保持する、利用者を受容する、常に差別や虐待がないか自省し、利用者の権利擁護や利益を最優先する、利用者の自己決定を尊重する、プライバシーの尊重や秘密保持といった情報の取扱いに注意するといったことが含まれており、ワーカーとしての取るべき態度や姿勢が示されている。

「日本介護福祉士会倫理綱領」では、「介護福祉ニーズを有するすべての人々が、住み慣れた地域において安心して老いることができ、そして暮らし続けていくことのできる社会の実現」をめざし、利用者本位・自立支援、専門的サービスの提供、プライバシーの保護、総合的サービスの提供と積極的な連携・協力、利用者ニーズの代弁、地域福祉の推進、後継者の育成、以上7項目を挙げている[37]。

ワーカーは、利用者や家族に対して決して権威的になることなく、またワーカーの価値を押しつけたり誘導することがあってはならない。日々の業務のなかでこの倫理基準に反していないかどうかを常に意識しながら自らの行動を振り返ることが肝要である。

また、社会福祉の職業倫理は、ワーカーに課せられるのみならず、福祉サービスを提供している社会福祉法人、各事業所・施設などにも要求されるものである。一般企業でいわれる企業倫理に該当するものが対人援助サービスを提供している社会福祉専門機関や団体にも該当する。福祉サービスを提供している専門機関・団体としての行動規範である。

2）職業倫理のジレンマ

一方、これらの倫理は複雑に絡み合っており、ワーカーは様々な倫理上のジレンマ（板ばさみ）に陥ることもある。ワーカーの専門職としての判断と利用者の自己決定の内容が異なるとき、利用者の思いと家族の思いに食い違いが見られるとき、必要な福祉サービスと既存の福祉サービスとの間にギャップがあるとき、秘密保持と専門職間の情報の共有という相反する問題に直面したとき、事実を伝えることによって利用者に不利益をもたらす恐れのあるとき、同僚のワーカーの行為が価値に反するとき、利用者の利益を優先しようとするワーカーの思いと組織の規律を優先しようとする所属組織の方針が異なるときなどが想定される。

3．利用者支援における専門職性

　ワーカーは、専門職として職業倫理に反する行為に対して毅然と拒否し、職業倫理に裏打ちされた態度で臨むべきである。しかし、現実には、倫理に反した行為に走ることもある。利用者の関係を重視しすぎたりワーカーとしての責任追及を恐れたりして、利用者に不利益を及ぼすと分かっていても、利用者の言いなりになってしまうことがある。利用者本人よりも家族のほうが要求をはっきり訴えることができるため、家族の意向に押されてしまい、家族の意向を利用者の意向に摩り替えてしまったり家族の意向を優先してしまったりする。組織人としての立場を優先して利用者の意向よりも組織の方針に従ってしまうこともある。

　ワーカーの専門職としての判断と利用者の自己決定の内容が異なるときは、最大限利用者の意思を尊重することは言うまでもない。しかし、利用者の判断が明らかに利用者に不利益をもたらすことが明白である場合（不必要に高価なものを購入しようとしている場合、土地などの財産を法外に安価で売ろうとしている場合、友人、家族、親戚などに金品を騙し取られる疑いのある場合など）、利用者が決定したこととして放任することは認められない。利用者の権利擁護や利益が最優先されるからである。この場合、利用者が適切に判断できるようメリットやデメリットも含めて分かりやすく情報提供して一緒に考えていく。それでも無理な場合は、多少の不利益を被っても長い目で見れば、今後の適切な自己選択・自己決定への支援につながると考えられる時は、失敗を体験し自ら考えてもらうことも支援の一環となる場合もある。ところが、利用者が明らかに多大な不利益を被る場合や取り返しのつかない場合は、根気強く方向性を模索することを怠ってはならない。自己選択・自己決定の尊重と放任を区別すべきである。

　ワーカーの価値観と利用者の価値観が異なるときは、多様な価値観があり、一人ひとり、価値観が違うということを認識すべきである。一方的にワーカーの価値観を押しつけるのではなく、利用者の大切にしているものを尊重する姿勢が不可欠である。ワーカーの自己覚知を通して自らの対応を客観視することも重要である。利用者の価値観を理解するには利用者の歩んできた人生そのものを理解することが大切で、利用者の生活史や取り巻く環境から利用者の人間観を見直すことも必要となる。

　利用者の想いと家族の想いに食い違いが見られるときは、原則的に利用者

の想いを尊重すべきであろう。ただ、家族も利用者のことを思い利用者の利益につながると判断しているような場合、両者の調整が必要となる。家族が納得せず了解が得られないと、支援が円滑に展開しない。家族の想いを受け止めつつ、家族が安心できる体制を示しつつ利用者の想いを伝えることを忘れてはならない。むろん家族であっても利用者の財産搾取や身体的暴力といった権利侵害につながる行為がある場合は、断固利用者を守る必要がある。

　必要な福祉サービスと既存の福祉サービスとの間にギャップがあるときは、福祉サービスの枠に利用者のニーズを当てはめたり、制度やサービスを活用できないと諦めてしまったりするのではなく、裁量の範囲で出来ることはないか、自己負担を含めインフォーマルな社会資源の活用が出来ないかを模索することも可能である。さらに、今すぐ出来ないが将来を見据えて必要なサービスを創造・開発することを心がけることも重要である。

　利用者の利益を優先しようとするワーカーの想いと組織の規律を優先しようとする所属組織の方針が異なるときは、組織の利益、経済的な効率を優先してはならない、ということは理屈では理解できるであろう。しかし、現実的には、組織に属する以上、組織の意向には逆らえない。逆らえば、ワーカーの身分そのものが危うくなる可能性も高い。このようなときは、組織とじっくり話し合いを行い、利用者の利益がサービスの質の向上につながり、その結果選ばれる事業所・施設となり、その事業所・施設の利益にもつながることの理解を求めることを怠ってはならない。ところが、今の社会福祉制度改革のなかで制度上の限界ゆえに、組織としても如何ともし難い事態に遭遇することは十分予想される。このようなときは、事業所・施設内で解決策を求めるのではなく、広い視野での対応を検討していくことも必要となる。

(3) 知識

　北川清一は、社会福祉援助に必要な知識として、利用者に関する知識、社会福祉制度に関する知識、援助活動の過程に関する知識、社会資源に関する知識、以上4点にまとめている[38]。これをもとに筆者なりに以下のように整理した。

3．利用者支援における専門職性

1）社会福祉の理論に関する知識

　社会福祉援助を展開するうえで、その基礎となるのが社会福祉の考え方である。社会福祉の必要性、社会福祉の意味、社会福祉の捉え方、社会福祉固有の視点はいかなるものか、といった社会福祉の理論に関する知識を踏まえたうえで社会福祉援助を展開していくことになる。

2）社会福祉援助に関する知識

　利用者の自立支援に向け、ワーカーという専門職として、生活上の問題やニーズを把握し、支援目標や計画を立てて専門的な実践を行う必要がある。そのため、利用者との関係の保ち方、社会福祉援助のモデルやアプローチ、支援の展開過程といった社会福祉援助の理論に関する知識が必要となる。

3）利用者に関する知識

　自らが関わっている利用者の障害や疾病・服薬の内容など医療に関すること、心理的な側面に関することなどの専門的知識が必要となる。たとえば、認知症高齢者と関わっている場合、認知症とはどのような疾病でどのような原因で、どのような症状を指すのか、認知症高齢者の行動特性、心理面での理解やかかわり方で配慮すべきことはどのようなことか、といった医学的側面や心理的側面についての専門的知識を身につけておくべきである。また、服薬している利用者については、その薬の名前、効能、副作用などの知識も備えておかなければならない。脳血管障害、脳性マヒ、自閉症、ダウン症候群などの障害のある利用者と関わっている場合も同様に障害に関する知識や心理的な側面の理解が不可欠である。むろん支援過程においては、共通の特性を理解しつつ、一人ひとりの利用者についての個別の理解が求められることはいうまでもない。

　一方ワーカーは、利用者や家族とのかかわりを通して、これまでの自らの人生とは相容れない経験をしていることを知ることがある。利用者や家族を受け入れ難いと思うかもしれない。また、自らの人生のなかで重要な人物と利用者や家族を重ねてしまうかもしれない。このような関係や自らの感情をありのままに受け入れ、自らの感情をコントロールする必要がある。そのためにワーカーは、自己に関する知識として自己覚知が必要となる。

自己覚知とは、自分自身を深く洞察し、ありのままの自分自身に気づき受け止めていくことである。ワーカーは、自分自身の価値観、人生観、偏見、行動や反応パターン、性格、短所や限界を知ることによって、利用者とワーカーとの間に起こっている事柄を的確に理解、判断し、適切な対応を行うことができる。利用者との関わりのなかで、どのような利用者に対して嫌悪感を抱くか、利用者のどのような態度に対して否定的な感情を抱くか、逆にどのような利用者や態度に好感を抱くのか、といったことを冷静に理解できるなら、今後どのように対応していけばよいかが見えてくる。しかし、そうでなければ、利用者に対し偏見を抱き、自分自身の考えや見方に偏りがあることを認識できないことになる。

4）社会福祉制度や社会資源に関する知識
　社会福祉の転換期にある今日、社会福祉の動向を熟知し、そのなかで自らの歩むべき方向性を見極める力が求められる。
　一方、実際の支援展開過程において、社会資源を有効に活用していかなければならない。社会資源とは、「社会福祉的サービスを必要とする人びとの生活上のニーズを充たすために活用できる種々の制度、政策、施設、法律、人材など」を意味する[39]。社会資源のなかに制度も含まれるという解釈がなされているので、ここでは一纏めにして整理する。
　社会資源には、①物的資源（各種施設、機関、団体、資金、物品など）、②社会制度的資源（社会福祉にかんする法律、制度、条例など）、③フォーマルな人的資源（ソーシャルワーカー、ケアワーカー、保健師、医師など各種専門職員）、④インフォーマルな人的資源（家族、友人、職場の同僚、隣人、ボランティア、セルフ・ヘルプ・グループなど）、⑤社会資源に接近するための資源（交通輸送機関、情報など）などが含まれる[40]。
　地域福祉が推進されているなか、利用者の地域生活を継続支援するためには社会福祉に限らず、医療、就労、年金、税の減免や生活上の優遇制度など幅広い知識の修得が必要となる。また、社会福祉関連制度とともに地域に存在するインフォーマル社会資源へのアクセスに精通していることも重要となってくる。
　これら必要な知識を最初からすべて身につけておくことは不可能かもしれ

ない。そこで、利用者支援を展開するうえで必要な制度や社会資源にいかにアクセスするかそのツールを確保すること、そしてアクセスした情報を知識として身につけていくことが重要なポイントとなる。

(4) 技能（スキル）

　社会福祉援助の技能（スキル）に関する概念は、様々な立場や見解があり、統一された定義はない。平塚は、「実践能力の総体（コンピテンス）を通して具現される熟練した技（わざ）」としており、「スキルは、ソーシャルワーカーの事象の認知・認識能力、価値実現に向けての援助行為への変換推進能力とからなる実践能力（コンピテンス）が、ソーシャルワーカーをして具体的援助行為に示される熟練した統合的一体的技術表現である。それはソーシャルワークの全体構造のなかに位置する」と説明している[41]。そして、技能（スキル）は、伝達可能で習得可能な科学的技術であると同時に、熟練した技として行為のなかに表出されることから、個人的な技術（アート）でもあるとその特性を述べている[42)43)]。

　では、具体的に社会福祉援助の技能（スキル）としてどのようなものがあるのだろうか。全米ソーシャルワーカー協会は、「ソーシャルワーク実践に関する分類基準」のなかで以下の12項目を挙げている。また、技能を現す能力（ability）として以下の14項目を挙げている[44]。

分類基準
　①理解と目的をもって他者から聴く技能
　②社会経歴、事前評価（アセスメント）、報告書を作成するために情報を引き出し、関連実態を収集する技能
　③専門的援助関係を築き、維持するとともに、関係の中で自己を用いる技能
　④言語的、非言語的行動を観察し解釈するとともに、パーソナリティ理論と診断方法の知識を用いる技能
　⑤クライエント自身が自分の問題を解決しようと努力するように向かわせるとともに、信頼を得る技能
　⑥脅かさない、支持的な態度で、微妙で情緒的な主題を話し合う技能

⑦クライエントのニーズに対して革新的な解決法を生み出す技能
⑧治療関係を終わらせるニーズを測り、それを実施する方法を決める技能
⑨調査研究の結果や専門文献を解釈する技能
⑩紛争の当事者間を調停したり交渉する技能
⑪団体間の連絡サービスを提供する技能
⑫社会的ニーズを財団、社会大衆、あるいは立法者に解釈し、または伝える技能

スキルを現す能力（ability）
①明瞭に話し、書く能力
②人に教える能力
③情緒的な悩み、あるいは危機的状況において支持的に対応する能力
④専門職関係において役割モデルとして働く能力
⑤複雑な心理社会的現象を解釈する能力
⑥与えられた責任に見合う業務量を組織する能力
⑦他者を援助するのに必要な資源を見い出し取得する能力
⑧人の業績や感情を評価し、援助や相談に用いる能力
⑨集団活動に参加し、指揮する能力
⑩ストレスのなかで機能する能力
⑪紛糾状態あるいは論争好きな人格を持つ人をまとめる能力
⑫社会学・心理学理論を実践状況に関連付ける能力
⑬問題解決に必要な情報を見極める能力
⑭機関のサービスまたは実践に関する調査研究を行う能力

　空閑浩人は、①援助関係の構築・促進のためのスキル（コミュニケーションスキル、面接スキル）、②クライエントの状況に対する理解と援助のスキル（対象を理解するためのスキル、社会生活上の困難を認識するスキル、個人やグループの主体性支援のスキル）、③生活支援としての環境へ働きかけるスキル（社会資源の調整・開発や政策へと働きかけるスキル）、④対人援助専門職としての活動を支えるスキル（職務の適切な遂行のためのスキル）を挙げている[45]。

3．利用者支援における専門職性

（5）支援の根底にある価値や職業倫理

　利用者支援を構成する専門性のなかでも根底にあるのが、社会福祉（援助）の価値や職業倫理である。北島英治は、ソーシャルワークの専門価値をソーシャルワーカーの専門家としての信念、考え方、行動基準を与えるもので、ソーシャルワーカーの専門的アイデンティティの要であると述べている[46]。このように、価値を基盤に社会福祉援助の専門性は構成されており、ワーカーの職業人としての根幹をなすもので、すべての拠りどころとなる。価値や職業倫理がなぜこれほどまでに重要視されるのか、二つの側面から検討する。

　まず、現場のワーカーは、分かっているつもりでも日々の業務に追われると目先のことに惑わされ本質を見失うことも起こりうる。このような事態に陥らないために利用者支援の根底にある価値や職業倫理に基づいた実践こそが不可欠だからである。

　熱心なあまり過剰して体罰を行ってしまったり、利用者の安全のためと思って利用者の身体を拘束してしまったりすることがどのような意味をもっているかを再考する際の拠りどころとなる。利用者に何度も約束を破られたり明らかな嘘をつかれたり、あるいは職員の思うとおりに利用者が行動してくれなかったりすると、職員は、感情的になり、手が出てしまう、あるいは大声で怒鳴るということがあり、そのことが結果的に体罰になってしまう。この体罰が正当化されることによって、なにかあると利用者には体罰で対処しようとする傾向がこれまでの現場に見られた。

　一方、利用者の安全のためと称して、身体拘束を行うことが常態化されている現実がある。そこには目先の問題への対処のみに目を奪われ、利用者支援の本質である利用者の人格や尊厳といったものがないがしろにされてきた。熱心な職員ほどつい思い余って手がでてしまう、ということがあるが、これからは、このようなことは許されない時代となった。厳しい教育、指導、訓練と虐待とは紙一重のときもある。

　価値や倫理を常に見直すことによって冷静な判断が可能となる。職場全体でどのような方向に向かうのか、困難な問題を抱えた利用者支援を考えていくときに価値や倫理に立ち返ることによって方向性が見えてくる。そして、どのような関わりが人間尊重や自立支援につながるのか、どのような関わりが人権侵害や虐待に相当するのかを価値や倫理と照らし合わせ極めて具体的

に行動指針として考えていくべきであろう。

　二点目は、利用者支援の視点や具体的な利用者との関わり場面において職員の価値観や人間観に大きく左右されるからである。人間の生活を統合的・包括的な視点で取り組まなければならない社会福祉援助は、マニュアルとして規定できない業務や職員の裁量によって判断される内容が多くある。このことはよい意味で言えば、各ワーカーの持ち味（個性）を生かすことができる、といえよう。しかしその一方で、個人的な感情や思想に流されがちとなることも事実である。そこで、個人の価値観や人生観のみに頼ることなく、社会福祉（援助）の価値観や職業倫理に基づいた支援が重要となる。なぜなら、社会福祉（援助）の価値観や職業倫理がどのように身についているかによって各ワーカーの行動や思考が異なってくるからである。この価値観や職業倫理は、知識として吸収するとともに、日々の実践や研究会などを通して歳月かけて身につけていくもので、一朝一夕に修得できるものではない。

　我々は、何十年と生活し、その間様々な人とのふれあいや色々な出来事を体験して今日の自分を形成している。その人が年月をかけて身についたものであり、個人の価値観や人生観を形成している。長年かけて培われてきた個人の価値観や人生観をすぐに変えることはできない。体に染付いてしまっているからである。そうすると、利用者支援を展開するなかで、この個人の価値観や人生観に基づいて行動してしまうであろう。それが社会福祉援助の価値観や職業倫理と合致しておれば問題ないが、そうでない場合、職業人（専門職）である前に一人の人間としての判断が優先されることになり、利用者支援を行っていくうえで大きな過ちにつながる恐れがある。しかし、その職員は個人の価値観や人生観を社会福祉援助の価値観にすり替え、自らの言動を正当化しかねない。このような事態に陥らないためにも社会福祉援助の価値観や職業倫理を時間をかけて身につけていくことが大切となる。

　ソーシャルワーカーや介護福祉士の倫理綱領を参考にしつつ、各職場で独自の倫理綱領や具体的な行動指針といったものを作成してはどうだろうか。倫理綱領や行動指針は、文章化し、職員や利用者・家族の目に付くところに掲げておくとよい。そして、最も重要なことは職員がその内容や意味を熟知することである。そのためにも現場の職員を交え職場全体でつくっていくこと、また、自分達の枠のなかだけだと偏った見方になる恐れがあるので、第

三者も交えその事業所・施設の実情を踏まえつつ客観性を帯びたものにすべきであろう。

4．専門職としての自覚

(1) 職員の意識改革

　制度改革が進められるなか、現場職員の意識は変化しているのだろうか。利用制度に移行後、複数の施設職員に「利用制度になって何か変わったことはありますか」という質問を行った。多くの職員から返ってきた答えは、「業務が煩雑で忙しくなった」「書類整理が多くなった」というものであった。なかには「何も変わらない」という返答も見られた。施設長に至っては、「お金がない」「収入が不安定になった」といった財務に関する返答が大勢を占めていた。

　質問の意図は、利用制度へ移行したことで福祉サービスの質を向上させるためにどのような取り組みや工夫を行ったのか、ということであったが、そのような解釈には至らず目の前の現実対応に追われているようだった。

　ここで気になる発言が、「何も変わらない」という返答である。それにはまったく異なるふたつの意味が内包されている。第一は、特別養護老人ホームでは待機者が多くおり、いくらでも入所希望者がいるため現場サイドでは何ら変わっていない、とのことだ。つまり、利用制度に変わっても従前のような「世話をしてあげている」意識がいまだにはびこっている。第二は、従前から利用者の人権や個別性を尊重した対応をしているため、措置であろうが契約であろうが利用者の生活をより豊かにその利用者らしく生活できるよう尊厳をもった一人の人として尊重する気持ちは「変わらない」ということだ。本当にそのような実践ができているならすばらしいといえる。

　これからの施設の在り方や利用者支援について現場職員と話を進めるなかで「利用者主体、自己選択、自己決定が大切だとか、利用者を怒鳴るなとか言われても介護している最中に他の利用者が他害行為をしていて他に職員がいない場合、どうしてもその利用者に大きな声を出してしまう、それがいけないのか」「施設では利用者の意思を尊重した処遇は出来ない」「理想はよく

第2章　福祉現場と専門職性

分かるが現実はそう簡単には行かない」といった声をよく耳にする。「特別な場合は別として常時において不必要に大きな声を出したり命令口調をやめるべきです」「少しでも利用者の想いを受け止めるよう努めてください」と説明するが、「私の職場はいつも非常時です」「集団生活を送っている以上、一人ひとりの意見を取り入れているととても手が回らない」という返事である。

　果たしてそうなのだろうか。本当に常時が非常時なのだろうか、個別支援は全く不可能だろうか。このような発言はむしろ20年以上勤務するベテラン職員からよく聞かれる。なかには「措置時代のほうが良かった。難しいことを考えなくて済んだから」といった発言まで飛び出すこともある。このような発言は何を意味するかというと、「現状を変えたくない」といった無意識の防衛が働いているのではないだろうか。このようなマイナス思考をした職員がいわゆるベテラン職員で現場を牛耳っているとしたら大問題であり、若いやる気のある職員の芽を摘むことにもつながりかねない。本当に出来ないのか。不必要に怒鳴らなくても良い方法がないのか、少しでも利用者の意思を尊重した支援のあり方を再度検討すべきである。

　新たな時代に直面している福祉職員に求められるのは、現状を維持することではなく、現状からいかに脱皮し、あるべき姿に近づいていくかを考える力と実行力ではないだろうか。そのための職員意識の改革こそが急務といえよう。「利用者支援のあり方はこれでよいのだろうか」「何か問題はないだろうか」といった視点で現状に問題を投げかけ、職場の"常識"を疑う姿勢が必要であろう[47]。意識改革のないところに、本当の利用者の人権尊重を土台とした自立や自己実現に向けた実践は不可能といえる。

(2) 職員のプロ意識
1) 日常業務こそが専門職性発揮の場

　ここで福祉職員に求められるのが社会福祉の専門職性である。ある施設長が「利用者を怒鳴るだけなら素人でもできる」と発言していた。そのとおりであろう。現場職員は、利用者の「自立生活」や「自己実現」を支援する専門職であり、対人援助のプロとしての自覚こそが何よりも重要となる。

　介護職を例に考えてみたい。従来介護業務は、日常生活における身の回り

4．専門職としての自覚

の世話的にしか考えられておらず、素人でもできると認識されていたが、近年、専門性の高い仕事としての性格を強めつつある[48]。単に排泄介護を行ったり、食事介護を行ったり、衣服の着脱介護を行ったり、といった一方的で介護の技術面のみに満足するのではなく、介護福祉という「福祉」の視点が不可欠である。その日、そのときの利用者の健康状態や心理状態から見え隠れする利用者のニーズを敏感に察知し利用者の生活にどう関わるかを考察し、そしてそのことを通して介護のあり方を考えることこそ介護のプロといえるであろう。

　介護職に限らず、相談職はむろんのこと、作業援助や日常生活援助を行っている職種においても同様である。日々の業務は様々な雑務に追われたり、作業活動であったり、利用者の日常生活面での援助であったりする。一見すると専門職性とは無関係に見えるこれらの業務のなかにこそ福祉職員の専門職性を発揮する機会と捉えるべきである[49]。ルーティンワークに終始するのではなく、これらの業務を通して、利用者とともに過ごしつつ利用者の状態把握や置かれている状況を理解し、利用者のニーズや意思確認を行うことが出来る。面接室で行われる面接だけが支援ではない。むしろ、現場においては、利用者の日常生活場面において様々なやり取りが行われ、支援が展開されることが多い。利用者は、ともに時間を過ごし自分のペースを大切にしてくれ、深い愛情をもって理解を示してくれて、そして同じ目線で一緒に取り組んでくれる職員に信頼を寄せるのではないだろうか。

　問題は、職員がこのことを自覚しているかどうかである。単に作業、日常生活援助、介護といった業務だけに焦点化しているのか、これらの業務を通して利用者の自立生活や自己実現といったニーズを充足するための生活支援を行っているという観点から関わっているか、その場面だけを見ると同じ行動に見えてもその中身は大きく異なってくる。

　職員のなかで、自らを専門職としてあるいは専門職に近づこうという意識を持って業務に携わっている人がどれくらいの割合で存在するだろうか。税金、保険料、利用者からの負担金という公的な財源から給料をもらっている以上、その道のプロとしての自覚が不可欠である。利用者の権利擁護者であることを自覚し、常に自らを向上する姿勢が求められる。

2）知識から実践へ

近年、社会福祉士、介護福祉士、精神保健福祉士、保育士、介護支援専門員といった有資格者が急増し、社会福祉の専門的知識や技術を兼ね備えた人たちが現場で活躍するようになった。一部の職域・職種では、名称独占から業務独占に近い形態になりつつある。時代とともに、福祉サービスの考え方が変化し、利用者の人権意識の高まりとともに職員の利用者対応も徐々にではあるが好転しつつある。このこと自体、福祉は素人でもできるといった従前の観念が払拭され、現場に専門職性の必要性が認められた証拠でもあり、福祉関係者にとって長年の悲願でもあった。

その一方で、利用者から「昔の職員は、態度はでかい、口は悪い、介護は手荒い、しかし情があった。今の若い人たちは、言葉づかいや態度は丁寧だが、どこか冷たい気がする」といったことを耳にするようになった。

また、社会福祉を専門に学んだ経験の浅い職員が、上司や先輩職員の非専門職性を批判し、知っている知識だけを並べたて理論武装するが実践が伴わない、といったことも見聞する。

これらのことは何を意味するのだろうか。若い職員や勉強したての職員は、理屈だけで物事を理解し、専門職性のコア（核心）の部分にまで到達していないことが問題の要因といえる。利用者を一人の人として尊重した関わりをすることが重要であり、そのために利用者の名前の呼び方や接し方・態度について教育・訓練を受けてきた。また、多くの専門的知識を吸収した。ところが、表面に出てきたことだけを遵守しており、支援の本質を実践的に学び得ていないことが問題である。

支援を展開するうえで、単に専門的知識が豊富なだけでなく、利用者の人生そのものの理解を深める、人と人とのかかわりを大切にする、利用者の想いを受け止める、といった利用者と共感できる豊かな人間性を身につけることによって、社会福祉援助・支援の本質を体得できるのではないだろうか。現場における対人援助を考える際、理性的な側面に加えこの情緒的な側面を抜きにして利用者の視点に立った専門的支援は実施し難いといわれている[50]。

若手の職員は、実践を通してこの課題を克服し、真に利用者から信頼の得られるワーカーとして成長して初めて専門職性が身についたといえる。単に有資格者である、ということだけをもって専門職性を兼ね備えたワーカーと

はいえないということを十分認識しておくべきであろう。資格は、専門職性を向上するためのステップであり決して到達点ではない。むしろ有資格者だからこそ、そのアイデンティティを自覚し、日々の実践のなかでどうあるべきかを考えながら主体的に取り組むべきである。そして、専門職性を追求すべく更なる自己研鑽に励むべきであろう。

3）利用者主体のなかでの専門職

　一方、社会福祉専門職のあり方そのものも問われている。専門職というと、そこには権威が存在する。しかし、社会福祉援助では利用者支援の基本に利用者主体がある。また、障害者の自立生活運動に見られるように、当事者の主体性が強調されつつある。専門家が主導権を握った援助のあり方に疑問が投げかけられている。専門家不要論まで飛び出している。このようななかで社会福祉援助を始めとした対人援助職の専門職性とはいかにあるべきかを再考すべきなのかもしれない。

　筆者なりの結論を述べると、専門職は必要と考える。しかし、その在り方が問われているのである。「利用者主体」「利用者本位」に基づく支援が重視されるなか、専門家主導ではなく、利用者が主役となって、ワーカーは利用者の生活を側面的にサポートすることこそこれからの社会福祉援助に求められるといえよう。

4）専門職養成の土壌づくりと管理者の責務

　現場職員の専門職性が求められる一方、職員が専門職としての力量を十分発揮できない現実がある。職員の数が少ない、業務が多すぎる、日課に追われてじっくり取り組めない、真剣に取り組もうとする職員に対し反対勢力がはびこっている、経営の効率化が優先されて利用者支援がないがしろにされている、現場の職員の辛さ・大変さを管理職が理解してくれない、など様々な問題が内包されている。これらの問題を解決していかなければ職員の専門職としての力量は生かされない。現状に流されると職員は、利用者の人権尊重や主体性の尊重を意識しつつも、日々の業務のなかに埋没してしまう危険性がある。より質の高い福祉サービスを提供する使命を職員が一丸となって感じ取り、その実践に向けた取り組みを行うという意識こそが不可欠である。

第2章 福祉現場と専門職性

そのためには、なんと言っても施設長・所長などの管理職がそのことを実感しなければならない。つまり、トップの決断であり、土壌づくりが求められている。一人ひとりの職員を人財として養成していくことこそ管理者の責務である。

文献

1）芝野松次郎「エビデンスに基づくソーシャルワークの実践的理論化：アカウンタブルな実践へのプラグマティック・アプローチ」『ソーシャルワーク研究』第31巻第1号、2005、pp.20－29

2）佐藤豊道「エビデンス・ベースト・ソーシャルワークー成立の過程と意義ー」『ソーシャルワーク研究』第34巻第1号、2008、pp.4－23

3）阿部志郎、一番ヶ瀬康子、佐藤進、仲村優一、吉田久一、山崎美貴子「座談会 社会福祉研究・実践の歩みを語るー戦後の軌跡と新世紀への課題ー」『社会福祉研究』第80号、2001、pp.154－167

　久保紘章「実践と理論をつなぐものー当事者・現場の人たちとのかかわりからー」『社会福祉研究』第84号、2002、pp.78－83

　白澤政和「日本における社会福祉専門職の実践力ー評価と戦略ー」『社会福祉研究』第90号、2004、pp.13－20

　大橋謙策「わが国におけるソーシャルワークの理論化を求めて」『ソーシャルワーク研究』第31巻1号、2005、pp.4－19

　太田義弘『ソーシャル・ワーク実践とエコシステム』誠信書房、1992

　黒木保博、永岡正己、山縣文治、牧里毎治「座談会　日本の社会福祉ー研究力と実践力を問うー」『社会福祉研究』第90号、2004、pp.180－194

4）専門職の概念：秋山智久は、専門職の概念を以下のように整理している。専門性は「学問・研究レベル」の課題を持ち、抽象度が高い項目が要点となる。専門職性は「職業レベル」の課題を持ち、社会における職業としての要点項目が多い。専門職制度は「制度・システムのレベル」の課題を持ち、社会において専門職が機能する場合の制度やシステムが課題となり、その内容は具体性を帯びてくる。秋山智久著『社会福祉実践論ー方法原理・専門職・価値観ー』ミネルヴァ書房、2000、pp.206－208

　また、狭間香代子は、秋山の考えをもとに、専門職性と専門性の関係を次のよう

に整理している。専門職性は専門性を基盤として成り立ち、専門性は専門職性において検証されるとともに職業レベルから帰納的に導き出され、両者は相互作用的である。専門性は、抽象化された理論や価値であり、演繹的、帰納的な論証を経た理論である。狭間香代子『社会福祉の援助観－ストレングス視点・社会構成主義・エンパワメント－』筒井書房、2001、p.113

5）高田眞治「社会福祉実践研究の到達水準と展望－福祉政策の外圧と実践要素具象化の内発性－」『社会福祉研究』第80号、2001、pp.13－19

6）岡本民夫「社会福祉における方法と技術－その方法論をめぐる課題－」『評論・社会科学』第57号、1997、pp.49－64

7）前掲3）、太田義弘、p.60

8）前掲1）、芝野松次郎、pp.20－29

9）前掲3）、久保紘章、pp.78－83

10）米本秀仁「一例が語るもの」『ソーシャルワーク研究』第27巻第4号、2002、pp.13－17

11）北川清一「日本におけるソーシャルワーク研究の動向と課題－理論と実践をつなぐ手がかりは得られたか－」『社会福祉研究』第90号、2004、pp.28－36

12）前掲3）、太田義弘、p.46

13）岡村重夫『社会福祉原論』全国社会福祉協議会、1983、pp.68－92

14）岡村理論の主体的側面4つの原理：岡村は、社会関係の主体的側面の意味内容について4つの原理を示しより具体的に説明している。①社会性の原理：社会福祉は個人の社会生活上の困難を問題とし、社会制度を利用することによって基本的要求を充足する。社会福祉の問題は、あくまでも社会関係のなかで捉えていく。その際、社会関係の主体的側面に着目して客体的側面の欠陥を見いだし、改善を行う。そして、社会生活上の問題の解決の援助は、問題の当事者による共同的解決あるいは問題の当事者と援助者との共同的解決であり、援助の結果と同様に過程も重視される。②全体性の原理：社会関係は複雑であり、個人の社会生活上の基本的要求を充足するには、多数の社会関係を相互に矛盾のないように調整・維持していかねばならない。その個人の多数の社会関係の全体の役割を遂行していかねばならないが、全体を捉え各制度間の相互関係を見る。③主体性の原理：個人は、多数の社会関係を統合する主体者である。多数の社会関係を統合し、矛盾のないものとしながら、自分に都合の良いものを選択したり変革したりするよう働きかけて社会人としての役割

を実行し、生活を維持してゆく責任主体としての存在意義を示す。④現実性の原理：社会生活の基本的要求はあくまでも自己を貫徹せずにはおかないということであり、社会福祉の提供するサービスは、何よりも生活問題の解決に向けて現実に利用しうるものでなければならない。前掲13）、岡村重夫、pp.93－103

15) 前掲13）、岡村重夫、p.61
16) 前掲13）、岡村重夫、pp.104－113
17) 大和田猛「ソーシャルワークとケアワーク」、大和田猛編著『ソーシャルワークとケアワーク』中央法規出版、2004、p.239
18) 前掲17）、大和田猛、p.262
19) 前掲3）、大橋謙策、pp.4－19
20) 相澤譲治「施設ケアワーク論の構築に向けての実践的要請－身体障害者療護施設での現場実践から－」『ソーシャルワーク研究』第13巻1号、1987、pp.50－60
21) 大和田猛「社会福祉実践としてのケアワークの内容」、前掲、大和田猛編著『ソーシャルワークとケアワーク』p.179
22) 国際ソーシャルワーカー連盟（IFSW）「ソーシャルワークの定義」2000年採択
23) 太田義弘「ジェネラル・ソーシャルワークの基礎概念」、太田義弘、秋山薊二編『ジェネラル・ソーシャルワーク－社会福祉援助技術総論－』光生館、1999、p.13
24) 金田一京助他『新明解国語辞典（第5版）』三省堂、2002、p.255
25) 平塚良子「人間福祉における価値」、秋山智久、平塚良子、横山穰著『人間福祉の哲学』ミネルヴァ書房、2004、p.72
26) 副田あけみ「ソーシャルワークの視点・目標・価値・倫理」、北島英治、副田あけみ、高橋重宏、渡部律子編『ソーシャルワーク実践の基礎理論』有斐閣、2002、p.45
27) ブトゥリム,Z.T.著、川田誉音訳「ソーシャルワークとは何か」『ソーシャルワーク研究』第20巻第3号、1994、pp.12－18
28) 日本ソーシャルワーカー協会承認「ソーシャルワーカーの倫理綱領」2005
29) 秋山智久「人間福祉の実践」、秋山智久、平塚良子、横山穰著『人間福祉の哲学』ミネルヴァ書房、2004、p.25
30) 山田尋志「これからの高齢者介護・福祉の担い手」『月刊福祉』2005年4月号、2005、pp.24－27
31) 仲村優一監修、日本ソーシャルワーカー協会倫理問題委員会編集『ソーシャルワ

ーカー倫理ハンドブック』中央法規出版、1999、p.2
32) 前掲26)、副田あけみ、pp.45－48
33) ブトゥリム,Z.T.著、川田誉音訳『ソーシャルワークとは何か』川島書店、1986、pp.59－66
34) 横山穣「人間福祉における倫理」、前掲、秋山智久、平塚良子、横山穣著『人間福祉の哲学』pp.127－128
35) 北島英治「ソーシャルワークの実践モデル」、前掲、北島英治、副田あけみ、高橋重宏、渡部律子編『ソーシャルワーク実践の基礎理論』p.277
36) 前掲28)、「ソーシャルワーカーの倫理綱領」
37) 日本介護福祉士会「日本介護福祉士会倫理綱領」1995
38) 北川清一「社会福祉援助活動を支える基礎知識」、山崎美貴子、北川清一編著『社会福祉援助活動－転換期における専門職のあり方を問う－』岩崎学術出版社、1998、pp.44－59
39) 成清美治、加納光子代表編集『現代社会福祉用語の基礎知識』2001、p.95
40) 日本社会福祉実践理論学会編『社会福祉基本用語辞典』川島書店、1996、pp.78－79
41) 平塚良子「ソーシャルワークにおけるスキルの意味」、前掲、岡本民夫、平塚良子編著『ソーシャルワークの技能－その概念と実践－』pp.10－11
42) 前掲41)、平塚良子、p.5、p.11
43) スキルとテクニック：木原活信は、スキルをワーカーの行為における能力という主観的側面を指すのに対し、テクニックをその行為の客観的側面をさしており、双方を明確に分け隔てられるものではないとしている。木原活信「ソーシャルワークの倫理とスキル」、前掲、岡本民夫、平塚良子編著『ソーシャルワークの技能 その概念と実践－』pp.67－68
44) 全米ソーシャルワーカー協会編、仲村優一監訳、日本ソーシャルワーカー協会訳『ソーシャルワーク実務基準および業務指針』相川書房、1997、pp.34－35
45) 空閑浩人「スキルの内容」、前掲、岡本民夫、平塚良子編著『ソーシャルワークの技能－その概念と実践－』pp.115－131
46) 前掲35)、北島英治、p.277
47) 久田則夫『どうすれば福祉のプロになれるか－かべを乗り越え活路を開く仕事術－』中央法規出版、2004、p.13

第2章　福祉現場と専門職性

48）前掲17）、大和田猛、p.274
49）津田耕一『施設に問われる利用者支援』久美出版、2001、pp.102－104
50）芝野松次郎「社会福祉援助技術の過程」、岡本民夫、小田兼三編著『社会福祉援助技術総論』ミネルヴァ書房、1990、pp.106－109

参考文献

・岡本民夫、平塚良子編著『ソーシャルワークの技能－その概念と実践－』ミネルヴァ書房、2004

第3章
ソーシャルワークの考え方

　これまでの章では、利用者支援を展開していくうえでの基本的考え方を紹介してきた。これらのことを踏まえ、実際に支援を展開していくにあたって、ソーシャルワークの考え方を理解する必要がある。本章では、利用者主体を基本姿勢とし、ソーシャルワークの統合に大きく貢献した一般システム理論、生態学視座、これらを融合させたエコシステムについて整理し、さらには生活モデルについて概観したうえでジェネラリスト（ジェネラル）・ソーシャルワークの特性を理解する。また、利用者主体を実践するうえでの視点となるエンパワメント概念についてその意味と実践について理解を深める。

1．ジェネラリスト（ジェネラル）・ソーシャルワークとエコシステム

（1）社会福祉援助の統合化とジェネラリスト（ジェネラル）・ソーシャルワーク

　北米の伝統的な社会福祉援助は、精神分析理論の影響を強く受け、問題の所在を利用者のパーソナリティの歪みであるとみなす傾向が強かった。問題を利用者の疾病と捉え病理・欠陥に焦点を当て生活上の問題を引き起こしている直接的な原因を追求し、それを治療（処遇）しようとした。利用者自身がその問題を克服することによってもとの生活に戻れる、という考えであった。我々が病気やけがをしたとき、病院に行き医師の診断を受け、治療してもらいその病気やけがを治して初めてもとの生活に戻れるという医療の考えを援用し、利用者のパーソナリティの変革、変容を求める考えを「医学モデル（病理／欠陥モデル）」という。

しかしそこにはいくつかの問題が指摘されるようになった。まず、利用者の変革・変容だけでは一向に問題解決・改善に結びつかないことも多く、社会構造上問題に陥るということが次第に分かってきた。すなわち、利用者と利用者を取り巻く環境との関係性が改めて注目されるようになったのである。

　また、ワーカーは治療する者、利用者は治療を受ける者といった上下関係、一方向の関係が形成され、ワーカー主導のもとに利用者は受身の立場をとることが強要され、利用者の人としての主体性や自己実現といった自立が軽視されていた。さらに、ワーカーは、特定の問題にのみ焦点化し、利用者を人として全体的に捉えることができず、このことがやがてその部分に特化した専門分化をもたらした。我々人間としての生活をトータルに捉える視点に欠けていた。

　そして、ソーシャルワークは、ケースワーク、グループワーク、コミュニティワークなどの方法が独自に発展し用いられてきたり、特殊な専門分野での専門性を強調する動きからジェネリックとスペシフィックといった区別がなされたりしてきた。

　そのような流れに対し、人々の多様な生活問題に対応するためには、福祉ニーズに包括・総合的な視点から関わることの意義が強調されるようになった。ソーシャルワークの個人と環境との関係性、人間の理解、「問題」の把握、「問題解決」の方法などが体系化され統合化が進むなか、その共通基盤を明らかにして一体化して捉えようとする動きが出てきた。ジェネラリスト・ソーシャルワークあるいはジェネラル・ソーシャルワークといわれているものである[1]。

　太田義弘は、ジェネラル・ソーシャルワークの概念を「多様なソーシャルワーク実践理論や実践方法の成果を摂取しながら、ソーシャルワークの原点を再考し、時代が求める包括・統合的なソーシャルワーク実践を新しいパラダイムのもとに再構築しようとする発想であり、その方法を具体化する視点である」としている[2]。

（2）一般システム理論と生態学に基づくソーシャルワーク

　このソーシャルワークの統合化に大きな役割を果たしたのが一般システム理論と生態学視座（エコロジカル・パースペクティブ）である。なかでも、生態学を援用したエコロジカル・ソーシャルワークは、人と環境との関係性を整理したことで広く浸透していった。

1．ジェネラリスト（ジェネラル）・ソーシャルワークとエコシステム

1）システム理論の考え方

　システムとは、物事を構成している多様な要素を指す。各要素は、相互作用によって結合・分解され、さらに新たなシステムを構成する複合体と考えられている。科学の世界でよく用いられる原子や分子モデルを考えると理解しやすい。システムとは、原子や分子の各ユニット（単位）によって構成されている総体をいう。そして各原子や分子はさらに細分化することができると同時に他の原子や分子と相互作用しながら成り立っている[3]。

　我々の世界で考えてみると、個人、集団、地域、社会、社会制度など異なるシステム（要素）を一体的に捉え、各システムが交互作用を促進しながらシステム自身の安定維持、成長、発展を保っているという考えである。システムは、個人から社会までのすべてのレベルに至るまで存在しており、目標に向け運動し、変化している。システムが成長、発展するためには、システム間での相互作用が行われるオープン・システムが望ましい姿である。これによって、下位のシステム（サブ・システム）が構成されたり、上位のシステム（スプラ・システム）が構成されることになる。システムは、①目的を持つ、②複数の要素を持つ、③要素間の関連性があるという三つの特徴がある[4]。

　様々な生活問題の解決、改善を目指すソーシャルワークにおいて、個人のパーソナリティを構成する諸要素から社会システム（福祉行政組織、福祉施設、病院など）や社会制度を構成する要素（システム）の交互作用のなかでシステムの安定維持や発展させることを通して社会福祉の向上を目指す意味において一般システム理論が援用されるようになった。

2）生態学視座の考え方

　一方、生物学に起源を求める生態学（エコロジー）は、生物と環境との関連を研究する科学であり、生物と環境との適合性やダイナミックな均衡や相互依存関係をいかに維持するのかを研究する科学であるといわれている[5]。これを我々人間に置き換えるならば、人と環境は密接な相互関係があり、両者のバランスを重視しながら体系的に理解しようとするものである。

　生態学視座をソーシャルワークに援用することの意義はどこにあるのか。それは、従来からソーシャルワークが重要視していた人と環境との複雑に織りなす関係を生態学のメタファーを用いて明確にしてきたことにある[6]。生

第3章　ソーシャルワークの考え方

態学視座は、なんといっても人と環境との交互作用に着目している所に大きな特徴がある。交互作用とは、単発的な相互作用ではなく、継続的な相互作用を意味する。そして、人間のポジティブな側面に多く目を向けようとし、「人間は環境によって変えられる存在だが、同時に環境を変える存在でもある」と環境との交互作用を通して人間は成長し発展する存在と捉えられているところにあるといえよう[7]。

リッチモンド,M.E.（Richmond, M.E.）は、ソーシャル・ケース・ワークを「人間と社会環境との間を個別に、意識的に調整することを通してパーソナリティを発達させる諸過程からなり立っている」と定義している[8]。リッチモンド,M.E.の時代から社会福祉援助では人と環境との調整が意識されていたのを改めて理論的に説明したものといえよう。

ソーシャルワークにおける生態学的視座とは、「クライエントが直面する「ニーズ」や「問題」は、「生活」の中で捉えられ概念化される。即ち「人間」と「環境」の間の交互作用（トランザクション）の結果」としてみなされている[9]。この交互作用は、「直線的な因果関係だけに焦点を当てるのではなく、生活システムの中で複雑かつ多面的に見ることが重要になる」[10]。

植田寿之はこのことをわかりやすい例を用いて説明している[11]。「長男の妻が長男の母（義母）の介護疲れで、心身ともに限界に来ている」という例を用いて、その原因は、単に義母の介護状態が重くなった、認知症が進んだ、ということだけでなく、その他にも嫁姑の関係、嫁が幼い頃から受けてきたしつけによる家族観、介護し難い家の造りなど様々な原因が考えられ、当事者と環境要素が複雑に絡まりあって問題が生じている、と説明している。

このように、生態学視座は、人に働きかけるだけでなく、環境にも働きかけるという「人と環境との関係性」を再度ソーシャルワークに持ち込んだことと人が環境との適合関係を改善するという利用者の「潜在的可能性」や「力量」に焦点を当てたことによってソーシャルワークに大きく寄与した。そして、1970年代以降の人間の病理を原因とする一直線的な「医学モデル」への反省から人間の生活を包括的に捉えはじめたソーシャルワークに大きな示唆を与えることとなった[12]。

我々人間にとって、「環境」をどう捉えればよいのか。エコロジカル・アプローチの提唱者といえるジャーメイン,C.B.（Germain,C.B.）は、環境を

物理的環境と社会的環境に分け、双方とも時間と空間によって構成されているとしている[13]（表3−1）。

表3−1　ジャーメイン,C.B.による生態学視座における人間にとっての環境の捉え方

物理的環境	・自然界：動植物、景色・気候、無生物など ・造られた世界：人類によって創造された物や組織（交通や通信システムを含む）	時間と空間
社会的環境	・社会的ネットワーク：さまざまな役割や人間関係をもつ血縁・友人・隣人・同僚、自然発生的な援助、援助相互システムおよびセルフヘルプ・グループ、地元の有力者など ・組織・制度：民間や公共のサービスや社会資源、労働・教育・福祉・住宅・保健といった社会システム、ワーカーの職場など	

出典：ジャーメイン,C.B.「人間と環境の交互作用」、ジャーメイン,C.B.他、小島蓉子編訳『エコロジカル・ソーシャルワーク』学苑社、1992、pp.106−107をもとに筆者が作成

（3）エコシステム論によるソーシャルワーク実践

1）エコシステム論とソーシャルワーク実践

　一般システム理論と生態学視座を組み合わせたエコシステム（eco-system）論が唱えられている。わが国代表的なジェネラル・ソーシャルワークの研究者である太田の論述をもとにエコシステムについて概説する[14]。一般システム理論と生態学視座はともに、人と環境との全体像を視野に入れており、それらが織りなす交互作用を通して両者の変化、適応、均衡維持といった形で対応している。

　一方で、一般システム理論は、物理学や組織工学から派生したものであり、物事の全体状況を論理的に把握し、実体の事実を冷静かつ緻密に分析し抽象化することは出来るが、ある意味無機質な説明概念といわれている。よって、ワーカーに介入の指標を示さなかったという批判がある[15]。これに対して生態学視座は、生物学などから派生し実体の特性を生きた生活体として自然なあるがままの姿でその生きざまを状況としてビジュアルに感覚的かつ実証的に感じ取る視点を特徴としている。生態学には、自然への思いやりや暖かさが含まれており、ソーシャルワークには欠くことのできない、いたわり、優

しさの視点が内包されている。そして、人間の健全な生活とは、どのようなものかを探求し、環境と人間の限りない調和を目指している。反面、精緻な論理性や科学性にやや欠ける傾向があるといわれている。

この一般システム論と生態学視座は双方が長所を活かしつつ他方の短所を補いつつ両者の特性を統合したものがエコシステム論である。人びとの生活を構成している仕組み（構造）と働き（機能）といったシステムとしてその全体状況を理論的に把握する思考方法がシステム論である。一方で人間の生活をより実態的に捉えるためには、生活の変化や流れといった時間的な経過のなかで人と環境との交互作用を通して形作られるその過程を把握する必要がある。このように、人びとの生活をシステムとして理解すると同時に、それらの時系列の変化によって生活を生きざまとして捉えようとする概念がエコシステムである。つまり、人間の生活という実体を構造的・機能的に広がりとして分析・把握するシステム的な思考方法と、その広がりを時系列変化のなかで積み上げられた変容過程として人間と環境との関係性を捉え両者の適合関係を図っていく生態学視座との統合をエコシステムと呼んでいる。

エコシステムとは、生態学の領域において生態系あるいは生態システムといわれている概念で、生物群集と環境との密接な相互関係を意味している用語である[16]。つまり、気候や土壌が生物に影響を及ぼし、一方でその生物が気候や土壌に影響を及ぼし、エネルギーや物質が摂取され、生物体になり、生物の間を循環して環境にフィードバックされるという自然な作用をいう[17]。我々人間も同様に環境を変化させる影響力をもつと同時に、環境の変化によって影響を受ける存在であることが生態系の論理で説明できる。

このエコシステム論によって、「環境のなかの人（person in the environment）」といった概念が整理されるようになった。ソーシャルワークは、「人」のみに焦点を当てるのではなく、また「状況（環境）」のみに焦点を当てるのでもない。この人と環境との関係のあり方に注目し、「人間と環境との接触面（interface）」に支援の焦点を当てることがソーシャルワーク独自の領域であることが明確になった[18]。ワーカーは、人である利用者と環境との双方に働きかけることによって、両者の交互作用を促進し、関係を調整し、適合関係をもたらすことを支援の目標とするのである。

1. ジェネラリスト（ジェネラル）・ソーシャルワークとエコシステム

（4）生活モデル
1）生活モデルとは
　人と環境との交互作用が行われる「生活」の場で、人間生活の擁護に立ち向かうことや[19]、社会生活を営む人間の生きざまを全体として理解し、問題への対応を人と環境への働きかけを含めて考察しようとする考えが出現し始めた[20]。利用者と利用者を取り巻く環境との関係性のなかで問題を捉え、環境との調和を図っていく考えを「医学モデル」に対して「生活モデル」という。つまり、生態学という考えを用いて我々人間の生活という生きざまを環境との関係のなかで理解し、働きかけていくのが生活モデルの考えである。

　生活モデルは、「人間とは環境のあらゆる要素との絶え間ない相互交換（交互作用）を通して、その都度、適応しながら進歩・成長・発達を成し遂げていると見なしている」[21]。環境との関係がスムーズに維持・促進されるとより良い質の環境が作られ、人間としての進歩・成長・発展が見られるが、そうでない場合は様々な問題が生じてくる。

　人間は、環境に上手く適合することによって自己を維持・成長させていくのである。その根底には、「人間は環境との調和のとれた適応関係を維持・発展させることにより、成長の可能性や自律的生活を実現するが、潜在的にその能力を保持していると見なしている」[22] のである。生活モデルでは、従来の社会福祉援助のように問題となる部分や病める部分ではなく、人間のポジティブな側面に目を向けることが重要な視点となっている[23]。

2）問題の所在と支援の目的
　人と環境との関係が上手く行っているときは良いが、人と環境とが織りなす相互の関係のバランスが崩れるとストレスが発生する。ストレスそのものは何も悪いことではなく、我々の生活に発生するものであり、我々はストレスを上手く対処して生活している。この人と環境との交互作用関係を活用して自力で問題解決を遂げていく力を「対処能力」という[24]。

　ところが、上手く対処できなくなる事態が生じる。環境、人々の生活上のニーズ、人間の持つ能力の調和が乱れてくる。生活モデルでは、この不調和によって生活に支障が生じることこそが問題であると解釈し、人が生活していく上での問題であると概念化している[25]。強調すべきことは、利用者側に

問題の原因を求めないことである。

　副田あけみは、人と環境との接触面において生じる問題として、①自己システムの欲求を適切に充足させる資源システムが環境内にない、②自己システムが適切な資源システムの存在を知らない、③自己システムが適切な資源システムへアクセスできない、④他システムが不十分な資源、あるいは不適切な資源しか保持していない、⑤他システムが公式に定められた資源提供の基準に合致しないとして資源を提供しない、⑥他システムが自己システムが望む適切な（量あるいは質の）資源を提供しない、あるいは、自己システムの能力や技術が他システムから適切な資源を引き出すまでに発達していない、などによって欲求と資源のミスマッチが生じている、⑦自己システムと他システムとが対立・葛藤関係にある、といった項目を挙げている[26]。

　よって、生活モデルでは秋山薊二が述べているように、利用者の生活を中心に据えて、人と環境との相互関係を有機的に捉えていくことが中核にあり、「人の適応能力を強め、環境への影響力を強め、より適応的な関係を強めること」が目的となる[27]。ワーカーは、「人間の成長、発達、適応的機能を阻害する因子を、人と環境との相互作用を通して取り除くために人々を援助・支援する」のであり、人と環境の両側面に目を向け、両者の交わる真只中に位置することとなる[28]。

（5）ジェネラリスト（ジェネラル）・ソーシャルワークの特性

　ジェネラリスト（ジェネラル）・ソーシャルワークを支える理論・視座と実践モデルについて概観したが、その特性は以下に整理できよう[29]。まず、人間の生活をトータルな視野で捉え、環境との関係性のなかで統合的全体性の視点からアプローチしていく姿勢にある[30]。ジェネラリスト（ジェネラル）・ソーシャルワークは、従来の社会福祉援助を統合したものである。よって、独自の介入方法や技法を示すのではなく、包括的な視点によるアセスメントに基づいて、多様な既存の介入方法や技法を積極的に取り入れていこうとするものである[31]。多様なモデルやアプローチはレパートリーのひとつと考えられており、必要に応じて適切かつ柔軟に用いるにあたっての共通基盤を提示し、利用者が適応能力を身につけていくための最適な支援方法を提供しようとするものである。

また、問題を人と環境との不調和による機能不全であるとしていること、支援の焦点は人と環境との接触面に求めていること、人間をニーズの充足に向けて環境に働き掛ける能力を持ったポジティブな存在と捉えていること（ストレングスの視点）、利用者とワーカーとはパートナーであり利用者本位の考えに基づいている。

　実践活動においては、人びとの社会生活を支援する利用者システムに焦点をあてたミクロの領域から、制度・政策策定システムというマクロにいたるまで各システムにも視野や焦点を広げており、各システム間は有機的に連携しており、相互に影響を及ぼしている。

2．エンパワメント

(1) ソーシャルワークとエンパワメント概念
1) アメリカに見るエンパワメント概念の導入

　利用者主体の支援を実践していくための重要な概念として「エンパワメント（empowerment）」が挙げられる。エンパワメントは、利用者主体を根底におく自立（生活）概念の重要な位置を占めている[32]。本来、エンパワメントは、ソーシャルワーク固有のことばではなく、「権力の付与」と訳され、公的な権威や法律的な権限を与えるという意味で用いられたり、公民権運動やフェミニズム運動、公衆衛生、看護、ビジネス界でも用いられたりする[33]。

　小松源助によると、ソーシャルワークにエンパワメント概念が用いられたのは、1976年にアメリカのソロモン,B.B.（Solomon,B.B.）によって発行された書物とされている[34]。以下、小松の論述に基づいてエンパワメントがソーシャルワークに導入された経緯を紹介する。ソロモン,B.B.は、差別・偏見の対象とされていた黒人の解放運動の援助実践としてエンパワメント概念を提示した。白人の権利と黒人の権利がぶつかったとき、白人の権利が優位にたち、白人は黒人を劣った存在、価値の低い存在とスティグマ化していった。

　黒人は抑圧され、パワーの欠如（パワーレス）状態に陥っていった。パワーの欠如状態とは、抑圧された状態を繰り返し経験することで、自ら問題に

立ち向かおうとはしなくなる状態をいう。これを学習心理学では学習性無力感という。エンパワメントは、抑圧され否定的な評価を受けることでパワーの欠如状態にあった黒人のパワーを増強していくため、ソーシャルワークの視点と指針を示す枠組みを発展させようとしたものであった。

アメリカでエンパワメントが注目されるようになった背景には次のようなことが推察される[35]。第一点目は、アメリカ社会とソーシャルワークに対する批判である。1980年代、1990年代の財政政策による社会サービス費の削減に伴う貧富の差の拡大、人種問題の放置による被差別者の市民権の縮小によって差別や抑圧される人々が拡大した。ソーシャルワークがこのような状況に対して、人と環境との相互作用に焦点を当てるといいつつも、実際には政治や社会構造と結びつけて理解するという視点に欠け、差別・抑圧された人々を阻害し混乱させるだけであるとの痛烈な批判が内部からなされた。

第二点目は、ワーカー・福祉サービス提供機関と利用者の関係のあり方への問い直しである。専門的知識や技能を有したワーカーが利用者の状況や問題をラベリングし、援助プロセスをコントロールすることで、パワーの不均衡が生じ、利用者をパワーの欠如した状態に追いやったという指摘がなされるようになった。このような事態にエンパワメント概念をもとに対応を試みようとしたのである。

2）わが国におけるエンパワメント概念の発展過程

わが国でも様々原因によって生活上の問題や困難を抱え福祉サービスを必要とする人々を一段劣った低い存在と見なし、問題の所在を利用者自身に求める医学モデルの考えがなされていた。そして、利用者を生活上の問題に対応するための経験や知識に乏しく、解決・改善するための制度やサービスその他の社会資源へのアクセス法を知らないために他者からの援助が必要な存在であり、自力で生活できない人と見なしてきた。

利用者は、行政や福祉サービス提供者主導のもと、指導、訓練、保護、管理といった行政処分の対象者として扱われてきた。利用者は福祉サービスを受ける権利性が認められておらず、依存的であることを要求され、みずから主張し生活改善を試みても上手くいかないという体験を繰り返し学習することで本来有しているパワーが喪失し無力化へと陥っていった。

2. エンパワメント

　具体的には、利用者の権利を擁護することよりも、ワーカー主導で利用者の「出来ないところを出来るようになること」に援助の焦点が注がれてきた。いわば、利用者のマイナスの側面に注目することであり、マイナスの側面の克服こそがわが国の社会福祉援助の目的であるかのような錯覚に陥っていた。しかし、利用者のマイナスの側面に焦点をあてることは、マイナスの側面を強調することで、利用者自身自らを「出来ない存在、劣った存在」としての自己概念をも植えつけていった。

　ワーカーに任せきりとなるほうが利用者もワーカーも楽になる。利用者はワーカーに任せることで自ら考えなくても良くなる。ワーカーも自分のペースを保てるため主導権を握ることが出来る。利用者が自己主張すると、ワーカーのペースが崩れ、段取りが狂いやりにくくなったり、場合によっては利用者を押さえつけたりする。このような葛藤を避けるために利用者は、意識的・無意識的にかかわらずワーカーの言いなりになるほうが良いと判断してしまう。ワーカーの言いなりになる利用者が「良い利用者」で、自己主張する利用者が「悪い利用者」としてのレッテルが貼られてしまう。利用者は自ら考え、決定することをやめるようになる。

　こうなると、援助の展開過程においてワーカーと利用者との間に力の不均衡が生じ、上下関係・支配関係が出来上がってしまう。このことが利用者の無力感を誘発しパワーレスな状況に追いやることになる。よって、一向に援助の効果があがらず、深く介入すればするほど利用者の依存心が助長されるという悪循環に陥った。

　このような反省から、また新たな自立観の台頭や人権思想の高まりなどもあり、本来社会福祉援助が目指している個の尊重や人と環境との関係を見直すことも相まって、マイナスの側面よりもプラスの側面に焦点を当てる考えが取り入れられるようになった。さらに、社会福祉基礎構造改革などに謳われている個人の尊厳、利用者の権利擁護、利用者本位、対等な関係といった利用者主体に基づく自立支援が強調されるようになった。このようなことから、利用者のもつ力や可能性を引き出す支援としてエンパワメント概念が一躍注目されるようになった。

　エンパワメントは、わが国の新しい社会福祉法制度にも取り入れられている。たとえば、2000（平成12）年に「社会福祉事業法」が「社会福祉法」に

全面改正されたが、その主旨は行政中心の社会事業から利用者の自立生活支援への転換であり、契約による利用制度、権利擁護事業や苦情解決システムの導入、地域福祉の推進など利用者主体が包含されている[36]。このように、単なる概念だけでなく、実践において用いられたり法律の文言のなかでも代替用語が用いられたりしていることからその重要性が認識できよう。

（2）エンパワメント概念とは
1）先行研究にみるエンパワメントの定義

　エンパワメントは、どのように定義づけられているのであろうか。石渡和実は、「差別・偏見などの対象となり、本来有している力を発揮しきれない状態にある人々に対し、その力を引き出すための援助」[37]と端的に分かりやすくまとめている。田中英樹は、「利用者が自ら関わる問題状況において生活主体者として自己決定能力を高め、自己を主張し、生きていく力を発揮していくことであり、そのアプローチには、対人ケアの専門職がパートナーとして利用者の力の発揮を促進するあらゆる支援」[38]としている。

　三毛美予子は、英米の先行研究を統合し、「自分の生活を自分でコントロールしたり、自分の生活に影響する外的な要因に影響を与えるために、パワー・資源・能力と称されるその人の力を、個人というミクロから政治というマクロのレベルで発展させること」と意味づけている[39]。

　また久保美紀は、エンパワメントを「社会的存在であるクライエントが社会関係のなかで正当な社会的役割を遂行し自己決定権を行使していくべく、力（個人的、社会的、政治的、経済的）を獲得することを目的とした援助実践の過程であり、それは個人レベル、社会レベルの変化をもたらすことになる」としており、ワーカーと利用者の協同作業であると述べている[40]。

　以下、久保の考えをもとにエンパワメントを整理する[41]。エンパワメントとは、利用者の力（パワー）に焦点を当て、利用者のもつ潜在的な力を引き出すことである。力とは、環境との関係保持、肯定的な自己評価、満足感、個人が自立して何かをなしたり他の人に影響をおよぼしあるいはコントロールすることを可能にする資源の所有をいう。力がなければ（無力であると）、環境をコントロールできず、肯定的な自己評価が得られず、社会関係を剥奪され、自己実現が困難となる。そこで、パターナリズムから脱却し、利用者

を対処能力の低い無力な存在としてみるのではなく、人間の主体性・潜在性への絶対的信頼に基づき変わりうる存在と見なし、利用者の潜在性に着目するのである。ワーカーは、利用者のコンピテンス、潜在性に焦点を当てて、利用者が自身の力を発揮することに主眼を置きつつ、利用者の自立を促進し、よりよい変化をもたらすべく側面的な援助を行う役割を担っている。そして、エンパワメントは、力をつけていく過程と力をつけた状態とを含んでいる。

エンパワメントは、力に焦点化し、人と環境との関係性を重視することから、生態学視座に基づく生活モデルと結びつくようになり、大いに注目される概念となった。

2）エンパワメントの意味

エンパワメントの定義は研究者によって様々であり、必ずしも統一された定義があるわけではない。上述の幾人かの研究者による定義や強調点に共通するキーワードを整理すると以下のようになる。差別・偏見の対象となりパワーを剥奪され抑圧された状態にある利用者が、生活の主体者として自己主張や自己決定に基づき、自分の生活を自分でコントロールし、生活上の問題解決や改善に向けて、意欲的に生きていこうとするパワー（個人レベル、対人レベル、組織的なレベル、社会政治的レベルまで）を増大することを目的とした支援プロセスを言う。パワーとは、腕力や権力といったものではなく、利用者の潜在性、可能性を指し、人によって内容、程度の差はあるものの人間のなかに備わっているものである。

このようにエンパワメントは、利用者の潜在的な力に焦点化し、引き出し、利用者の肯定的な自己評価とともに環境との関係を維持しつつもてる力を十分発揮しながら自立を促進することといえよう。よって、エンパワメントは、利用者の自己評価、自己表現、自己決定といった肯定的なパワーの増大を目指している。

個人的なパワーの増大にとどまらず、社会的、政治的なパワーの増大をも包含していることは特筆すべきで、問題解決に向け環境調整を行うことをも意味している。つまり、環境に馴染むだけでなく、利用者が生活しやすいように環境に働きかけ、環境を変化させる側面が含まれている。

エンパワメントは、生活上の問題の原因を利用者自身に求めるのではなく社会的要因に求めている。そして、利用者の自己選択・自己決定を尊重しつつ、

利用者の自己効力感（セルフ・エフィカシー）を高め、セルフ・アドボカシーを高めつつ、自らの権利を主張し、権利を獲得するために社会・経済・政治レベルへ働きかけそれらの変革を目指していく。利用者とワーカーは、問題を共有し、対等な関係に基づくパートナシップの関係にある。ワーカーは、抑圧された利用者を価値ある存在へと転換すべく、側面的な援助者として個人の病理よりもストレングス（強さ、良さ、長所）に焦点化し、利用者の潜在的なパワーを見極め引き出しつつ、パワーの増強を図っていくのである。

　エンパワメントは、利用者をどのように理解するのかが重要となる。利用者を一人の人間として尊重し、尊厳されるべき存在、価値ある存在、可能性を秘めた存在として理解することがすべての基本となる。このような利用者をポジティブな存在として捉える視点は、パワーの増強を促進していくことにつながる。すなわち、利用者は自らを「できる存在」としての認識を抱くようになり、「環境に働きかけよう」という意欲を持つようになるのである。

　一方エンパワメントは、人間の弱さを無視したり否定したり目をそらしたりするわけではない。強さに焦点を当てようとするあまり、利用者が弱さを表現できないとしたら受容的態度とはいえない。社会福祉では人間の弱さを認める（受け止める）ことが重要であることを忘れてはならない[42]。弱さを併せ持つ今の利用者をあるがままに大切な存在、尊い存在として受け止めていくこというまでもない。

（3）エンパワメントの特徴

　従来のソーシャルワークにもエンパワメント概念に近い実践が経験的に展開されていたり、理論的に整理されていたことは事実であり、その意味ではエンパワメントは、全く新しい概念ではないのかもしれない。ただ、パワーという新たな枠組みのなかで、従来の考えを体系的に再整理したり、さらに発展したりしたことで意義あるものといえよう。

　エンパワメント概念はどのような特徴を有しているのだろうか。まず、ソーシャルワークは、従来から利用者の自己決定やワーカビリティといった利用者の有する能力やプラスの側面にも着目していたが、あくまでワーカーの観点からの捉え方であった。今日のソーシャルワークにおいてエンパワメントが注目されるのは、利用者に焦点が当てられていることである。つまり、

2. エンパワメント

ワーカーから与えられた利用者主体を払拭し、利用者自らの意思で問題を理解し解決・改善していくという積極的な側面に焦点を当てているのである[43]。利用者がその有する潜在的可能性を発揮し、パワーを獲得していくという利用者側から捉えている点にある。

さらに言い換えれば、従来のソーシャルワークは「ワーカーが利用者を○○できるように援助する」といった"ワーカーが主語となる"表現であったのに対し、エンパワメントは「利用者が問題の解決・改善に向けてパワーを増強する」といった"利用者が主語となる"表現となっている。利用者自身がパワーを増強し、ワーカーはそれを支援するのである。ここに利用者主体の意味が内包されているといえよう。

そして、個人のレベルにとどまらず、対人、社会・政治的なレベルまでを含めたパワーの増強を意識している点である。これまでもリッチモンド,M.E.によって「人と環境の関係性」に焦点を当てた定義づけが行われたりソーシャルアクションを体系に取り入れたりしているが、実際には心理偏重、利用者個人（集団・地域）への焦点化に傾倒しており、利用者を環境に適応させることを目標とし、利用者による政治・社会変革を促す実践はあまり行われてこなかった。これに対し、エンパワメントは、環境を変えることや社会改革を含めたパワーの増強をめざしている。

この環境への働きかけという環境の変化や社会変革への焦点化は、まさに利用者自身に問題があるとする従来の医学モデルから環境との関係性のなかで問題を見出していこうとする生活モデルへの転換を意味するものである。

（4）エンパワメントの基本的視点

社会福祉援助の視点としてエンパワメントの意義を述べてきたが、エンパワメントは、ワーカーから与えられるものではない。その意味ではセルフ・エンパワメントが理想であるが、現実的にすべての利用者がセルフ・エンパワメント出来るとも限らない。エンパワメントに向け、ワーカーとしての支援も可能である。エンパワメントを促すためにワーカーはどのような支援を行っていけばよいのだろうか。コックス,E.O.（Cox,E.O.）とパーソンズ,R.J.（Parsons,R.J.）は、エンパワメントを志向する実践モデルを以下のように説明している。基礎前提として、①すべての人間は、たとえ極めて困

第3章　ソーシャルワークの考え方

難な状況にあったとしても、潜在的に能力をもっている、②すべての人間は、多様なレベルの無力化に陥りやすい、以上2点を挙げている[44]。

　コックス,E.O.らは、エンパワメント志向の実践を「(利用者が)問題解決に向かって、また最終的にエンパワメントに向かって資源を動員するために、自分自身の強さや能力、力量を活用できるようソーシャルワーカーが援助する実践」(カッコ内は筆者の加筆)[45]と整理している。そして、利用者とワーカーがパートナーシップとして、ともに問題を明確にし、解決していくのであってワーカーが利用者にパワーを与えるのではないと述べている[46]。ワーカーがすぐれていて利用者が劣っているという思考を改めるために、権利を主張することを身につけてもらうことを強調している[47]。上述の社会福祉援助の専門的価値に見られるように、利用者を一人の人として尊重し、利用者の潜在的可能性や能力を信じて疑わない信念は、エンパワメントに重要な示唆を与えてくれる。

　グティエーレス,L.M.(Gutiérrez,L.M.)らは、エンパワメント志向の実践として、ワーカーと利用者はパートナーとして行動すること、双方が尊重し合いストレングスを確認し評価する能力が求められ、介入戦略の目標はワーカーと協議しつつも利用者の意思決定に基づいてたてられるとしている[48]。

　わが国においてもエンパワメント志向の実践の重要性が強調されているが、中村佐織は、利用者が力を獲得するために求められることとして、①自分が主導者であること、②自分の知識や技能の最大限の活用者は自分であること、③ソーシャルワーカーを援助のパートナーと捉えること、④自分の問題を社会的問題と認知していくこと、以上4点を挙げている[49]。

　エンパワメントを促す基本的視点は、利用者自身が前向きに生きていこう、という思いを抱くことが出来るよう支援することにある。利用者の置かれている状況は千差万別であり、エンパワメントを高めていくにあたって、利用者の置かれている状況からスタートすることが肝要となる。利用者自身が問題を解決・改善していく主体者として活動できるのか、ワーカーの知識や技能を活用することによって問題の解決・改善に取り組むことが出来るのか、あるいはまず無力化から脱することから着手するのか、アセスメントを行った上でどの段階からスタートするかを見極めていかなければならない。

　次に、幾人かの論者の見解をもとにエンパワメントの鍵概念を具体的に述

2．エンパワメント

べていくこととする[50]。

①アドボカシー

　差別・抑圧からの脱却がエンパワメントであると考えるなら、差別・抑圧されている利用者の権利擁護を含むアドボカシーがエンパワメントの中核ともいえる。利用者の利益や権利を主張し擁護することを通して無力さを克服しようとするものである。そして、他者からの権利擁護だけではなく、パワーの増強とともに自ら環境に働きかけるというセルフ・アドボカシー能力の向上を目指すものである。利用者は、福祉の単なる対象者ではなく、権利の主体者である。

②パートナーシップ

　支援の展開過程において利用者との信頼関係が根底にあり、利用者とワーカーはパートナーシップの関係を築きつつ問題を共有することが基本となる。ワーカーは利用者にパワーを与えるのではなく、エンパワメントを支援するのである[51]。

③ストレングスの視点

　利用者の力に焦点化するということから、ストレングス（strength）の視点が重要である。ストレングスとは、英語のストロング（strong）の名詞形で、人間の秘めた可能性や潜在能力に注目し、利用者の強さ、良さ、長所といったことに焦点化する視点である。ストレングスはパワーを生み出す源であり、ストレングスをパワーに変容させようとするものである[52]。

　一般的に人のマイナスの側面（短所、欠点）は目につきやすいし、人のことをマイナスあるいはネガティブに捉えがちである。まして、支援を展開していく上で困難な課題を抱えた利用者に対してマイナスの側面やネガティブな側面がクローズアップされがちとなる。こうなるとますます利用者に価値の低い存在、問題者といった評価が下されてしまい、利用者の潜在性や可能性が見失われてしまう。

　ストレングスの視点では、「～ができない」と見るのではなく、「～ができる」「～といったすばらしい面がある」というように利用者の言動をプラスにあるいはポジティブに捉えていこうとする。利用者とともに有するストレングスを模索するとともに、「○○さんは～といった素晴らしい能力を兼ね

備えている」といった趣旨のことを利用者にメッセージとして伝えていくことで、利用者の良い面を伸ばしていくことになる。

また、同じ言動でもどう評価するかによって全く意味が異なってくる。ある利用者が、ことあるごとにワーカーや事業所に様々な要望を訴えてくるとしよう。これを「わがまま」「自己主張が強い」と捉えればネガティブな解釈となる。一方、「自らの主張を訴えることが出来る」「意思表明が出来る」と捉えればポジティブな解釈となる。

医学モデルのように、利用者の足りないところや欠けているところを克服する援助よりも出来るところを引き出し伸ばしていく支援の方が効率的で効果があるのではないだろうか。また、利用者とワーカーの関係もプラスやポジティブな側面に着目した関係の方が、マイナスやネガティブな側面に着目した関係よりも良好に保てるのではないだろうか。よってワーカーは、意図的に利用者の良さ、長所を見出だしていこうという観点で利用者と関わっていくことが求められる。

そして、利用者個人、家族、集団、コミュニティのストレングスを確信することが根底になければならない。この確信によってストレングスに着目することが可能となる。

④自己効力感（セルフ・エフィカシー）と自己選択・自己決定

利用者の自己効力感を高め、自ら考え、自己決定することを促す支援も重要である。坂野雄二は、自己効力感を「ある行動を起こす前にその個人が感じる「遂行可能感」、自分自身がやりたいと思っていることの実現可能性に関する知識、あるいは、自分にはこのようなことがここまでできるのだという考え」としている[53]。また、波多野誼余夫と稲垣佳世子は、効力感を自分が努力すれば環境や自分自身に好ましい変化を生じさせうるという見通しや自信をもち、いきいきと環境に働きかけることができ、充実した生活を送っている状態にあることとしている[54]。いわば自己効力感とは、ある行為を前もってどの程度うまくやり遂げられるかという見通しや確信の度合いをいう。自己効力感を高めるとは、努力すれば可能性が高まるという見通しや確信の度合いを高めることであり、自信をもって環境に働きかけることが出来るようになることといえよう。

2. エンパワメント

　パワーレスな状態にある利用者は、学習性無力感に陥っており、努力すればやり遂げられる状態であっても、効力感がなく、「どうせ上手く行かない」といった不適切な思考状態にある。このような状態から脱し、自分の人生は自分で決める（自己決定）、自らコントロールするという思いと、やればできるという思いを抱くことが不可欠であり、その見通しや確信を高めていくことが重要となる。

⑤利用者主導
　ワーカーは、黒子になって支え、内なるパワーを引き出すという姿勢で利用者の自主性を尊重する。一人の人として接し、利用者を出来ない存在と見なさないことである。成人の利用者の場合は大人として接し、決して子ども扱いやぞんざいな扱いをしないことが鉄則である。

（5）エンパワメント志向の社会福祉援助
1）エンパワメント志向に向けた具体的取り組み
　前述の視点を踏まえ、具体的にどのような支援を展開すればよいのか。実践的な介入方法を提示した幾人かの先行研究を踏まえ、エンパワメントに向け具体的にどう取り組めば良いのかを個人レベル、対人関係レベル、組織レベル、社会政治レベルごとの介入について考察する[55]。

　　①個人レベルへの介入：個人レベルでは、利用者の無力感や低い自己評価からの克服と自信の回復あるいは獲得、自分自身を価値ある存在と認識することを目指す。利用者が自らを価値ある存在と認識できるよう、自己を肯定的に捉え、セルフ・イメージや自己効力感の向上に取り組み、セルフ・アドボカシーを促進する。
　ワーカーは、利用者に興味関心を抱いており利用者に寄り添っていきたいことや利用者の主張や自己選択したことが尊重されることを伝えていくことからはじめる。ワーカーは、利用者を一人の人として尊重することを根幹におき、共感的態度、受容的態度を貫き、利用者の秘めたパワーを確信することが基本となる。入所施設では、集団のルールや流れを優先するのではなく、個別性を尊重する。そして、利用者との信頼関係をもとに、現実に立ち向かうべく利用者の意識の高揚を図っていく。これによって利用者が、「自分には○○ができ

る」「○○は自分でなければできない」といったプラスの思考を抱き、努力してやれば出来る、という達成感によって自信の獲得につなげていく。

　そのために、成人の利用者に対しては、大人として尊敬の念をもって接し、ことばづかいや態度について配慮する。決して「出来ない人」といった見方や子ども扱いをしてはならない。呼称についても、「○○さん」と呼び、ちゃんづけ、ニックネーム、呼び捨てなどは特別な意味がある場合を除いて避けるべきである。

　次に、利用者の自己主張や自己決定を促していく。利用者の支援に関することは、極力利用者に参加してもらうか利用者の意向を確認しながら進めていく。利用者抜きで関係機関・団体の専門家や家族だけで決めてしまわない。選択に際してもワーカー主導で誘導したり説得したりすることは極力避け、あくまで適切な選択・判断が出来るよう、一人ひとりの利用者に応じた分かりやすい情報提供やコミュニケーションの方法を模索する。

　利用者自身が「自分のことは自分で考えていかなければならない、決めていかなければならない」、あるいは「自分で決めて良いのだ」という思いがもてるよう方向性を導く。「やれば出来る」「願いが叶う」「認められた」「評価された」という経験を繰り返すことで、自信につながり生活そのものに対して積極的になり、潜在的可能性や能力が引き出され、発揮されるのである。ワーカーは利用者が自己決定したことを尊重し、支持し、その内容にすぐさま応えることを怠ってはならない。利用者は自ら主張することに応えてもらえたという充実感や自らの振る舞いが支持されるという達成感が得られ自信につながる。このことによって、自ら動き主張することが強化されていくのである。利用者が自己決定したことをそのまま放置すると、パワーレスな状態を助長するだけである。利用者本位で機敏な対応は、利用者を大切な存在としてみなす証となる。

　具体的には、利用者が自分のことばで喋れるよう励ましたり、利用者自らが参加する機会を得られるようにしたり、悪いのは自分であるという考えを改め、問題を環境との関係性のなかで理解し、環境に働きかけることによって問題の解決や改善を図っていくことを通して問題解決能力（ワーカビリティ）を高める。利用者の言動を支持するにあたって称賛（褒める）することが効果的である。称賛に際しては、即座に一貫性をもって行うことと、具体

的にどの内容が称賛に値するのかをフィードバックすることで効果が上がる。
　また、利用者にとって不利益を被る内容や不適切な主張や判断であってもすぐさま否定しないで、その想いを一旦受け止め、なぜそのような想いに至ったのかを十分理解する必要がある。利用者は、願いが叶わなくとも受け止めてもらえたと思えば安心するであろう。ところが、利用者は、自らの選択・決定をすぐさま否定されたり、常に否定され、人が決めたことに従うことを繰り返し経験すると、やがて正しい判断をしていても否定されるのではないかと自信喪失に陥り、結果的に誤った判断を下し、人から否定されるといった悪循環に陥ったり、何事にも判断をしなくなったりする。まさに受身的で依存することが助長されるようになる。時間がかかっても、ワーカーから見ると不安であっても、最大限尊重することを心がけることで無力感からの脱却を目指していく。
　さらに、「利用者に○○させる」「利用者を○○に連れて行く」「利用者をお風呂に入れる」などワーカー主導の表現があるなら、「利用者が○○するのを介助する」といったように利用者主体の表現に改めるべきである。表現方法を改めることで、利用者主体の意識が浸透していくことになろう。

②対人レベルへの介入：対人関係レベルでは、同じ体験で苦しんでいる人を知ることによって共通の問題意識を持ち、「自分だけではない」といった仲間意識の醸成や孤独感や孤立感からの解消を目指す。そして、仲間同士の支えあい、助け合いによる相互支援、ネットワーク化によって連帯感を強め、自尊心を向上し、勇気や希望を抱いたり回復したりする。相互作用によって、お互いに認め、支え合い、学ぶことで抑圧や無力感から解放される。
　小集団といったシステムに着目し、セルフヘルプ・グループの活動を通して行われることが多い。グループ内の活動を通して、自分を理解してもらうために自己開示し、一方で他者を理解することになる。メンバー間の受容的態度を基本とし、相互の支持的な関わりを通して自分を大切にされることや他者を大切にすることを学ぶのである。また、他者に支援されるだけでなく他者に対して優しい目をもち他者を支援することで大いに力づけられる。
　ワーカーは、グループの結成に協力し、利用者による自主的な運営が円滑

第3章　ソーシャルワークの考え方

に進むよう、独断的なメンバーがいるときなどは介入したり、活動全体を盛り上げるために世話係りになったり、ときには側面的に援助するなどの役割をとることになる。

　③組織レベルへの介入：組織レベルでは、自ら参画し、自身を取り巻く資源やサービス・システムといった環境にも目を向け能動的に関わり、変革や調停を行うことを目指す。利用者は要求や権利を主張し行使できるようになる。

　ワーカーは、利用者の権利や受けられるサービスについて適切な情報提供を行い、利用者に要求や権利の主張を促す。むろん、必ずしも最初から利用者が要求や権利の主張が出来るわけではないので、そこにいたるまで代弁、擁護することから始まる。ワーカーは、要求や権利の主張を促し、ワーカーの仲介を通してでも周囲の環境に影響を及ぼすことによってセルフ・アドボカシーやセルフ・エフィカシーの高揚を支援する。

　また、施設では自治会活動を立ち上げ、利用者が要求や権利を主張し、より効果的に進めるため利用者主導の運営に心がける。ワーカーは、自治会活動を円滑に進めるために、利用者の声を大切にしつつサポートする。行事、サービスやプログラムのなどの企画・立案には企画当初から利用者自ら参加し利用者主導の体制を整える。このように利用者が主体的に参加することで施設の運営に大きく影響を及ぼすことになる。

　一方、組織の一員であるワーカーにとって利用者からの組織に対する不満、苦情が生じた場合、それをどう受け止め対応していくのか、という問題がある。利用者のエンパワメントを促すワーカーであると同時に組織の一員であるため、相反する立場を要求されることとなり葛藤が生じる。組織を非難する側に回ることも利用者を抑圧する側に回ることも好ましくない。基本的には利用者の立場を尊重しつつ、双方の調整を図っていくことが求められる。

　④社会政治レベルの介入：新たな資源の開発、制度の改変といった社会の変革を目指すものでエンパワメントの最終目標段階である。このレベルの介入は、政策決定に影響をおよぼすものでソーシャルアクションを起こしていくことになる。利用者は、様々な活動を通して社会や政治に関

2．エンパワメント

心をもち、自らの問題解決のために働きかけていく。差別、抑圧からの解放を目指すエンパワメントは、この社会政治レベルへの介入に大きな意味をもつことになる。

キャンペーン活動、住民運動、市民運動、ピア・グループの活動を通して社会に働きかけたり、制度の改変を求めたりする。ワーカーは、情報提供を行ったり、励ましたり、その他側面的に支援することを通してかかわりをもっていく。

この社会政治レベルのエンパワメントにまで至ると、利用者を取り巻く社外資源が充足され、このことがさらに個人レベルのエンパワメントへと還元される。このようにエンパワメントは各レベルが相互に関連して展開していくこととなる[56]。

2）エンパワメントの実践例

以上、個人レベルから社会政治レベルまでの介入方法を考察したが、利用者のエンパワメントを促すにあたっては、利用者に直接エンパワメントを促す支援と利用者を取り巻く環境に働きかける支援とがある。利用者を取り巻く人、周囲の人の意識、生活を営むうえでの住宅、経済保障、社会参加の機会、福祉機器、建物や交通のバリアフリー相談支援体制、権利擁護システムなどの社会資源の整備や充実も大きな要因となる。

エンパワメントの事例1

ヘルパーの橋詰真佐子さんは、精神疾患を有する利用者宅（独居）を訪問するようになった。これまで訪問していたヘルパーは利用者の手となり足となり、可能なことはすべて行っていた。しかし、橋詰さんは、利用者の残存機能や潜在的可能性を見極めた上で利用者が出来ることは極力自力でやってもらったほうが良いと判断し、他のヘルパーとは異なり、利用者が自ら行うことができる支援を考えた。利用者に調理を促し、「一緒に作りましょう」と声をかけ、出来たことについてはわずかなことでも褒めることを繰り返し自信をもってもらう関わりを行った。数日後利用者からヘルパー派遣事業所に電話が入り、「自分でやることに自信が湧いてきた、ヘルパーに感謝している」と大変喜んでいたそうだ。

第3章 ソーシャルワークの考え方

　この事例は利用者のニーズを的確に把握し、かつ、利用者に自らやろうという意欲、主体性を引き出し、そのことが自信へと結びつくというエンパワメントの事例である。この事例に見られるように、社会福祉援助の理念やキー概念を理解しておくと、どのような支援を行うべきかが見えてくる。

エンパワメントの事例２

　立川健次さんは、妻と高校生と中学生の二人の子どもがいる。ある電気部品メーカーの製造部門の現場責任者を努め、仕事一筋で過ごしてきた。ある日脳卒中で倒れ、数ヶ月間入院生活を送る。身体に麻痺が残り、会社も退職を余儀なくされた。リハビリに励むが身体機能の回復には限界が見られ、介助が必要になったこと、会社を退職したことなど生活が一変してしまった。努力しても良くならない、いくら頑張っても仕事に結びつかない、ということを繰り返し経験した立川さんは自暴自棄になり、やがて何事に対しても気力がなくなってしまった。すなわちパワーレスな状態に陥ってしまった。機能回復の訓練にも全く姿を見せず、ベッドの上で過ごすことが多くなった。

　退院も近づき否が応でも退院後の生活を考えなくてはならなくなった。ワーカーがいくつかの選択肢を提示するもほとんど無関心である。ただなんとなく、作業所を利用するようになるが、作業意欲の向上はほとんど見られない。従前とは比べ物にならない単価の安い簡易な作業を提供されても立川さんとしては全く納得がいかないのであろう。ある日、作業所で棚卸をすることになったが、偶然にも立川さんが行っていた作業が切れてしまったため、立川さんに棚卸のための在庫確認を行ってもらうこととした。職員は在庫数だけを確認できれば良いと考えていたが、立川さんは、部品ごとに100単位で仕分け、誰が見ても分かるように整理していた。これを機に職員は立川さんには、単なる作業だけでなく、部品の整理を含めた管理を全面的に依頼するようになった。出来るだけ立川さんの意見を尊重し、アイデアを取り入れるようにした。決められた単純作業を遂行するだけでなく、自ら工夫しながら整理できること、知的労力であることに対する自負心が芽生え、作業所も休むことなく通

> うようなった。そして、作業品の検査や出荷といった管理部門を依頼することで作業意欲が芽生え、表情も随分と明るくなり、口数も多くなった。
>
> これまで、他の利用者とはほとんど口も利かず、自分は他の利用者とは違う、といった意識を持っていたが、部品管理を依頼されたことで前向きな姿勢が見られ他の利用者にも声をかけるようになった。他の利用者からの信頼を得るようになり、やがて利用者の自治会の役員を努めるようにもなり、作業所の運営にも関わることとなり、作業改善や作業所のサービス内容にも積極的に発言することとなった。

　この事例は、利用者のもてる能力を引き出し、意思を尊重したことで、利用者がパワーレスな状態から脱し、意欲的に物事に取り組むようになりエンパワメントされたものである。さらには、対人関係レベル、そして組織レベルにおいてもエンパワメントされている。利用者のこれまでの生活を把握することで利用者の潜在能力を引き出すヒントを見出すことが出来る。

（6）エンパワメント実践の課題と今後

　エンパワメント実践を展開していくうえでいくつかの課題がある[57]。まず、エンパワメントは、利用者の生活上の第一義的な問題を外的要因に求めるため、利用者の全体性を理解していない。例えば、慢性疾患のある利用者の疾病から生じる精神的苦痛や肉体的苦痛や問題は利用者の内部の困難に起因する。内的要因と外的要因との複合性を視野に入れておかなければならない。

　第2に、社会政治レベルのエンパワメントが困難な利用者もいる。重度の知的障害児者、認知症高齢者、精神障害者といった利用者の中にはエンパワメントの考えが現実的ではないといった考えがあるかもしれない。いきなり、社会政治レベルでのエンパワメントが困難な利用者も多い。個人レベルでのエンパワメントが限界、といった利用者も多いかもしれない。

　しかし、社会政治レベルに到達しなければエンパワメントにならない、と考えるのは早計といえよう。重要なことは、エンパワメントの視点で支援していくことであり、エンパワメントの実現に向けたそのプロセスである。すべての利用者が社会政治レベルでのエンパワメントに到達しなくとも、また、

第3章 ソーシャルワークの考え方

個人レベルの一部しか達成できない場合でも、利用者がわずかながらでも主体的に生活しようとしていること、一部でもエンパワーできたこと、このことこそ自立や自己実現にとって最重要課題ではないだろうか。

第3に、英米で発展したエンパワメントをそのまま日本に直輸入することの問題性がある。日本の福祉事情や文化、習慣を踏まえ、エンパワメントをどう実践するか今後の課題である。和を重んずる風習があり、自己主張を表面化しないというコミュニケーション文化や権利を主張することの意味の違いなどを考慮すべきである。

第4に、ワーカーの職業が専門職として十分確立していないわが国においてワーカーのパワーが不十分であり、利用者のエンパワメントがどこまで可能か疑問である。専門性向上が求められている一方で制度的には、専門性がなくてもワーカーの業務が可能な方向性にもある。臨時雇用による身分の不安定な職員が増大しているにもかかわらず、一人ひとりのワーカーの責任だけが重くなる状況のなか、ワーカー自身がパワーレスに陥り、利用者のエンパワメントにまで至らないのも実情である。

第5に、制度改革の中で、経費を押さえられ、効率性が重視されるなか、本当に利用者のニーズの充足や自立につながる支援が展開できるのかという問題がある。多くの利用者に一人のワーカーが対応しなければならず、具体的なサービスである介護、作業、日常生活援助に追われ、利用者へのきめ細かな支援とはほど遠い状態にある。時間をかけてでもあるいは少々の失敗を覚悟してでも利用者が主体的に取り組む体制が維持できない。目に見える福祉サービスをどれだけ多く提供したかが評価され、目に見えない福祉サービスが評価されず施設や事業所の収入に繋がらない現状のなか、エンパワメントを阻害する関わりを取らざるを得ない状況にある。このような状況にあっても、支援の本質を忘れず、一見するとムダに見える支援、形にならない支援も組織として信念を持って取り組むことでエンパワメント志向は実践でき、結果的に質の高い福祉サービスにつながるであろう。

第6に、強さを強調するあまり、「出来なければならない」といった錯覚に陥る可能性がある。要介護認定や障害程度区分の判定における調査段階で利用者が頑張りすぎて普段行わないことも相当無理して出来ることをアピールし、疲れきってしまうこともしばしば見聞きする。ところが調査結果とし

てその項目は「自立」と認定され、その利用者の状態を正確に表していないこととなる。エンパワメントは、身体的機能の向上を目的とするのではない。抑圧状態にある利用者が潜在的可能性発揮し、自己評価、自己効力感を高め、セルフ・アドボカシーに結びつけていくこと、主体的な生活を営むこと、自分の生活をコントロールできるようになることが目的である。我々は、パワーということばの意味を自分で出来るようになること、身体的機能の向上といった訓練志向ではないことを十分認識しなければならない。

注

1) ジェネラリスト（ジェネラル）・ソーシャルワーク：ジェネラリスト（generalist）はスペシャリスト（specialist）の対語である。北米のソーシャルワーク教育において学部卒業者をジェネラリスト、大学院修了者をスペシャリストと位置づけた経緯がある。専門分化したスペシャリスト養成に対し、ソーシャルワークの価値や根本的特質や精神を重視し、人間と環境との関係性のなかで、総合的な視野からソーシャルワークの原点を再認識し、基礎教育を積み上げ、社会福祉のニーズに包括的・統合的な観点から関わることが強調されるようになった。そこで、ジェネラリストと呼ばれるソーシャルワーカーは、全体論的視点を持った専門家とみなされるようになり、ジェネラルなソーシャルワークが求められるようになった。人に冠するジェネラリストを用いジェネラリスト・ソーシャルワークと呼ばれたり、包括的・統合的な動向を意図したソーシャルワーク実践体系に冠するジェネラル・ソーシャルワークと呼ばれたりしている。太田義弘「ジェネラル・ソーシャルワークの基礎概念」、太田義弘、秋山薊二編著『ジェネラル・ソーシャルワーク―社会福祉援助技術総論―』光生館、1999、pp.5－6、pp.17－19

2) 前掲1)、太田義弘、p.17

3) 平山尚「エコロジカル・システム・モデル」、平山尚、平山佳須美、黒木保博、宮岡京子著『社会福祉実践の新潮流―エコロジカル・システム・アプローチ―』ミネルヴァ書房、1998、p.24

4) 安梅勅江『エンパワメントのケア科学―当事者主体チームワーク・ケアの技法―』医歯薬出版社、2004、p.32

5) 太田義弘『ソーシャル・ワーク実践とエコシステム』誠信書房、1992、pp.95－96

6) 中村佐織「生態学（エコロジカル）アプローチ」、久保紘章、副田あけみ編著『ソ

第3章　ソーシャルワークの考え方

　　ーシャルワークの実践モデルー心理社会的アプローチからナラティブまでー』川島書店、2005、p.129
7）久保紘章「ライフ・モデル」、武田建、荒川義子編著『臨床ケースワークークライエント援助の理論と方法ー』川島書店、1986、p.39
8）リッチモンド,M.E.著、小松源助訳『ソーシャル・ケース・ワークーとは何か』中央法規出版、1991、p.57
9）ジャーメイン,C.B.「ソーシャルワーカーの資質」、ジャーメイン,C.B.他、小島蓉子編訳著『エコロジカル・ソーシャルワーク』学苑社、1992、p.89
10）前掲6）、中村佐織、pp.122－123
11）植田寿之『対人援助のスーパービジョンーよりよい援助関係を築くためにー』中央法規出版、2005、pp.76－77
12）前掲6）、中村佐織、p.119
13）ジャーメイン,C.B.「人間と環境の交互作用」、前掲、ジャーメイン,C.B.他『エコロジカル・ソーシャルワーク』pp.105－107
14）エコシステムについては、以下の文献を参考にして整理した。
　　前掲5）、太田義弘、pp.99－104
　　前掲1）、太田義弘、p.22
　　秋山薊二「ジェネラル・ソーシャルワークの実践概念」、前掲、太田義弘、秋山薊二編著『ジェネラル・ソーシャルワークー社会福祉援助技術総論ー』pp.48－49
　　太田義弘「ソーシャルワークの臨床的展開とエコシステム的構想」『龍谷大学社会学部紀要』第22号、2003、pp.1－17
15）ケンプ,S.P.、ウィタカー,J.K.、トレーシー,E.M.著、横山穰、北島英治、久保美紀、湯浅典人、石河久美子訳『人ー環境のソーシャルワーク実践ー対人援助の社会生態学ー』川島書店、2000、p.42
16）前掲5）、太田義弘、p.103
17）前掲5）、太田義弘、p.103
18）Care, B. Germain & Alex Gitterman "Ecological Perspective", In Encyclopedia of Social Work（18th Edition）, NASW, 1987, p.488
19）小島蓉子「実践における生態学とは？」、前掲、ジャーメイン,C.B.他『エコロジカル・ソーシャルワーク』p.222
20）前掲5）、太田義弘、pp.92－93、p.103

21）前掲14）、秋山薊二、pp.57－58
22）前掲14）、秋山薊二、p.58
23）前掲7）、久保紘章、p.139
24）前掲19）、小島蓉子、p.226
25）ジャーメイン,C.B.「ソーシャルワークの新しい波」、前掲、ジャーメイン,C.B.他『エコロジカル・ソーシャルワーク』p.11
26）副田あけみ「ジェネラリスト・アプローチ」、前掲、久保紘章、副田あけみ編著『ソーシャルワークの実践モデル―心理社会的アプローチからナラティブまで―』2005、p.144
27）前掲14）、秋山薊二、p.59
28）前掲14）、秋山薊二、p.59
29）前掲26）、副田あけみ、pp.135－157
　　岩間伸之「講座ジェネラリスト・ソーシャルワークNo.1」『ソーシャルワーク研究』第31巻第1号、2005、pp.53－58
　　岩間伸之「講座ジェネラリスト・ソーシャルワークNo.2」『ソーシャルワーク研究』第31巻第2号、2005、pp.54－59
　　前掲14）、太田義弘「ソーシャルワークの臨床的展開とエコシステム的構想」pp.1－17
　　ジェネラリスト（ジェネラル）・ソーシャルワークの課題：ジェネラリストであるがゆえに専門性が見えにくい、といった弱点が指摘されている。また、①全体的な視点でのアセスメントは、利用者の特定の問題・ニーズを受け止めていないのではないか、ということから利用者を管理し統制する立場につながるといった批判や、②ワーカーによる問題のアセスメントや解釈を利用者の拘束・抑圧する専門知として批判し、それに代わって利用者自身の自己を物語ることを支援するナラティブ・モデルにもどう応えていくのかといった問題が指摘されている。前掲26）、副田あけみ、pp.153－154
30）前掲1）、太田義弘、p.21
31）前掲26）、副田あけみ、p.135
32）谷口明広、小田島明、武田康明、土屋健弘『障害者のエンパワメントの視点と生活モデルに基づく具体的な地域生活支援技術に関する研究』報告書　厚生労働科学研究平成16年度厚生労働科学障害保健福祉総合研究事業、2005、報告書、p.11
33）大谷京子「精神障害福祉実践におけるエンパワメント」『関西学院大学社会学部紀要』第96号、2004、pp.245－256
34）小松源助「ソーシャルワーク実践におけるエンパワメント・アプローチの動向と

第3章 ソーシャルワークの考え方

課題」『ソーシャルワーク研究』第21巻第2号、1995、pp.76－83

35) 三毛美予子「エンパワーメントに基づくソーシャルワーク実践の検討」『関西学院大学社会学部紀要』78号、1997、pp.169－185

36) 高畑隆「自立生活とエンパワメント」『埼玉県立大学紀要』第3号、2001、pp.117－123

37) 石渡和実「障害者理解の促進とボランティア活動の推進」、福祉士養成講座編集委員会編『三訂社会福祉士養成講座　障害者福祉論』中央法規出版、1999、p.242

38) 田中英樹「地域保健福祉領域におけるエンパワーメント・アプローチ―コミュニティ・ソーシャルワーカーの立場から―」『精リハ誌』第1号2巻、1997、pp.57－68

39) 前掲35)、三毛美予子、pp.169－185

40) 久保美紀「ソーシャルワークにおけるEmpowerment概念の検討―powerとの関連を中心に―」『ソーシャルワーク研究』第21巻2号、1995、pp.21－27

41) 前掲40)、久保美紀、pp.21－27

42) 宮川数君「ソーシャルワークにおけるエンパワメントの実践技法」、小田兼三、杉本敏夫、久田則夫編著『エンパワメント実践の理論と技法―これからの福祉サービスの具体的指針―』中央法規出版、1999、pp.86－87

　　和気純子「エンパワーメント・アプローチ」、前掲、久保紘章、副田あけみ編著『ソーシャルワークの実践モデル―心理社会的アプローチからナラティブまで―』p.221

43) 中村佐織「アセスメント過程におけるクライエント・エンパワーメントの意義」『日本女子大学紀要』第36号、1995、pp.54－63

44) コックス,E.O.、パーソンズ,R.J.著、小松源助監訳『高齢者エンパワーメントの基礎―ソーシャルワーク実践の発展を目指して―』相川書房、1997、p.17

45) 前掲44)、コックス,E.O.、パーソンズ,R.J.、pp.19－20

46) 前掲44)、コックス,E.O.、パーソンズ,R.J.、p.40

47) 前掲44)、コックス,E.O.、パーソンズ,R.J.、p.243

48) グティエーレス,L.M.、パーソンズ,R.J.、コックス,E.O.著、小松源助監訳『ソーシャルワーク実践におけるエンパワーメント―その理論と実際の論考集―』相川書房、2000、pp.11－19

49) 前掲43)、中村佐織、pp.54－63

50) 前掲48)、グティエーレス,L.M.、パーソンズ,R.J.、コックス,E.O.、pp.12－13、pp.16－17

前掲44)、コックス,E.O.、パーソンズ,R.J.、p.40、p.243
　　　前掲42)、宮川数君、pp.84－96
　　　前掲43)、中村佐織、pp.54－63
51) 前掲48)、グティエーレス,L.M.、パーソンズ,R.J、コックス,E.O.、p.12
　　　前掲44)、コックス,E.O.、パーソンズ,R.J.、p.40
52) 山口真里「ソーシャルワークにおけるストレングス－パワーの変容過程の意義－ソーシャルワーク事例の分析から－」『ソーシャルワーク研究』第32巻第1号、2006、pp.49－57
53) 自己効力感：自己効力感は、バンデューラ,A.（Bandura,A.）(1977)によって、提唱された考えである。以下、坂野雄二の解説をもとに説明する。バンデューラ,A.は、認知行動療法の立場から、予期や判断、思考や信念、自分自身の振る舞いに対する考えといった認知に着目し、我々人間の行動はその人の認知のあり方によって左右されるとした理論である。バンデューラ,A.によると、人間の行動を決定する要因には、先行要因、結果要因、認知要因の3つの要因があり、これらが絡み合って人と行動、環境という3者間の相互作用が形成されている。これを社会的学習理論という。バンデューラ,A.は、行動の先行要因としての「予期機能」を重視し、行動に影響を及ぼす「結果予期」と「効力予期」を取り上げている。「結果予期」とは、ある行動がどのような結果を生み出すかという予期であり、「効力予期」とは、ある結果を生み出すために必要な行動をどの程度上手く行うことが出来るかという予期である。そして、自分自身どの程度の効力予期を持っているかを認知したときその人にセルフ・エフィカシーがあるという。坂野雄二『認知行動療法』日本評論社、1995、pp.52－53
54) 波多野誼余夫、稲垣佳世子『無気力の心理学－やりがいの条件－』中央公論社、1981、p.51
55) 前掲35)、三毛美予子、pp.169－185
　　　前掲42)、宮川数君、p.83、pp.84－96
　　　栄セツコ「精神科ソーシャルワーカーのエンパワーメントアプローチに基づく精神保健福祉実践活動－アドボカシーの視点から－」『桃山学院大学社会学論集』第38巻第1号、2004、pp.85－100
　　　植戸貴子「社会福祉施設におけるエンパワメント志向の社会福祉実践」『神戸女子大学社会福祉学研究』第5号、2001、pp.1－20
　　　前掲32)、谷口明広、小田島明、武田康明、土屋健弘、pp.17－23

第3章 ソーシャルワークの考え方

　　　前掲4）、安梅勅江、pp.4－6
56）前掲40）、久保美紀、pp.21－27
57）前掲35）、三毛美予子、pp.169－185
　　　前掲55）、植戸貴子、pp.1－20を参考に筆者なりに整理したものである。

参考文献

・秋元美世、大島巌、芝野松次郎、藤村正之、森本佳樹、山縣文治編集『現代社会福祉辞典』有斐閣、2003、p.108
・狭間香代子『社会福祉の援助観－ストレングス視点・社会構成主義・エンパワメント』筒井書房、2001
・茨木尚子「当事者のエンパワメントを支える支援とは」『社会福祉研究』第80号、2001、pp.95－101
・伊藤智佳子『障害をもつ人たちのエンパワーメント－支援・援助者も視野に入れて－』一橋出版、2002、p.37
・ジャーメイン,C.B.他、小島蓉子編訳著『エコロジカル・ソーシャルワーク』学苑社、1992
・丸山裕子「ソーシャルワーク実践過程へのクライエント参加とエンパワーメント－精神医学フィールドを中心に－」『大分大学教育福祉科学部研究紀要』第21巻2号、1999、pp.265－273
・中村佐織「ソーシャルワークにおけるエンパワーメント意味－アセスメントとのかかわりから－」『ソーシャルワーク研究』第21巻2号、1995、pp.48－53
・中村佐織「生態学（エコロジカル）アプローチ」、久保紘章、副田あけみ編著『ソーシャルワークの実践モデル－心理社会的アプローチからナラティブまで－』川島書店、2005、pp.119－133
・谷口政隆「社会福祉実践とエンパワーメント」『日本女子大学紀要』第37号、1996、pp.35－45
・谷口政隆「社会福祉実践におけるエンパワーメント」『社会福祉研究』第75号、1999、pp.49－56

第4章
利用者主体の支援

　社会福祉援助を展開していくうえでもっとも基本となるのが、利用者を一人の人として尊重するという人権尊重と権利擁護である。そして、わが国の社会福祉の目的とみなされている利用者の自立生活を支援することが求められている。その自立生活のあり方は一人ひとり異なっており、そのために利用者の福祉ニーズを的確に把握する必要がある。これらに共通することは、利用者主体の支援である。社会福祉の制度改革、新たな社会福祉援助の考えのもと、利用者主体の支援が強調されている。利用者主体の支援とはいかなるものか。本章では、利用者支援の基本となる人権と権利擁護、自立生活、福祉ニーズについて実践的に理解し、利用者主体に基づく支援の意味を整理する。

1．人権と権利擁護

(1) 福祉現場での人権や権利擁護の必要性

　近年、急速に利用者の「人権」「権利擁護」ということばを見聞きするようになった。従前から著名な社会福祉研究者が利用者の人権保障を強調していたが[1]、今や成年後見制度、日常生活自立支援事業、苦情解決システム、運営適正化委員会、福祉サービス評価、事業者の情報開示など国の制度として利用者の権利擁護が盛り込まれるようになった。行政が人権や権利擁護を社会福祉の基本理念のひとつとして捉えているあらわれであり、実践のための制度が整えられるようになった。このこと自体喜ばしいことで、より身近に利用者の人権や権利擁護の重要性に触れることができるようになった。また、ソーシャルワーカーの倫理綱領にも人権の原則や権利擁護が盛り込まれ

ており、社会福祉援助においても同様に基本とされている。「利用者の人権や権利擁護などどうでもよい」という福祉職員は一人もいないであろう。

利用者の人権や権利擁護が改めて強調される理由として以下のことが考えられる。まず、人々の人権意識の高まりである。世界的に人権宣言や権利宣言が採択され、わが国もこれらを批准し、人権意識の高揚が浸透した。そのようななか、福祉サービスは行政からの恩恵ではなく、当然の権利であるという考えが台頭し始めた。恩恵としての社会福祉から権利としての社会福祉へと人々の考え方が変化してきた。特に利用料を支払うことで権利としての意識がさらに高まった。

第二は、契約による利用制度へ移行したことで、対等な関係に基づく契約や福祉サービスの授受を少しでもスムーズに行うために利用者保護の制度を確立する必要があった。利用者が不利益を被らないために上記の制度が規定された。

第三は、従来福祉現場において利用者の人権や権利が十分認識されず蔑にされたり人権侵害が行われていた事実があり、現場自体が利用者の人権や権利を再認識する必要が生じてきた。

事業者（職員）と利用者は上下・従属関係にあり、両者の権利が対立したとき、事業者（職員）側が弱者である利用者の権利を抑圧する構造となっており、権利侵害を生み出しやすくなる[2]。利用者よりも施設・機関などの事業所、職員主体でプログラムが立案されたり、職員が威圧的・高圧的に接したり、利用者の居住空間や生活が不十分であったりしてもほとんど見直されることなく、事業者側の管理が優先し「しかたのないこと」として看過されてきた。なかには、施設という密室では指導、訓練、教育という名のもとに虐待すら正当化されてきた。本来、利用者の権利擁護に努めるべきワーカーが、権利侵害を行うという事実が明らかにされてきた。

このような現実に対し、国は人権や権利擁護を明文化して強調しなければ利用者の人権を守ることはできないと判断したのである。このことは、従前から利用者の人権を大切に取り組んできた現場にとってはある意味屈辱かもしれない。十把一絡げにされたことへの憤りを感じている事業者や職員がどれほどいるであろうか。

その一方で、人権尊重が再認識されたことで、忘れがちになっていた人権

意識を謙虚に反省し、真摯に取り組もうとしている現場や職員も多いのではないか。このことが実は非常に重要である。第1章でも述べたように、具体的な実践においてどうすることが利用者の人権を守る行為なのかを考えながら利用者と関わっていかねばならない。

(2) 人権、権利、権利擁護の意味
1) 人権とは何か

人権とは、「人が生まれながらに当然に有する権利」[3]で、ただ人間であるという根拠だけに基づいて保障されており、絶対に否定されたり奪われたりすることのないものである。人間は生まれながらにして尊い存在であり、価値ある存在である。心身機能障害の有無や社会的地位、身分、人種、民族、宗教、国籍、能力の程度などによって差別されることはない。

このように、人権の考え方の基礎には、「人間の尊厳」という原理があり、「人間は個人として独立した人格をもった存在であり、誰もが人間であるというだけで尊厳を認められ人格を尊重されることによって人はすべて自由かつ平等なものとなる」という考えに基づいている[4]。

人権問題を考えていくとき原理となる「人間の尊厳」が、社会福祉基礎構造改革の理念においても「個人の尊厳の保持」として明記されている。従来、認知症高齢者、要介護状態にある高齢者や障害者、知的障害者、精神障害者、児童、貧困状態にある者など福祉サービスを必要とする人のなかでもとくに判断能力に乏しい（欠ける）人や自己主張の困難な人ほど、「個人の尊厳」が軽んじられてきた傾向が見られる。本来、判断能力の乏しい（欠ける）人や自己主張の困難な人ほどワーカーは、「個人の尊厳」を重視しなければならないはずである。このことが十分実践できなかったことがここにきて改めて強調されるようになったといえよう。

では、「個人の尊厳を保持する」とはいかなることか。「尊厳」とは「とうとくおごそかで、おかしがたいこと」とある[5]。また、「個人の尊厳」とは「その人の人格は生前・死後を問わず常にたっとばるべきものであり、いかなる場合でも凌辱が加えられてはならぬという、最高かつ最低限の倫理」と記されている[6]。「凌辱」とは「プライド（尊厳）を傷つけるような言動に出ること」という意味である[7]。

これらのことから、社会福祉でいう「個人の尊厳」とは、人は尊く厳かな存在であり、利用者を一人の人として尊び、いかなる場合でも利用者の権利と存在を侵してはならない、と捉えることができる。「個人の尊厳を保持する」とは、加齢により要介護状態になったり、心身機能の障害が発生したり、家庭環境が大きく変化したり、経済的に困窮するなど福祉サービスを必要とする場合、ややもすれば周囲からその人の尊厳が低められたり奪われがちとなるが、決して尊厳が低められたり奪われたりすることなく、人間としての自信と誇りを保ち続けることをいう。「人権は人間社会における最も根本的・前提的な価値」である[8]。

　このように、国家統治以前の自然状態において人間は、固有の権利を有しており、ただ人間であるという根拠のみに基づいているとする考えがあり、これを自由権という。しかし実際、この自然状態では、人権保障が十分保障されないので、国家統治により人々の生活問題に介入し人権を守る必要がある。このような国家統治によって法の下の平等を実現するために保障される人権を社会権という[9]。

2）権利とは何か

　権利とは、「一定の利益を要求し、主張し、享受することができることを法的に認められた力」とされている[10]。法的に認められているということは、この利益の要求、主張、享受が正当なものであることがポイントとなっている[11]。

　権利とは、人間がより豊かにその人らしく主体的に生活していくうえで必要不可欠なもので、人としての尊厳という根本的価値に基づくものである。そして、権利があるということは、自らの利益を主張するための意思を持ち、その意思を明確に表明でき、それを享受するための具体的な方策を有することをいう。

　では、人権と権利の関係はどのようなものか。高山直樹は、人権は人間にとって普遍的な権利で「私たちのもの」であるのに対して権利は自分のものと捉え「私のもの」であり主張し、獲得していくものであるとしている[12]。

1．人権と権利擁護

3）権利擁護

　ところが、福祉サービスを必要とする人々や利用者のなかには、自らの権利を主張し獲得することが困難な人も多く存在する。また、自らどのような権利を有しているのかを十分理解できていない人も存在する。さらには、虐待（暴力、精神的、性的、財産侵害、放任など）、不公正な取引、経済的搾取、差別などの権利侵害も見受けられる。そこで、福祉サービスを必要とする人々や利用者の権利主張を支援したり代弁したり、守ったりする仕組みが必要となる。

　福祉サービスにおける権利擁護[13]とはいかなるものか。日本弁護士連合会は、次のように整理している。すなわち、援助を必要とする人々が「個人の尊厳と自己決定の尊重された豊かな生存権保障のため、必要かつ適切な介護、医療サービス、財産管理、所得保障、住居の確保、就労支援、社会参加など生活支援全般について、各種の社会福祉サービスその他の社会資源を主体的に利用することのできるための利用者支援のあり方」であり「それを可能にする人材や財源の確保や制度化といった基盤整備の総体」である[14]。高山は、利用者の権利主張を支援、代弁、弁護する活動であり、利用者の主張、権利獲得プロセスを重視した利用者の主体性に価値を置く概念である、と簡潔にまとめている[15]。

　わが国の社会福祉関連制度として、成年後見制度、日常生活自立支援事業、苦情解決事業、福祉サービス評価などが規定されており、これらを充実させることで利用者の権利擁護が進められている。

権利擁護の事例

　清水智英さん（72歳、男性）は、軽度の認知症である。昨年末、妻が亡くなったため、一人暮らしとなる。子どもは二人いるが、別々に生活していた。妻がいるときは、妻に家事、生活費など生活全般の管理を任せきりであった。妻が亡くなったことで、子どもたちが清水さんの世話をすると言い出す。ところが、実際は、清水さんの年金を目当てにしているようで、ほとんど娯楽費に消えており、清水さんの手元には入らないことが判明した。

　清水さんは、子どもたちに生活費を勝手に使われることは嫌だが、子ど

もたちと一緒に生活したいという願望も持っている。しかし、このままだと子どもたちに預金だけ取られ、世話を放棄される可能性があり、清水さんの生活そのものが成り立たなくなる。民生委員からの通報もあり、社会福祉協議会の日常生活自立支援事業を利用することで金銭管理を依頼した。日常生活自立支援事業を利用することで子どもたちが清水さんの預貯金を勝手に使い込むことは不可能となったが、清水さんとの同居を条件に契約解除を申し立てるようそそのかす恐れもある。本人が契約解除を申し出れば、社会福祉協議会としては拒否出来ない。そこで、成年後見制度（補助）を申請し、代理権と取消権を補助人につけ、補助人が社会福祉協議会と契約することとした。

4）利用者の権利

　ワーカーは、利用者の声をしっかり聴き取り、権利擁護者として関わっていくことになる。また、利用者の主体性を尊重した支援を基本とするならば、単に利用者の権利を代弁したり守ったりするだけでなく、利用者自身の権利意識を高めていく支援が求められる。これまで福祉サービスを必要とする人々や利用者の権利性が認められていなかったことから、自らどのような権利があるのかということを知らない人も多かった。あるいは権利を主張してもよいということすら認識できない人もいた。そこで、「あなたにはこのような権利があるのですよ」ということを伝える作業が重要となる[16]。

　福祉サービス利用にあたって、具体的に利用者はどのような権利を有しているのか。幾人かの論者の見解をもとに以下のように整理した[17]。
　①知る権利：福祉サービス利用者として自分自身にどのような権利があるのかを知ることであり、事業所やワーカーから説明を受ける。
　②一人の人として尊重される権利：一人の人として大切にされ、接し方、態度、言葉づかいなど年齢に応じた関わりをされる。自尊心を傷つけられたり、体罰や身体拘束などの虐待を受けたりしない。また、自らの生活について意思表明でき、自己選択・自己決定といった主体性が尊重される。入所の生活施設では、可能な限り自分のペースに応じた生活リズムが保障され、極力ワーカー主導の援助やワーカーによる抑制や禁止事

③適切な情報をもとに分かりやすい説明を受けて納得する権利：提供される情報の内容は、メリットとデメリットも含めわかりやすくかつ具体的で理解できるものである。説明された内容は、納得でき適切な判断が出来るものとなっている。自ら福祉サービスのアセスメントや計画作成に参画できる。
④質の高い福祉サービスを受ける権利：ある特定のサービスを受けるにあたって、最低限のサービスに留まらず、より質の高い福祉サービス、その事業所の特徴としているサービスを受けることが出来る。また、日々の尊重された関わりに留まらず、長期的な観点に立ってニーズの充足に向けた支援を受けることができる。
⑤要望や苦情を訴える権利：事業所あるいはワーカーの対応や福祉サービスの内容について要望や苦情が言え、かつそのことに対し機敏な対処がなされる。
⑥その他、入所施設の利用者には、同姓介助を受ける権利、介助を拒否する権利、私物を持ち込み管理する権利、プライベートな空間と時間を保障される権利、日課を職員の都合で一方的に変更されない権利などがある。

このような権利は、普遍的なものである一方、すべての利用者を網羅するものでもない。今回紹介した権利を一人ひとりの利用者に当てはめるとともに、一人ひとりの利用者が自立生活を営んでいくうえでどのような権利が擁護されたり保障されたりしなければならないかも同時並行に考えなければならない。

（3）虐待問題

人権侵害のなかで最も大きな問題が虐待といえよう[18]。虐待とは、「弱い立場にあるものに対して強い立場を利用してひどい（むごい）扱いをすること」という意味である[19]。

具体的な虐待の内容は、身体的暴力、身体拘束、財産搾取、心理的虐待、性的虐待、放任に分類できる（表4－1）。虐待は、ワーカーが認識していない場合や職員配置の限界などから適切な支援が行われない消極的な場合と

第4章　利用者主体の支援

支援の必要性をワーカーが認識しており支援を行える状況であるにも関わらず怠慢や嫌がらせのため支援が行われない積極的な場合がある。虐待は、無意識に行われていても該当する行為が行われているかどうかという客観的事実で判断される。

表4－1　虐待の具体的内容

虐待の種類	虐待の内容
身体的暴力	殴る、叩く、蹴る、つねる、押さえつける、突く、押すなどの暴行。乱暴な介助や介護をする、むりやり食事をさせたり、むりやり移動させること（外傷・骨折などの損傷が生じない場合を体罰として区別することもある）。
身体拘束	車いすやベッドに身体を縛りつける、ベッドの周りに柵をつける、つなぎ服を着せるなど身体を拘束する、部屋に鍵を掛け抑制する、行動を落ち着かせるために過剰に精神安定薬を投与すること。
財産搾取	個人の所持金、年金手帳、資産、預金通帳、あるいは他の貴重品などを不適切に使用したり、勝手に管理したり、あるいは故意に隠しもち、本人の利用を許さないなどの行為。利用者の不動産等を無断で処分すること。
心理的虐待	汚い言葉がけ、静かな口調でも脅すような口調、恐怖感を抱かせたり嘲笑の対象とするような行為。侮辱や脅迫等恐怖感を与えたり無視したりするなど不安に陥れること。
性的虐待	同意のない強制的な性的行為を行うこと。性的暴力または性的いたずらを行うこと。
放任（ネグレクト）	食事、衣服、排泄、暖かい室内環境（適温を保つ）、身体面の清潔の保清潔の保持といった日常生活の世話や介護を放棄したり拒否したりすること。治療を受けさせないなど健康状態を損なうようなこと。
その他	成人の利用者に対して、頼りにならない子どものように扱うこと。流れ作業のような態度でサービスを提供し、利用者個々のニーズを無視すること。利用者のプライバシーの侵害や能力を認めないなど人間性を失わせること。

幾人かの論者の見解をもとに筆者作成[20]

本来、利用者の人権を守る立場にあるワーカーが、利用者に対して虐待を行っている事実がある。利用者が立場的に弱いことの証明といえよう。利用者を虐待から守ると同時にワーカーも虐待から守る対応を考えていかなけれ

ばならない。ワーカーはなぜ虐待に走るのか。人権意識が低いといえばそれまでだが、虐待に走る原因を突き止める必要がある。単に虐待を行っているワーカーを悪者にするだけでなく、ワーカーを虐待から守る仕組みも不可欠である。

（4）利用者の虐待などの人権侵害をなくすために

　虐待などの人権侵害を無くすためにどうすればよいのだろうか。国レベルの制度が整備される一方、各施設・事業所がどう取り組むべきかを整理する。市川和彦は、施設内の虐待克服のための対策を4段階に分類している[21]。①一次対策（予防）、②二次対策（早期発見、早期スーパービジョンと自己検討）、③三次対策（改善困難な場合のスーパービジョンと自己検討、施設内自浄機能の活用）、④四次対策（通告、内外組織の介入）。②～④は、虐待が発生した場合の対策である。以下、市川の見解をもとに筆者なりに整理した。

1）虐待などの人権侵害の予防

①法の制定によって虐待問題が人々の意識のなかに浸透し、虐待の軽減につなげる。虐待防止のための法体系としては、「児童虐待の防止等に関する法律」（2000（平成12）年）、「高齢者虐待の防止、高齢者の擁護者に対する支援等に関する法律」（2005（平成17）年）、「配偶者からの暴力の防止及び被害者の保護に関する法律」（2001（平成13）年）があり、虐待から守る制度が整えられつつある。

　これまでの社会福祉では、利用者自身が権利を主張する歴史がなかった。そこで、利用者にどのような権利があるのかを提示し、そのことを主張しても良いことを知らせ、権利主張を促していくことで自覚を高めていく。利用者が権利主張することで、ワーカーも対応が変わってくるはずである。

②各事業所にて権利擁護委員会を設置し、事業所内で人権侵害が起こっていないかをチェックする機能を設ける。人権侵害の訴えやその恐れがあることが分かった場合、委員会にて審議する。委員会のメンバーには第三者を必ず入れ、中立・公平な立場での審議を行うようにする。利用者が直接第三者に訴えることが出来るようにしたり、意見箱のようなもの

第4章　利用者主体の支援

を設置したりすることで、よりスムーズに訴えることが出来る仕組みが不可欠である。

③外部との風通しを良くすることで、外部からのチェック機能が働く。ボランティアや実習生を積極的に受け入れたり、あるいは家族にも頻繁に訪問してもらったり、オンブズマンや第三者評価を導入することによって、外部の人が施設に入りワーカーとの良い意味での緊張関係が生じる。これによって、ワーカーも自らの行動に衿を正すであろう。

④職員のストレスが原因とも考えられる。業務の効率化が優先されるため、じっくり利用者と関わることができずつい利用者を叩いたり、暴言を浴びせたりすることもある。激務であるため体力的限界状態にある。このように精神的にも肉体的にも追い詰められた結果、虐待などの人権侵害に走ることが考えられる。そこで、時間的にも精神的にもゆとりがもてるよう、ワーカーのストレスを軽減するための支援が求められる。

⑤研修などを通して職員の意識を高めていく。人権侵害をしてはいけないことは誰もが周知していることである。しかし、その認識が甘いため具体的な行為が人権侵害となっていることもある。そこで、Off-JT（Off the Job Training：職務を離れての研修）、OJT（On the Job Training：職務を通しての研修）、自己啓発といった研修を行うことで人権意識を高めていく。

　人権とは何か、人権尊重とはどういうことか、といったことについての理解を深めていく。そのうえで、職員間、利用者との間でどのような行為が人権侵害になるのか、どのような行為が人権を守る行為になるのかを共通認識をもつことでより具体性を帯びてくる。単に抽象的な概念としての人権問題として捉えるのではなく、実践的なレベルで理解することが重要である。一方、単に具体的な行為の項目だけで理解することは避けなければならない。項目だけの理解に留まると、「項目に挙がっていないから」といった捉え方になり、本来の人権尊重にはならない。日々の利用者との関わりを通してワーカーの判断が求められる。正しい関わりが出来るようになるために、単に行為の項目レベルの理解ではなく、人権、人権尊重の意味の理解が不可欠なのである。

⑥OJTをより効果的に進めていくためにワーカーに対するスーパービジョ

ン体制の確立を行う。熟練したワーカーが経験の浅いワーカーに対し、現場での出来事や今後起こりうることを想定しながら虐待を行わずにどう関わっていけばよいのかについてスーパービジョンを行う。また、具体的な事例検討を行い、職場全体で利用者とどう関わっていけばよいかについて検討を行う。これらのことを通して利用者支援のあり方を実践的に学ぶことができる。

⑦ワーカーは、常に自らの行動を自省し、人権侵害につながっていないかをチェックすべきである。他のワーカーの目を気にして効率を優先していないか。他のワーカーの目を気にすると利用者を急かしたり、叩いたり不必要に大声を出したりといった行動に走ってしまう。職場の意識が大きく左右するため、職場全体で見守るという土壌づくりが必要である。虐待などの人権侵害をしてはいけないと理屈で分かっていても、職場の雰囲気が人権侵害を容認するような土壌ではやがて虐待行為が正当化されてしまうであろう。実際の現場で、どのような状況のときに虐待行為を行いそうになるのかを一つひとつの事例を検証し、職場全体で解決策を検討すべきである。以上のような取り組みを通して人権意識を持ち続け実践に励むべきである。

⑧最後に、経営者自ら人権問題を真摯に受け止め、人権侵害は絶対にあってはならないこととして明確な方針を打ち出し、全職員に浸透させることである。外的な制度や仕組みが変わっても現場で関わるワーカーが変わらなければ虐待は減少しない。組織内においてワーカーの支援体制の整備が緊急の課題である。職員配置に無理がないか、効率を優先させていないか、ワーカーが負担やストレスを感じていないか、スーパービジョン体制は確立されているか、といったワーカーを虐待から守る仕組み作りが実は最も重要なのである。

2）虐待などの人権侵害が発生した場合の対応

　虐待などの人権侵害の予防に最善を尽くしながらも発生してしまった場合は、早期発見とすばやい対処が必要である。たとえば、虐待にはいくつかの兆候が見られるが、これらの兆候を見逃さず、職場全体の問題として対応していく必要がある[22]。多くの利用者は、虐待などの人権侵害を受けた事実を

冷静に訴えることが出来ないかもしれない。当事者のあいまいな供述では事実を把握することが出来ないかもしれないが、本当に虐待があったのかどうか確証を得ることが先決である。決して事実を看過したり隠蔽したりしてはならない。そして、予防の項でも述べたように、事例検討を通してこのような行為は虐待につながるもので、あってはならない行為であることを職場全体で共通の理解をもつことが重要となる。ワーカー自身の言動を改めなければならないこともあるだろう。また、職員配置や勤務体制といった職場のシステムを改善する必要もあるだろう。総合的な観点からの検討が必要である。

　ワーカー自身に問題がある場合でも、一方的に特定のワーカーを責め立てるのではなく、そのワーカーの想いを十分吐露してもらったうえで気づきを促して、さらに、どこに問題があるのか、どうすれば改善できるのかを職場全体の問題として客観的に分析・検討していくことが重要である。責め立てるような言い方をすると、的となったワーカーは傷ついたり、恥をかかされたと思い込んだり、あるいは発言者に敵意を抱いたりして、自己防衛に終始し、本来の焦点には至らず、気づきを促すことが困難となる。

　多くのワーカーは虐待などの人権侵害を好んで行っているのではない。人権侵害と気づいていない場合もあれば、分かっていても熱心に利用者と関わっているなかで過剰になったり、利用者がワーカーの期待に応えてくれなかったりすると憎悪の念を抱いたり、特定の利用者に嫌悪感を抱いてしまうこともある。このようなワーカーの想いを受け止めることによって、ワーカー自身が現実を見つめ、自省することが出来るようになるのではないだろうか。

　職場のシステム上の問題が大きい場合は、システムを変更し、人権侵害を予防するよう改善すべきである。時間を要したとしても、システム変更に向けた取り組みを可能な範囲から実施すべきである。

　利用者の人権問題に組織的に取り組むには、経営者が明確な方針を打ち出し積極的に介入し、ワーカーの意識の高揚を促し、さらにお互い自由に意見の言い合える土壌が求められる。これらのことを通して、ワーカー全員が虐待についての正しい知識を得ることになる。

　ところが、虐待などの人権侵害が収まらない場合の最終手段として、内部告発を含め理事会、行政、権利擁護センター、弁護士などの外部機関へ訴える手段がある。このような方法は、決して好ましいものではないが、利用者

が身体的、精神的苦痛を被っているのを看過するわけにはいかない。いつ、どこで、どのような状況で、誰から誰へ、どのような行為が行われているのか、被害を受けた利用者はどのような状態になっているかを正確に記録し、事実を明確にしたものを用意する。むろん、告発者の匿名性を保障することも必要である。告発を受けた機関は、直ちに調査に入ることであろう。

　ただ、告発は、相当な覚悟を要する。組織の内部分裂も予想され、ワーカー間のチームワークに一時的にせよ乱れが生じる。場合によっては分裂状態が持続することも起こりうる。また、告発によって第三者が介入すれば告発した当事者も当然、調査の対象となる。さらに、人権侵害の行為を正直に認めた者が、処罰を受け、最後まで拒否し証拠がなければ処罰を受けないとなれば、「正直者が馬鹿を見る」ことにもなりかねない。このような問題を抱えた告発は、極力避けたいものである。組織内においてワーカーが一丸となって、プロとしての自覚を高めつつ、浄化していくことが最善の方法と思われる。

2．自立

(1) 社会福祉の基本理念としての「自立」

　近年、社会福祉全般の基本理念として「自立（生活）」が掲げられるようになった。従前は障害者福祉で用いられていたが、「社会福祉法」「介護保険法」「障害関係各法」「生活保護法」「新たな高齢者介護システムの構築を目指して」「社会福祉基礎構造改革について」「ゴールドプラン21」など社会福祉関係の主な法律や意見書、施策において利用者の自立（生活）が明記されるようになった（表4-2）。また、児童福祉領域でも児童養護施設や児童自立支援施設は、児童の自立援助・支援が目的とされており、多くの児童福祉施設は、児童福祉施設最低基準において自立支援計画の策定が義務づけられるようになった。

第4章 利用者主体の支援

表4－2　社会福祉関係各法・意見書、施策にみられる「自立（生活）」の捉え方

社会福祉法 (2000（平成12）年)	第3条 （基本理念）	福祉サービスは、個人の尊厳の保持を旨とし、その内容は、福祉サービス利用者が心身ともに健やかに育成され、又はその有する能力に応じ自立した日常生活を送ることができるように支援するものとし、～
介護保険法 (1997（平成9）年)	第1条 （目的）	～要介護状態となり、～その有する能力に応じ自立した日常生活を営むことができるよう～
障害者基本法 (1993（平成5）年)	第1条 （目的）	～障害者の自立および社会参加の支援等のための～
障害者自立支援法 (2005（平成17）年)	第1条 （目的）	～障害者及び障害児がその有する能力及び適性に応じ、自立した日常生活又は社会生活を営むことができるよう～
生活保護法 (1951（昭和26）年)	第1条 （目的）	～国が生活に困窮するすべての国民に対し、その困窮の程度に応じ、必要な保護を行い、その最低限度の生活を保障するとともに、その自立を助長することを目的とする。
新たな高齢者介護システムの構築を目指して (1994（平成6）年)	高齢者介護の基本理念	～高齢者が自らの意思に基づき、自立した質の高い生活を送ることができるよう支援すること～
社会福祉基礎構造改革について (1998（平成10）年)	改革の理念	～個人が人としての尊厳をもって、家庭や地域の中で、障害の有無や年齢にかかわらず、その人らしい安心のある生活が送れるよう自立を支援することにある。
ゴールドプラン21 (1999（平成11）年)	プランの基本方向	～高齢者が自らの意思に基づき、自立した生活を尊厳をもって送ることができ、～
児童虐待の防止等に関する法律 (2000（平成12）年)	第1条 （目的）	児童虐待を受けた児童の保護及び自立の支援のための措置等を定めることにより、～

出典：津田耕一「自立生活支援の考え方」、社団法人日本社会福祉士会編集『新・社会福祉援助の共通基盤上』中央法規出版、2004、p.129一部加筆

　表4－2に見られるように、利用者の自立（生活）支援こそが我々の目指すところとなる。では、自立とはどのように解釈すればよいのだろうか。

（2）「自立」の意味
1）従来の自立観

　従前の障害分野で用いられていた自立観とは、入所施設を退所して地域社会において自力で生活することや親もとから独立して自力で生活するなど他者に依存することなく、自分のことは自分自身で行えるようになることを意味していた。心身機能に障害のない人々と同じことができてはじめて自立が可能だと考えられたのである。そのためには、身辺自立や経済的自立が最低条件とされた。自立は、英語で表記するとindependenceとなる。その反対語は、dependenceであり、依存という意味である。したがって、自立とは、依存からの脱却であり、出来ない部分を出来るようになるための訓練や指導に焦点が当てられていた。「○○が出来ないと自立出来ない、だから出来るようになろう」という構図である。

　利用者は、出来ないところ、欠けているところがあるため自立できない、と考えられてきた。この考えが派生して、障害者は他者に依存する存在であり、社会的価値の低い一段劣った存在という、誤った認識を招くこととなった。だから、医療や教育、福祉の専門家といわれる人たちが一方的に障害者を保護し、治療、教育、訓練、指導してきたのである。障害者は、尊厳ある主体的な生活が必ずしも保障されているわけではなかった。

2）自立生活運動と新たな自立観

　従来の障害者観、自立観に疑問を投げかけたのが、アメリカのカリフォルニア大学バークレー校に在籍していた重度の身体障害がある大学生たちであった。1960年代、ロバーツ,E.V.（Roberts,E.V.）らは、他の学生と同等のキャンパス・ライフを保障するよう大学当局に働きかけた。そして、自ら主体的に生活することこそが自立だと訴えた。「人の助けを借りて15分で衣服を着、仕事に出かけられる障害者は、自分で衣類を着るのに2時間かかるため家にいるほかない障害者より自立している」という有名な自立の概念を打ち立てた[23]。これは、依存からの脱却ではなく、他者に依存しながらの自立は成り立つという考えで、従来の自立観を覆すものであった。

　従来の治療、教育、訓練、指導中心が見直され、他者から介護等の援助を受けているか否かに関わらず、障害当事者の責任のもと自己選択・自己決定

し、社会の一員として主体的に生活することこそが自立生活（IL：Independent Living）である、という新たな自立観が登場した。やがて障害当事者が主体となった自立生活センターが創設され、新たな自立の概念は全米に広がり、わが国の障害者団体にも大きな影響を与えた。

自立とは、利用者自らが「主役となって生きること、すなわち生活主体者として生きる行為」といえよう[24]。そこには、リスクを冒すことをも尊重されることであり、同時に利用者自らの言動に自己責任を持つことでもある。

谷口明広と武田康晴は、自立生活は、"どこで生活するか"ではなく"どのように生活するか"が重要であるとし、"自分らしい生活"を創造していく行為を自ら選択することの重要性を述べている[25]。また、北野誠一は、ノーマライゼーション理念があたりまえの市民生活に強調点をおいているのに対し、自立生活は自己決定に強調点をおいている、として両者の区別を明記している[26]。

3）社会福祉全般に見る自立の意味

障害者の自立生活運動に端を発した自立観は、今やわが国の社会福祉全般的な理念となりつつある。表4－2に示したように、わが国の社会福祉関係各法、意見書、施策に盛り込まれた自立の捉え方には、「自らの意思に基づく（自己決定）」「質の高い生活」「その人らしい安心のある生活」「個人の尊厳」「有する能力および適性に応じた」といったキーワードが明記されている[27]。

介護保険法の目的として、要介護状態にある高齢者がその有する能力に応じ自立した日常生活が営めることが明記されており、決して要介護状態を脱することのみを目的としているわけではない。生活保護においても保護からの脱却だけでなく、「保護を利用して自立する」という考えが打ち出され[28]、実践においてもそのことの重要性が検証された報告がなされている[29]。

このように見ていくと、自立とは、他者からの援助を受けているか否かにかかわらず、人としての尊厳が保たれ、自己選択・自己決定による主体性が保障されていることが基本にある。そして、自立生活とは、主体性を保持しつつその人にふさわしい質の高い生活、安心のある生活を送るのに必要なことが出来ている、あるいは満たされている状態にあることをいう。

この新たな自立観は、当事者のQOL向上を意味するものであり、リハビリテーションの考えを大きく塗り替えた。すなわち、ADL向上からQOL向上へとその目的が転換された。QOL向上のためのADL向上であることが認識されるようになった[30]。

(3) 自立生活支援

利用者の自立生活を考えるとき、まず、一般論をもとに極めて個別的に理解することが重要となる。人々の生活のあり様は、千差万別で、その人らしさ（自分らしさ）を尊重しなければならない。その利用者にとってのその人らしい生活とはいかなるものか、利用者自身がどう捉えているのか、次節の福祉ニーズと関係づけて模索する必要がある。たとえば、他者からの援助の脱却がより質の高い生活、自己実現につながる場合は、そのことをめざすことが自立につながる。一方、他者からの援助を受けながらいかにその援助体制を整えていくべきかが重要になる場合もある。

次に、利用者の自立生活には自己決定が強調されていることから、利用者の自己選択・自己決定といった利用者の意思を促す支援が不可欠である。利用者の意思を引き出す支援については第6章で詳述する。

一方で、自立生活に向けた利用者自身の人間成長や社会性・身体機能の向上のためのスキルの習得も不可欠である。訓練志向型は好ましくないが、利用者が一人の人間として、そして社会人として成長していくための訓練的な取り組みは必要であり、そのことも主体性につながっていくものといえよう。

(4) 社会福祉理念としての「自立（生活）支援」をどう捉えるか

1) 福祉サービス利用者は自立できていないのか

社会福祉の理念として「自立」の意味を考察してきた。ここで考えなければならないのは、「福祉サービス利用者すべてが自立できていないのだろうか」、ということである。そうではない。社会福祉援助は、利用者の自立生活を支援することにある。この自立生活支援には、三つの意味が込められているように思う（表4-3）。

まず、自立を目指している利用者に対し、自立に向けた支援を行うことである。これは、自立を目指している利用者に対して自立生活が可能なように

支援することで、若年層の障害者や児童が成人期に向けて取り組む支援がある。
　第二に、生活上の問題が生じたため自立生活が困難な状況に陥った利用者に対し、福祉サービスを利用することで自立生活を取り戻すことが可能となるよう支援することである。高齢のため要介護状態になった、病気やけがが原因で心身機能に障害が生じ社会参加が制約されるようになった、失業等で経済的困窮に陥るなどこれまでの自立生活が脅かされたり奪われたりした場合が考えられる。この場合、従来と同じような生活を目指すこともあれば、新たな生活を見い出すこともある。
　第三は、自立生活を営んでいる利用者に対し、その自立生活を維持するための支援を行うことである。これは福祉サービスを利用しながら自立生活を継続するということである。たとえば、生活保護を受給しながら、介護保険サービスを利用しながら、障害者福祉サービスを活用しながら自立生活を維持するといったことが挙げられる。

表4－3　自立（生活）支援の捉え方

利用者の状況	自立支援のもつ意味
自立生活を目指す利用者	福祉サービスの利用により自立生活を目指す
自立生活を維持するのが困難な状況に陥った利用者	福祉サービスの利用により自立生活を取り戻す
自立生活を維持する利用者	福祉サービスの利用により自立生活を継続する

2）利用者が自立した状態にある、というのはだれがどのように判断するのか
　利用者が自立した状態にある、というのは誰がどのように判断するのだろうか。定説があるわけではないので、その判断は困難を極める。ただ、いくつかの観点から見てみたい。研究者の解釈、表4－2に見られる社会福祉関係各法・意見書、施策にみられる「自立（生活）」の捉え方を参照し、どの程度達成されているかを検証していく方法がある。利用者の意思表明が出来ているのか、安定した生活を送っているのか、ニーズが充足されているのか、その人らしい生活、自己実現につながっているのか、といったことを総合的

に分析する。

　同じような状況にあっても一人ひとりの状況は異なっているので、極めて個別的に自立とはいかなるものかを模索することが肝要となる。また、本人による主観的判断と支援者による客観的判断といった多角的な判断も必要となる。

3．福祉ニーズ

（1）ニーズの意味

　社会福祉で「ニーズ（ニード）」[31] というとき、制度・政策の観点から理解する場合と、社会福祉援助の観点から理解する場合がある。制度・政策面では、たとえば介護ニーズや子育て支援など幅広い人々を対象に「○○といったニードが生じている」というように全体的な観点で捉えようとする。一方、社会福祉援助の側面では、一人ひとりの「利用者のニーズは○○」といった極めて個別的な観点で捉えようとする。本書では、両側面からニーズの意味を捉え、援助の観点から利用者のニーズをどう理解するかを考察する。

1）生活上の問題や課題の発生

　我々は、生活を営むなかで様々な問題が発生する。ある日突然、脳卒中で倒れ、心身機能の障害が生じ、従前と同様の生活が困難になった、という場合がある。また、加齢とともに心身機能が低下し要介護状態になることもある。我々自身が要介護状態になる場合もあれば家族がなる場合もある。あるいは、ある日突然、会社が倒産し職を失い、経済的に困窮しているという人もいる。すなわち、社会生活上の問題が発生する。人々がより豊かにその人らしい生活を主体的に営むためには、これらの問題を解決・改善していかなければならない。そこには多くの課題が生じ、その課題に向けて取り組みを行っていくことになる。ところがこれらの問題を自ら解決・改善できないことがある。岡村重夫のいう社会関係の不調和、社会関係の欠損、社会制度の欠陥[32] により、本人の自助努力だけでは限界がある場合や問題の所在は本人ではなく周りの環境側にあり環境改善こそが解決の糸口になっている場合

も多々ある。

このような生活上の問題や解決すべき課題が生じていることで、人間が生活していく上で避けることのできない必要不可欠なものが充足されないことになる。岡村は、この社会生活上必要不可欠な生活要求を「基本的要求」と呼んでいる[33]。この基本的要求を充足すべく生活上のニーズが生じてくる。

一方、人々の生活上の問題は単一の問題に限定されることなく、一つの事柄が派生して他の事柄と相互に影響を及ぼしあうこととなる。

ある事柄が派生して他の事柄にも影響を及ぼしている事例

山田弘明（75歳）さんは、数年前妻を亡くし、息子家族と同居している。ある日、骨折し要介護状態となった。介護保険制度を活用しながらも家族で山田さんの介護など日常生活援助を行うこととなった。息子の妻は、パートタイマーの時間を減らし山田さんの介護にあたった。息子の妻と二人で過ごす時間が多くなり、双方ストレスがたまり、ぶつかり合うことがしばしば見られるようになった。そこで、デイサービスを勧め週に何日か近くのデイサービスセンターに通うようになった。これによって、二人きりになる時間が少なくなり双方ストレスがたまることが少なくなった。山田さんは、同じような年齢層の人と交流でき社会が広がったり、入浴を済ませ気分的に楽になったりした。息子の妻も、介護負担が軽減され自分の時間がもてるようになり、山田さんがデイサービスに出かける日は、パートにも出かけることが出来るようになった。

このように、一つの事柄が他の事柄に悪い方向へも良い方向へも影響を及ぼすことが分かる。

2) 福祉ニーズとは

ニーズ（needs）とは、「必要なもの」という意味である。人々が生活を営んでいくうえで必要不可欠なものをさす。福祉のニーズとは、「人々の生活上の必要、つまり生活にとってなくてはならないもののある部分を満たすために、社会福祉が不可欠」であり、「何か特殊なものではなくて、私たちの日々の生活の必要の一部が、社会福祉という経路で満たされることを要求してい

る状態」をいう[34]。すなわち、人々が生活を営むなかで上述のような様々な問題や課題が発生し、その問題や課題を解決・改善する必要性のあるもので、そのために福祉サービスを必要とする場合、それを福祉ニーズという。

　ニーズは、必要不可欠なものであることから、利用者自身が必要性を意識している、意識していないにかかわらずなくてはならないもので、基本的、根源的なものを指す。したがって、状況などに左右されない絶対的なものが基礎にある。これを絶対的ニーズと表現し、一方我々人間は、日々の生活のなかで必要なものを充足していかなければならないが、何かをするために生じるニーズ、たとえば通院に付き添いがいる、家の中を移動するのに手すりが必要といったニーズを手段的ニーズともいう[35]。

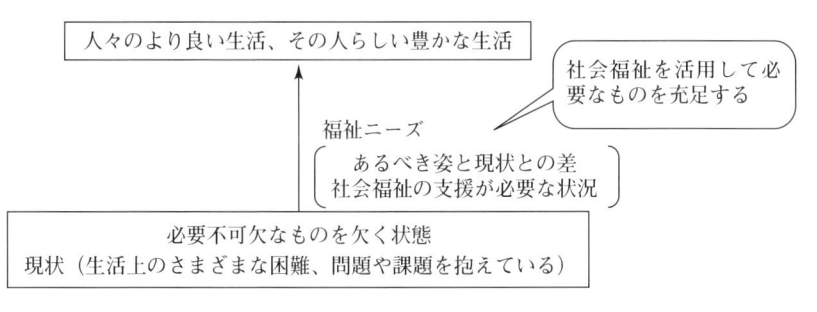

```
人々のより良い生活、その人らしい豊かな生活
                                     社会福祉を活用して必
            ↑                        要なものを充足する
          福祉ニーズ
        あるべき姿と現状との差
        社会福祉の支援が必要な状況

    必要不可欠なものを欠く状態
    現状（生活上のさまざまな困難、問題や課題を抱えている）
```

出典：津田耕一「社会福祉のニード」、足立叡編『新・社会福祉原論』みらい、2005、p.61をもとに作成

図4－1　人々の生活上の問題と福祉ニーズ

　福祉ニーズを理解する際、図4－1に示したように「生活するうえで困っている状態」と「その状態を解決するために福祉サービスなどの支援を必要としている状況」の二つの関係性で生活ニーズをとらえる」と理解しやすくなる[36]。

（2）福祉ニーズの捉え方

1）福祉ニーズの具体的理解

　福祉ニーズとして具体的にどのようなものがあるのだろうか。岡村は、7つの社会生活の基本的要求を挙げている[37]。経済的安定の要求、職業的安定の要求、家族的安定の要求、保健・医療の保障の要求、教育の保障の要求、

社会参加ないし社会的協同の機会の要求（司法、道徳、地域社会制度）、文化・娯楽の機会の要求、以上である。

　ヘップワース,D.H.（Hepworth,D.H.）らは、人間のニーズ（Human Needs）として、肯定的な自己概念（アイデンティティ、自尊心、自信）、情緒的なもの（他の人から必要とされ大切にされたいという感情、仲間づきあい、帰属意識）、自己実現・個人的な達成（教育、レクリエーション、教養、美的な充足、宗教）、物理的なもの（食物、衣服、住居、健康管理、安全、保護）を挙げている[38]。

　岩田正美は、人間の生活にとって必要不可欠なものとして、以下の三つに整理している[39]。①生きていくために基本的に必要な財、光、水、空気、食べ物、衣類、住居などの必需財。②ご飯を炊く、風呂を沸かす、衣類を洗濯するといった財を使って行う、あるいはそれらの後始末といった家事労働、また、自分自身や家族の身辺の世話（ケア）。③必需財の確保や家事労働あるいは世話の遂行のための選択や決定を全体として管理していく作業。たとえば、財の購入などの金銭管理を行ったり、家事あるいは育児、高齢者の世話は誰がどのように担うのかなど生活していくうえでの選択や意思決定でありそれらの運営（マネジメント）を行うことである。

　論者によって視点や強調点は異なっているものの共通する部分が見られる[40]。まず、「人々の生活」を基本においていることである。そのうえで、自己が肯定され、社会に受け入れられていること、自らの生活を主体的に行えること、またはそれが認められていること、主体的に生活していくうえでの衣・食・住などの様々な生活環境が整っていること、以上である。このように、社会福祉では人々の生活を中心に考えるということがわかる。

2）顕在化されたニーズと潜在的ニーズ

　福祉ニーズは利用者自身が必要性を意識している、意識していないに関わらず必要不可欠なものを指す。利用者自身がニーズを自覚している場合もあれば自覚していない場合もある。利用者がニーズを自覚していないが、利用者の置かれている状況が一定の基準から乖離し、その解決が社会的に認められている場合これを潜在的ニーズといい、利用者自身が置かれている状況から自らのニーズを自覚している場合これを顕在化されたニーズという[41]。

3. 福祉ニーズ

潜在的ニーズの事例

　松村幸さん（75歳、女性）は、一人暮らしである。要介護状態になるまでは一人でこまめに家の清掃を行ったり、料理もすべて自分で用意していた。また、時間があるときは、地区の老人会にも積極的に参加したり、近所を散歩したりして過ごしていた。あるとき、階段に躓き骨折する。近くの病院へ入院するものの、元の状態には戻らず要介護状態になる。退院後、自力で何とか家の掃除や調理を行うが時間がかかり不十分な状況にある。また、けがをきっかけにほとんど出歩くことなく家に閉じこもりがちとなる。しかし松村さんは、以前のように老人クラブなどで友だちと会話をしたり近所を散歩したりしたいと思っているものの、「老化のせい」と現状を受け入れるだけで他者からの援助を求めようとしなかった。人の助けを借りて以前のような生活がふさわしい生活であるとおぼろげながら自覚しつつも現状との差異に問題を感じていない。介護認定を受け、介護保険サービスを利用することで従前の生活が取り戻せる。このとき、松村さんは生活上のニーズを感じていないのである。

　この事例のように、その人らしい生活の状態と現状との間に差が見られ、必要不可欠なものを充足されていないにも関わらず、そのことを本人自身が感じていない潜在的ニーズは現場で多く見受けられる。人々の生活は多様化しており、その人の人生観や置かれている状況によって問題の捉え方も様々である。しかし、本人がニーズと感じていないからといって放置していては大けがや場合によっては孤独死という最悪の状態に陥る危険性もある。

　一方、現時点ではニーズとして顕在化していないが将来的に顕在化する可能性の高い潜在的ニーズもある。

将来顕在化するニーズの事例

　藤田譲司さん（38歳、男性）は、両親との三人暮らしである。現在、近くにある障害者の就労継続支援事業所を通所利用している。きょうだいは、姉が一人おり、仲は良い。しかし、遠方に嫁いでおり、姉にも家庭があり、年に数回姉が里帰りしたときに交流がある程度である。藤田さんの両親は、近隣住民とのつながりはあるものの、藤田さん自身は挨拶する程

度でほとんど付き合いはない。藤田さんの両親は、藤田さんの将来のことが気がかりではあるが、二人とも元気であり、ついつい問題を先送りしてしまい、具体的な藤田さんの将来について話が進展していない。藤田さん自身も今の両親との生活から抜け出すことを全く考えておらず、将来のことにまで考えが及ばない。藤田さんの両親も高齢で、将来両親が病気になったり亡くなったりして藤田さんの面倒を見られなくなったとき、慌てて対策を考えても遅いかもしれない。藤田さんの意向とは無関係に緊急的に入所施設への移行を余儀なくされる可能性が高い。

　この事例のように、現時点ではニーズは発生していないが、将来的に予想されるニーズも潜在的ニーズと考えられる。本人の障害状況が変化したわけでなく、両親が面倒見られなくなったという環境の変化によって、在宅生活は困難という周囲の判断のもと、本人の意思とは関係なく入所施設に移行せざるを得ないとすれば、支援者としては非常に残念な結果といえよう。仮に地域での生活が継続できてもその人らしい生活が維持できなければ地域生活の意味がない。このような事態に陥らないためにも、現時点で将来予想される潜在的ニーズを顕在化し、長期的な視点で支援が必要となる。

3）普遍性から個別性へ
　福祉ニーズには、国民全体のニーズ、特定の地域、世代、疾病や障害状況によって生じるニーズがある。これらのニーズは、共通するものが多くあるが、一方で同じような状況に置かれていても生活習慣、人生観やものごとの価値観、生活のあり方、家族関係や地域関係などその人を取り巻く状況は、一人ひとり異なっている。同じような要介護状態にある高齢利用者がいたとしよう。一人は家族とのつながりが強く家族の協力を得ながらの支援が可能である。もう一人の利用者は、家族はいるが疎遠でほとんど連絡を取り合うことがなく家族の協力は望めそうにもないもない。家族のつながりの強い利用者は、家族とともに生活することがよりその人らしい生活が望めるかもしれない。家族と疎遠な利用者は、家族との関係作りよりも他の社会資源を活用しながら地域での単身生活がふさわしいかもしれないし利用者自身も家族に気兼ねなく生活したいと望んでいるかもしれない。このように、一人ひと

りのニーズはきわめて個別的に理解していく必要がある。

4）ニーズとディマンド、ディザイアの違い

　ニーズの類義語としてディマンド（demand）やディザイア（desire）ということばがある。ディマンドは「要求」「需要（売れ口）」という意味であり、ディザイアは、「欲望」「欲求」という意味である。いずれも、ある人が「求めている」「欲している」という意味になる。ここでは、ディマンドやディザイアを利用者の日々の要求や欲求と解釈しておく。このディマンドやディザイアとの違いを明確にすることで福祉ニーズの意味をより正しく理解することが可能となる。ニーズは、満たされなければならない基礎的なもの、絶対的なものを根底においており[42]、個々人の自由な要求を満たす、という意味ではない。

　日々の要求や欲求がニーズに添ったものであれば問題ないが、そうでない場合はその要求や欲求に応えていくことが結果的に利用者のニーズを充足できなかったり、場合によっては不利益をもたらすことも起こりうる。よって、利用者の要求や欲求がニーズに反していないかどうかを見極めることが肝要である。

> **ニーズとディマンド・ディザイアの違いの事例1**
>
> 　鷲尾真知子さんは、養護学校卒業後しばらく在宅で両親と生活していたが、両親の離婚を機に障害福祉サービスの日中活動の就労継続支援と施設入所支援を利用し始めた。鷲尾さんは将来、施設を出て地域でケアホームを利用しながら自立生活を送りたいと考えている。そして、できれば地域の会社に勤めたいとも考えており、困難な場合は、地域の就労継続支援など作業所を利用して収入を得たいと考えている。そのために日中活動に勤しみ作業にも真面目に取り組んでいた。施設での生活にも慣れた頃、「施設での生活は楽しい、職員さんは皆親切だし、友だちもできた」と話すことが多くなった。施設での生活にとくに不満を訴えるわけでもなく、鷲尾さんなりに快適に過ごしていた。ある日職員が、鷲尾さんに今後の生活についてどのように考えているのか本人の意思を確認するために話し合いのときを持った。鷲尾さんは、地域で大変な想いをするより施設での生活を希望する旨の発言をした。

第 4 章　利用者主体の支援

> **ニーズとディマンド・ディザイアの違いの事例 2**
> 　平松亮輔さんは、アルコール依存症でアルコールを控えなければならない。仕事も休みがちとなり、家族に申し訳ないと思っている。もとの体に戻り職場にも家族にも迷惑をかけず仕事に励みたいと考えている。しかし、お酒が大好きで、アルコール依存症であることを認めようとせず、体のことを気にしつつも単にお酒が好きだけだと飲み続け、ますます肝機能が悪くなるという悪循環である。やがて会社を退職し、家でごろごろする生活となる。妻は近くのスーパーでパートタイマーとして仕事をしている。しかし、貯蓄も底をつき、家計のやりくりに困るようになる。平松さんは、ワーカーに「体調を整え何とか立ち直りたい」と涙ながらに話すが、アルコールは止められず飲み続けている。「アルコールを買うお金がない」と妻が言うと、「何とか工面しろ！」と怒鳴り、ときには妻に暴力をふるうようになる。

　これらの事例に見られるように、鷲尾さんの施設での生活を希望する発言や平松さんのお酒を飲みたいという要望や欲求をニーズと見なしてよいだろうか。本来の目的を見失い、目の前の現実に満足したり目先の利益にとらわれている場合、これを福祉ニーズとはいえない。ニーズとディマンドやディザイアとの関係を整理することによって、利用者から発せられた要求や欲求すべてに応えることが支援ではない、ということが理解できるであろう。ニーズに反する要求や欲求には毅然とした態度で拒否することも必要である。

　しかし、ニーズに反するからといって一律的に要求や欲求に応えられない、と片づけてしまうのではなく、なぜ利用者がそのような想いに至ったのかを理解すべきである。そして、その想いを受け止めどうすべきかを利用者とともに考えていくプロセスが重要である。この利用者の想いを受け止めることなく、あるべき姿だけを利用者に強調しても、利用者は「理屈では分かっているが、情緒面で自分の気持ちを分かってもらえない」と思うのではないだろうか。

　利用者の想いを受け止めつつ、ニーズ充足に向け利用者の今の状況からスタートし、ともに歩む姿勢を保持すべきである。鷲尾さんの場合、地域移行に向けた取り組みで訓練と称して鷲尾さんに過度なことを要求しているかも

しれない。職員の対応が至れり尽せりで鷲尾さんの依存を助長し自立心を阻害しているのかもしれない。あるいは、地域移行への漠然とした不安があるのかもしれない。そこで、地域での生活を体験してもらったり、経験者の話を聞いてもらったりすることで地域移行へのモチベーションが上がるかもしれない。このように、ひとつずつ考えられる事柄を整理、分析することによって、ニーズに近づいていくのである。

　一方我々人間は、生活を営むうえでときに目先の欲望に駆られニーズに反する行為に走ることがある。これの行為をすべて否定できるだろうか。生命に関わることや重大な不利益につながることは別として、場合によっては目先の要求や欲求を受け止めつつ、ある程度許容しながら利用者と関わることも必要ではないだろうか。ニーズに反する行為も長い目で見れば利用者のより良い生活につながることもある。

　ワーカーは、利用者のより良いその人らしい生活とはいかなるものかを常に中心に据えて支援を組み立てていかなければならない。毅然とした態度で拒否することとある程度の是認という、バランスの調整が難しいのが現実である。ある老人ホームでは、「わがままもニーズなり」と書かれた紙が壁に貼ってある。このニーズは本書でいうディマンド・ディザイアに近い意味を内包していると思われるが、生活していくうえで、ときには逸脱した行為を行うのもまた生活そのものであり、そのことをある程度認めていくことこそ、生活支援といえよう。

　重要なことは、ワーカーがそのことを十分理解したうえで対応を行っているかどうかである。ニーズとディマンド・ディザイアとの区別なく要望や欲求をニードと混同していることが問題である。

　利用者の意思を尊重するということは、利用者の言いなりになるということではなく、利用者のニーズを利用者とともに模索しつつ自己選択・自己決定を最大限尊重するという意味である。

5）誰がどのような基準でニーズの判断をするのか

　利用者の生活状況から、誰がどのような基準でニーズと判断するのか。岩田は、ブラッドショウ,J．（Bradshaw,J.）のニーズを判定する基準を紹介している[43]。本人が感じている「感じるニーズ」、そのことが具体的な社会福

祉への要求として表現されている「表出されているニーズ」、科学的な基準や専門家の判断による「規範的ニーズ」、同じような状況にある他人と比べる「比較ニーズ」に分類している。

利用者自身が感じ、意思を表明しても福祉ニーズとして認められるには社会的な判断なり認識が必要になるといわれている[44]。したがって、利用者から発せられた困難状況や要求が必ずしもニーズとして認められるわけではない。その一方で、利用者支援に携わる者として、直接利用者と関わるなかで、利用者の生活状況を最も身近にかつ客観的に把握しつつ、極力利用者の立場に立って（目線で、視点で）生活上の問題や課題を捉えていくべきである。

社会福祉援助の観点から捉えると、ワーカーには利用者の潜在的ニーズを読み取る力、利用者から表出された要望や要求はニーズなのかを判断する力が求められている。ワーカーは、まず最初に利用者と関わるなかで、利用者の生活状況や利用者の言動から発せられた要望や要求を引き出していくべきであろう。そして、規範的ニーズや比較ニーズを踏まえ、利用者の合意を得つつ、総合的な観点から本当のニーズを理解していかねばならない。

ここで重要なのは、利用者の本当のニーズの理解を深め、ニーズであると判断するのはワーカーだ、ということである。利用者や家族の意向を尊重しつつ、ワーカーとしての専門的観点を合わせてニーズを判断していくのである。利用者や家族の意向を尊重するのはワーカーである。利用者の意向がそのままニーズとはならないことを踏まえるならば、ワーカーあるいは所属する施設・事業所の判断に委ねられている。それだけワーカーは利用者の生活に大きく関与する重責を担っていることを肝に銘じておくべきである。

4．利用者主体の支援

（1）利用者主体の支援の必要性

近年急速に、利用者主体の支援が唱えられるようになった。利用者主体の考えは、大きく三つの側面から重視されるようになった。まず、わが国の制度改革が挙げられる。社会福祉の仕組みが、従来の保護から利用者本位を基盤に置いた自己選択・自己決定による福祉サービスの選択へと変遷したこと

によるものである。つまり、国が責任をもって社会福祉を行う時代から、利用者が自己責任のもと福祉サービスを選択することによって利用者自身にその責任を求めるようになった。これによって、利用者の主体性が制度的に導入され各種の権利擁護に関する制度が整備されるようになった。

二点目は、社会福祉援助の観点である。利用者の自立や自己実現を目指し、従来から援助者主導による社会福祉援助から脱却し、当事者主導が唱えられていたが、この新たな視点が現場においても認識されたことによる。社会福祉援助観が処遇から、援助、支援へと変遷していくなかで、利用者主体に基づく支援が重視されてきた。

第三点目は、上記二点の統合によるものである。制度改革という制度面と社会福祉援助観の変遷という援助面とが異なった角度から利用者主体が強調され、現代のわが国の社会福祉情勢に調和したのである。このことから、急速に利用者主体の支援が叫ばれるようになったのである。

本節では、社会福祉援助の観点から「利用者主体」と「支援」という二つのキーワードを理解することでより利用者主体の支援の理解を深めていく。また、利用者主体の支援をどう展開していくかについては、次章以降述べていくこととする。

(2) 利用者主体

1)「主体」の意味

利用者の人生は利用者のものであって決してワーカーのものではない。人から与えられた生活、つまり受身の生活では本当の自立や自分らしく生きるといった自己実現は達成し得ない。自立や自己実現は、他人から与えられるものではなく、利用者がもてる能力を発揮しつつ自ら切り拓くものである[45]。本当の自立や自己実現とは、利用者自ら主体的に生活していくことである。

主体とは、「自分の自由意志で行動するもの」という意味である[46]。いわば、自ら考え、判断しようとする本人の気持ち（意思）に基づいて行動していくことによって主体性が保たれるのである。利用者主体とは、利用者自らの意思による自己選択・自己決定に基づいて行動していくことを意味する。

第4章　利用者主体の支援

2）自己選択と自己決定の尊重

　利用者主体を実現するには、利用者の自己選択・自己決定を最大限尊重することである。いわば、利用者自身「どうしたいのか」「どのような支援を求めているのか」といった利用者の意思を最大限尊重することである。人は、自ら考え、選択したり決定したことが叶えられる経験を繰り返すことによって、「自分の想いが尊重された」「自分で決定して良いんだ」といった自信へとつながっていく。このことによって人は、さらに前向きに自ら考え判断するようになる。

　幼少期からの障害児者の多くは、親など周囲の人がすべてお膳立てをしてきた。「自分は何もしなくても良い」、「よけいなことを考えるよりも周囲の人に任せておいたほうが物事がスムーズに進んでいく」といった考えが蔓延していった。また、高齢者や中途障害者のなかには、ワーカー主導で物事を決定し利用者に押しつけたり誘導したりすると、やがて考えようとはせず、ワーカーに判断してもらおうとする。このように、周囲が依存的にさせてきた可能性も高い。主体性が芽生えてこなかったり、主体性を損なわせる結果をもたらした。

　よって、如何に利用者が意思を表明することができるか、またワーカーは如何に利用者の意思を引き出すことができるかが利用者主体を考えていくうえで非常に重要なポイントとなる。では、依存状態にある利用者の意思を引き出すにはどうすればよいのだろうか。これについては第6章で詳述する。

　一方、利用者主体の支援を利用者主導や自助努力を強調しすぎ、ワーカーとして利用者を放任状態に置き、傍観や消極的な態度で接することを支援と誤解してはならない[47]。第2章の職業倫理でも述べたが、意思の尊重と放任とは別であることをここで再度確認しておきたい。

(3) 利用者支援

1）支援の意味

　社会福祉援助が「医学モデル」から生態学視座に基づく「生活モデル」へと移行し、ワーカー主導から利用者主体へと転換したことから、そのスタンスも処遇から援助、支援へと大きく変遷しつつある。利用者が主役となったのである。

4．利用者主体の支援

　このような新しい援助観は、従来の専門家主導を批判するものであり、専門家不要論まで飛び出すことがある。専門家は本当に不要なのだろうか。従来のような専門家主導で権威を振りかざす専門家は不要かもしれない。しかし、利用者が直面する生活上の問題を解決・改善し、主体的な生活を営むことができるよう支援する取り組みは、専門職性が不可欠であるばかりか、ますますその必要性が高まっているはずである。

　確かに、人々の生活全体に大きく関わる社会福祉援助は、医師、看護師、作業療法士、理学療法士などの医療の専門家とは異なり、特定の領域にのみ関わるのではないだけに専門性が確立しにくいのかもしれない。ある特定の領域に深く関与する専門的知識や技術は崇高なものと理解されるかもしれない。一方、人々の生活全体に関わる専門的知識や技術といったものは存在するのだろうか。そのように考えても社会福祉援助の専門職性が見えにくいのも事実であろう。

　新たな援助観にもとづく専門職性とは、徹底的に利用者の視点に立ち、利用者の動機づけを高めパワーの増強を目指して利用者主体を貫くことであり、鳥瞰的な視点をもち、複雑な社会情勢を踏まえた福祉関連情報を収集・精査し、他職種との協働を含めたコーディネート力を養うことである。

　ワーカーは利用者の人生を決定づけたり問題解決・改善してあげたりするのではなく、「利用者の傍らに立って、利用者が自ら直面している問題を解決する道筋を一緒に歩む」という共同作業を目指していくのである[48]。利用者が困難に直面したときにその困難を乗り越えられるよう支えていくのである。

　支援とは、ワーカーが主導権を握って方向づけしたり問題解決・改善したりするのではなく、利用者が主役であるという考えのもと、利用者の自己選択・自己決定による意思を最大限尊重するという利用者主体に基づいている。そして、利用者自ら生活上の問題を解決・改善し、ニーズを充足するために、あるいは尊厳の保たれたより豊かにその人らしい自立した生活を目指して、利用者の動機を高めパワーの増強を図り（エンパワメント志向の実践）、利用者とともに歩むというパートナーシップの関係を保持した取り組みをいう。利用者が障壁に直面したとき、乗り越えられるよう支え、困難な部分だけを援助するという利用者主導の観点を貫くことである。これらは、日々の生活のなかで、あるいは構造化された面接を通して相談といった形で展開さ

第4章 利用者主体の支援

れることになる。

具体的な支援活動の中身として、具体的な福祉サービスの紹介や提供が必要な場合（介護・家事援助、日常生活援助、レクリエーションや創作活動、作業活動援助、各種制度・サービス・社会資源の活用など）、利用者を取り巻く関係機関・団体、他の専門職、家族など関係者とのネットワークづくりや連絡調整が必要な場合、利用者に判断能力が欠けていたり乏しいため日々の生活を営むうえでワーカーの采配や介入が必要な場合、権利擁護のための代理者の介入が必要な場合、権利侵害や虐待などあきらかに即時介入が必要な場合、自立生活に向けた利用者のスキルアップ（社会性、対人関係、作業技術、ADL向上など）のための訓練が必要な場合など多様な状況が現場には混在している。そのような場合は、ワーカーや代理者が判断したり代行したり指導や訓練するなど主導権を握ることも起こりうる。これが現場の実情である。そのこと自体誤りと解釈するのは早計であろう。

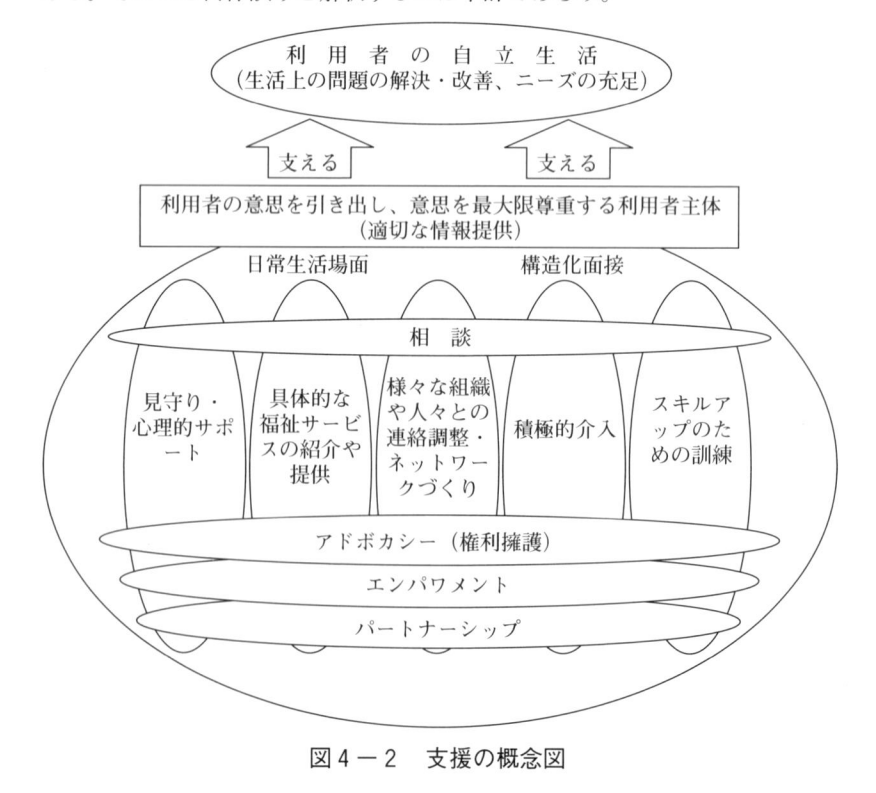

図4－2　支援の概念図

4．利用者主体の支援

　支援の捉え方を広く解釈し、支援に向けたプロセスの一部としてのワーカー主導であるならば、このワーカー主導は意味をなす。しかし、その場合においても可能な限り利用者の意思を尊重することを怠ってはならない。ワーカー主導でしか対応できないと考えるか、利用者主体の支援に向けた対応を目指しているのか、その場面では同じように見える対応でもその中身は大きく異なってくる。ワーカーは、その基本姿勢として「支援」の意味と重要性を常に念頭に入れた関わりが求められているのである（図4-2）。「支援などできない」ではなく、どうすれば利用者主体の支援が実践できるかを考えることが肝要である。

2）パートナーシップ

　支援を展開するにあたって、利用者とワーカーの関係を整理する必要がある。従来の措置制度では、事業所・ワーカーと利用者とは「上下関係」にあったが、利用制度へ移行したことで、利用者と事業所・ワーカーとは「対等な関係」に基づく契約締結がなされることとなった。このような影響を強く受けわが国の社会福祉援助においても、ワーカーと利用者は、パートナーであるという考えが持ち込まれるようになった。制度の側面と社会福祉援助の側面からパートナーシップの形成が重視されるようになった。

　パートナーとは、仲間、相棒、協力者という意味で、何かをしようとするときに、同じ目線に立って一緒に行ってくれる人を指す。いわば、ワーカーは、一方的に利用者に押しつけるのではなく、利用者のよき相談相手として共にあり、利用者のことを常に最優先に考え、ニーズの充足に向け、双方向にやり取りがなされる二人三脚で歩んでいく関係をパートナーシップという。

　ただ、現実的に契約を締結したり履行したりする段階において果たして本当に対等になれるのか、パートナーになれるのか、といった問題が残る（図4-3）。まず、福祉サービスを提供する事業所という組織と利用者という個人が契約を締結する際、組織が立場的に強くなるのではないか。利用者保護の制度があるが、すべての利用者が活用しているわけではない。

　次に、事業所や施設を選択する際、十分な情報がないまま、複数の事業所や施設を比較する術のないまま選択せざるを得ない。また、施設の場合、一

133

第4章 利用者主体の支援

度選択して契約を締結すると、他の施設に移るということが困難な場合が多く、多少の不満があっても我慢せざるを得ない。そして、一部の権利意識を強く持っている利用者を除けば、まだ「お世話になっている」といった感覚を拭いきれないが多くいるのも事実である。一方、事業所やワーカー側が、「お世話をしてあげている」感覚や利用者を要援護者として一段劣った存在とみなす利用者観や援助観を抱いており、事業所・ワーカー主導を払拭できていない。さらに、利用者のなかには、物事を理解したり、判断したり、表現したりすることが出来なかったり、社会性活力が十分身についていなかったりして、事業所やワーカーとパートナーになれず、依存的存在のままの人もいる。

パートナーシップという概念が出始めてまだ期間が浅いため、実践レベルではまだ浸透していないのが現実である。その意味もまだ十分具現化されていない。まず、抽象的な概念をもとに、それぞれの支援のなかでパートナーのあり方を模索しながら実践に結びつけていくべきである。

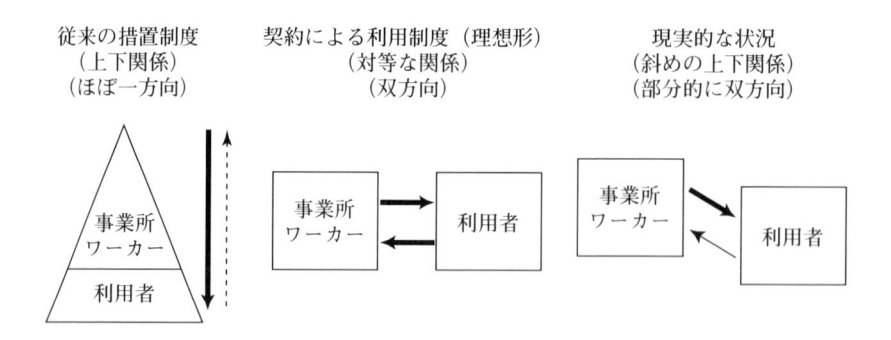

図4－3　利用者と事業所（ワーカー）の関係

文献

1）鈴木敏彦「社会福祉の歴史における権利の考え方」、社団法人日本社会福祉士会編集『新・社会福祉援助の共通基盤上』中央法規出版、2004、pp.44－45において岡村重夫、嶋田啓一郎、一番ヶ瀬康子らの著書をもとに、それぞれの立場からの利用者の人権保障や権利性の必要性について紹介されている。

文献

2）高山直樹「社会福祉士と権利擁護の視点」、社団法人日本社会福祉士会編集『新・社会福祉援助の共通基盤上』中央法規出版、2004、p.60

3）秋元美世他編集『現代社会福祉辞典』有斐閣、2003、p.75

4）西浦公「基本的人権思想の形成」、中川淳編『新・法学を学ぶ人のために』世界思想社、1994、p.83

5）新村出編『広辞苑第3版』岩波書店、1983、p.1430

6）金田一京助他『新明解国語辞典（第5版）』三省堂、2002、p.488

7）前掲6）、金田一京助他、p.1475

8）阿部美樹雄編著『よく分かる知的障害者の人権と施設職員のあり方』大揚社、1998、p.62

9）越永至道「人権の歴史」、社団法人日本社会福祉士会編集『新・社会福祉援助の共通基盤上』中央法規出版、2004、pp.4－8

10）内閣法制局法令用語研究会編『法律用語辞典』有斐閣、1993、p.382

11）前掲3）、秋元美世他編集、p.107

12）高山直樹「障害者の人権と権利擁護」、杉本敏夫監修、津田耕一、植戸貴子編著『障害者ソーシャルワーク』久美出版、2002、p.30

13）権利擁護とアドボカシー

秋山智久は、権利擁護とアドボカシーの関係を次のように整理している。アドボカシーは、単なる権利のためだけの擁護（権利擁護）ではなく、「生活と権利」を擁護するために行う弁護に関する専門的実践である。アドボカシーは、その実践の中核として権利擁護を行うが、より広い概念で、ニーズ充足、生活支援、生活擁護を行う。秋山智久『社会福祉実践論〜方法原理・専門職・価値観〜』ミネルヴァ書房、2000、pp.108－110

14）日本弁護士連合会　高齢者・障害者の権利に関する委員会編『契約型福祉社会と権利擁護のあり方を考える』あけび書房、2002、pp.30－31

15）高山直樹「ソーシャルワーカーと権利擁護」、権利擁護研究会編『ソーシャルワークと権利擁護〜"契約"時代の利用者支援を考える〜』中央法規出版、2001、p.32

16）川島志保「利用者の権利を考える」『ホーリスティック社会福祉研究』日本キリスト教社会福祉事業同盟・ホーリスティック社会福祉研究所発行、第5号、2000、pp.30－34

17）久田則夫「社会福祉における権利擁護の視点に立つ新たな援助論－『利用者主体

第 4 章　利用者主体の支援

のサービス』の実現を目指して－」『社会福祉研究』第70号、1997、pp.46－58
　　社会福祉法人神奈川県社会福祉協議会人権機能のありかた検討会「人権機能のありかた検討会報告書」
　　前掲12)、高山直樹、p.32
　　中淳二「福祉の望ましい職場管理」YNI総合コンサルティンググループ編『施設トップのためのわかりやすい福祉経営－経営理念から財務、労務、法律の知識まで－』中央法規出版、2004、p.43
18) 虐待の捉え方：市川和彦は、「虐待」ということばが非常にインパクトの強いことばで、日本語の虐待は、身体的外傷や生命に関わる深刻な行為に限定されて用いられる傾向にあり、欧米で用いられているabuse（乱用、悪用、誤用）あるいはmal-treatment（不適切な関わり）といったことばはもっと広い概念で用いられている、と指摘している。ただ、軽度の行為も虐待の兆候であり、虐待へ変容する可能性が十分あることを鑑み、また予防的な意味合いからも虐待ということばを用いるとしている。本書も市川の意図に基づいて虐待を理解する。市川和彦『施設内虐待～なぜ援助者が虐待に走るのか～』誠信書房、2000、pp. 1 － 2
19) 前掲6)、金田一京助他、p.333
20) 多々良紀夫編著『高齢者虐待－日本の現状と課題－』中央法規出版、2001
　　高齢者処遇研究会編『特別養護老人ホームにおける高齢者虐待に関する実態と意識調査－調査研究報告書－』高齢者処遇研究会、2000
　　デカルマ,P.、グレンデニング,F.編著、田端光美、杉岡直人監訳『高齢者虐待－発見・予防のために－』ミネルヴァ書房、1998
　　厚生労働省「身体拘束ゼロ作戦推進会議」『身体拘束ゼロへの手引－高齢者ケアに関わるすべての人に－』、厚生労働省「身体拘束ゼロ作戦推進会議」、2001
　　ビッグス,S.、フィリプソン,C.、キングストン,P.著、鈴木眞理子監訳、青海恵子訳『老人虐待論－ソーシャルワークからの多角的視点－』筒井書房、2001
　　前掲18)、市川和彦『施設内虐待～なぜ援助者が虐待に走るのか～』
21) 前掲18)、市川和彦、pp. 105 － 108
22) 前掲18)、市川和彦、pp.108－119
23) 定藤丈弘「障害者福祉の基本的思想」、定藤丈弘、佐藤久夫、北野誠一編集『現代の障害者福祉』有斐閣、1996、p.11
24) 定藤丈弘「障害者福祉の基本的思想としての自立生活理念」、定藤丈弘、岡本栄一、

北野誠一編『自立生活の思想と展望－福祉のまちづくりと新しい地域福祉の創造をめざして－』ミネルヴァ書房、1993、p.8

25) 谷口明広、武田康晴『自立生活は楽しく具体的に－障害を持つ人たちの「個人別プログラム計画」－』かもがわ出版、1994、p.186

26) 北野誠一「障害者の自立生活と自立生活支援」、定藤丈弘、佐藤久夫、北野誠一編集『現代の障害者福祉』有斐閣、1996、pp.64－65

27) 津田耕一「自立生活支援の考え方」社団法人日本社会福祉士会編集、『新・社会福祉援助の共通基盤上』中央法規出版、2004、pp.124～137

28) 仲村優一「社会福祉行政における自立の意味」、社会保障研究所編『リーディングス日本の社会保障 社会福祉』有斐閣、1992、pp.18－33

29) 今村雅夫「報告1「自立」をどう捉えるか」『季刊公的扶助研究』第190号、2003、pp.4－6

30) 上田敏「日常生活動作を再考する－QOL向上のためのADL向上を目指して－」『総合リハビリテーション』第19巻1号、1991、pp.69－74

31) ニーズとニード：ニーズ（needs）は、ニード（need）の複数形である。ニードは、必要不可欠なものを集合的に捉えるが、ニーズは個別的に捉えている。ただ、論者によってその使用法が定まっておらず、文脈に応じて使い分ける。小林良二「社会福祉の援助対象と福祉ニーズ」福祉士養成講座編集委員会編集『社会福祉原論』中央法規出版、2005、p.64

32) 岡村重夫『社会福祉原論』全国社会福祉協議会、1983、pp.104－113

33) 前掲32)、岡村重夫、p.71

34) 岩田正美「福祉が必要になるとき」、岩田正美、上野谷加代子、藤村正之著『ウェルビーイング・タウン社会福祉入門』有斐閣、1999、pp.76－77

35) 前掲34)、岩田正美、p.76

36) 小澤温「生活支援と自立支援」、佐藤久夫、小澤温『障害者福祉の世界』有斐閣、2000、p.106

37) 前掲32)、岡村重夫、p.82

38) Hepworth, D. H., Roony, R. H. & Larsen, J. A.「Direct Social Work Practice-Theory and Skills 5th Edition」Brooks/Cole, 1997, p.6

39) 前掲34)、岩田正美、pp.77－80

40) 津田耕一「社会福祉のニード」、足立叡編『新・社会福祉原論－現代社会福祉の視

第 4 章　利用者主体の支援

　　点と社会福祉援助の可能性－』みらい、2005、pp.59－73
41）三浦文夫『増補改定社会福祉政策研究－福祉政策と福祉改革－』全国社会福祉協議会、1995、p.65
42）前掲34）、岩田正美、p.77
43）前掲34）、岩田正美、p.84
44）前掲41）、三浦文夫、p.61
　　前掲34）、岩田正美、p.84
45）津田耕一「利用者の意思をどうとらえるか」『月刊総合ケア』第13巻第1号、医歯薬出版、2003、pp.18－23
46）前掲6）、金田一京助他、p.647
47）太田義弘「ソーシャルワークの前提と概念整理」、太田義弘編『ソーシャルワーク実践と支援過程の展開』1999、p.11
48）福富昌城「生活ニーズとアセスメント」社団法人日本社会福祉士会編集『新・社会福祉援助の共通基盤上』中央法規出版、2004、p.168

参考文献

・津田耕一『施設に問われる利用者支援』久美出版、2001
・津田耕一「自立生活支援の考え方」、社団法人日本社会福祉士会編集『新・社会福祉援助の共通基盤上』中央法規出版、2004、p.129
・津田耕一「社会福祉のニード」、足立叡編『新・社会福祉原論－現代社会福祉の視点と社会福祉援助の可能性－』みらい、2005、p.61
・遠藤和佳子「社会福祉の援助対象と福祉ニーズ」、松本英孝、髙間満、相澤譲治、津田耕一編著『社会福祉原論』久美出版、2005、pp.73－86

第 5 章
利用者支援の展開過程

　本章では、対人援助である社会福祉援助が人間関係を基礎として成り立っていることを前提に、利用者支援の展開過程について整理し、各局面について詳述する。展開過程の局面として、導入、アセスメント、支援計画作成、支援の実施、モニタリング、再アセスメントへのフィードバック、評価、終結について整理する。各局面は、明確に区別できるものではなく、相互に重なり合い、連結しており、また、支援過程全体を通して意識されるものである。

1．支援過程の枠組み

(1) 支援の展開過程の概要
1) 展開過程の重要性と意味
　物事を進める際、目的があり、到達点を定めて、いつまでに、誰が、どこで、どのように行うのかといった計画を立て、実施し、その結果についての評価・見直しを行う。いわゆる仕事の手順として押さえておかなければならないのが、Plan、Do、Check、Actである。利用者支援を展開するにあたっても同様であり、ただやみくもに行えばよいというものではなく、過程を経て展開されるものである。
　一方、利用者支援の展開過程を蓄積していくことでワーカーとしての対人援助力が高まるといわれている。つまり、展開過程を通してどのようなことが起こったのか、ワーカーとして行ってきた実践を振り返り、意味づけしたり、自省したり、熟考したり、試行錯誤したりすることでワーカーとしての力量が高まっていくのである[1]。太田義弘が、「ソーシャル・ワーク実践と

第5章　利用者支援の展開過程

は、過程展開であり、実践研究は、過程研究にほかならない。克明な過程研究によって、はじめて実践特性が正確に解説されるからである」と述べている[2]。このように、過程研究はワーカーの力量を高めるためにも福祉サービスの質の向上のためにも極めて重要なものといえよう。

ソーシャルワークの過程とはなにか。太田は、ソーシャルワーク実践が援助過程の展開であるという視点から、「過程とは、クライエントとソーシャル・ワーカーとが協働し、生活援助を通じた課題解決や、それによる変容・成長を目標に、時間的経過のなかで局面を展開して提供する一連の援助行為の積み上げからなる実践活動であり、その成果は、フィードバックされ、さらにクライエント援助に焦点化される科学的かつ専門的な援助システムの流れをいう」と定義づけている[3]。

そして、この定義の内容の意味するところを以下の8点に整理している[4]。①利用者の生活援助と社会的自律性の涵養を目的にしている、②目標の達成を目指した参加者の組織的行為である、③その行為の内容は、利用者とワーカーとの役割関係から成り立っている、④行為の積み上げから、行為そのものの時系列変容や成長を重視し、期待している、⑤その変容を可能にするためには、専門的かつ科学的な方法による一連の援助行為が局面を追って展開される筋道がある、⑥これらの流れを通じて、目標に対する一定の援助効果を期待することができる、⑦その成果は、マクロの援助方策にもフィードバックされ、さらにミクロの利用者援助へと循環するシステム特性をもっている、⑧この過程という目標を期待した行為は、他でもないソーシャルワーク実践概念そのものである。

中村佐織は、ジェネラル・ソーシャルワークの過程が「生活の視点」を重視しているとしたうえで、ソーシャルワーク過程の5つの特徴を紹介している[5]。①過程は、すべての実践アプローチにとって必要不可欠な構成要素である、②過程は、ソーシャルワークの問題解決とクライエント・システムの変容・成長を目標にした行為の積み上げである、③過程は、時間的変化と力動的活動を伴い、それは、常に直進的ではなくフィードバック機能を用いた援助システムを構築する、④過程が焦点化するのは、活動そのものでなく活動を継続していくことである、⑤過程は、ソーシャルワークの問題解決に応じたいくつもの局面をもち、それぞれに変容するための手続きや行為を提供

する。そして、過程はソーシャルワーク実践そのものであり、時間的流れと力動性を伴った援助システムである、としている。

2）展開過程の概略

ソーシャルワークは、先ほどの太田による定義の意味内容でも触れたように、個人、家族などの集団といったミクロレベルから組織といったメゾ、制度や政策といったマクロレベルにまで及んでいる。個人や集団の支援過程を通してその積み上げとして、組織あるいは制度や政策に働き掛けることとなり、制度や政策が策定、改善されることで個人や集団に還元されることとなる。このようにミクロからマクロまでの循環機能を有した過程となっている[6]。いわば、ソーシャルワークは、個人、集団などのシステムだけに焦点を当てるのではなく制度・政策といったシステムとの関わりも視野に入れ全体的な見方をしている。本書では、第3章で述べたエコシステムの考えをもとに、利用者支援に焦点を当て展開過程を考察することとする。

わが国の福祉サービスは、最初に相談を受け付けた機関や団体が直接福祉サービスを提供することもあるが、むしろ、介護保険制度や障害者自立支援法あるいは措置制度といった法制度の枠組みのなかで、アセスメントや支援計画の作成が行われていることが多い。実際は、行政機関（福祉事務所、児童相談所、更生相談所など）あるいは各種相談支援事業所（地域包括支援センターや障害者地域生活支援センターなど）に相談が持ちかけられ、福祉サービスを利用するための申請がなされ、要介護認定や障害程度区分の判定後に、行政機関や相談支援事業所においてケアマネジメントの手法を活用しつつ、利用者の生活支援を長期的に捉え、支援計画が立てられ、福祉サービス提供事業所・施設へのサービス依頼の調整が行われている。措置制度であれば、行政のアセスメントや支援計画に基づいて福祉サービスが調整されることになる。そして、各事業所・施設が提供している福祉サービス全体をモニタリングする仕組みとなっている。

むろん、福祉サービスは上記以外にも様々な福祉サービス制度があり、相談支援体制が整えられており、各種相談機関が機能していることも事実である。また、相談は、問題が発生してから持ちかけられる内容もあるが、近い将来問題の発生が予想され、前もって相談が持ち込まれる場合もある。この

第 5 章　利用者支援の展開過程

ような場合も継続的な相談や支援開始の手続きが進められることも多い。一方、各福祉サービス提供事業所・施設は、独自にアセスメントを行い、具体的な支援計画を立案し、実施し、モニタリングを行っている。このように、支援過程は二重構造となっている。これを表したものが図 5 - 1 である。

```
A．支援全体の展開過程（相談支援事業所による展開過程）
  導入
   ↓
  アセスメント ←┐
   ↓　契約      │フィードバック
  支援計画作成  │         B．各福祉サービス提供事業所
   ↓           │           ・施設による展開過程
  支援の実施   │         ┌──────────────────┐
   ↓           │         │ 導入                │
  モニタリング ┘         │  ↓                 │
   ↓                     │ アセスメント ←┐    │
  評価                   │  ↓　契約      │フィードバック
   ↓                     │ 支援計画作成  │    │
  終結                   │  ↓           │    │
                         │ 支援の実施   │    │
                         │  ↓           │    │
                         │ モニタリング ┘    │
                         │  ↓                │
                         │ 評価              │
                         │  ↓                │
                         │ 終結              │
                         └──────────────────┘
```

図 5 - 1　支援の展開過程概略図

　むろん、図 5 - 1 の「A．支援全体の展開過程」であれ、「B．各福祉サービス提供事業所・施設による展開過程」であれ、具体的な内容に差異は生じるものの、各局面の意図するところは共通点が多い。そこで本書では、各支援過程の局面の考えを共通項目として紹介しつつ差異の生じる内容については個別に解説することとする。

（2）支援過程の二つの側面

　利用者の生活上の問題を解決・改善するには的確に問題を把握し、適切な支援方法を選択し、確実に実行することが求められる。これがいわゆる社会福祉援助（ソーシャルワーク）過程といわれているものである。

しかし一方で、こうした支援過程が、利用者、ワーカー、関係機関・団体などの共同作業で行われることを考えるならば、円滑な人間関係を抜きにして効果的で効率的な支援は成り立たない。この円滑な人間関係は、利用者とワーカーとの関係に留まらず、家族とワーカーとの人間関係、ワーカー同士、他の専門機関の専門職との人間関係が支援の成否を決める重要な要素となる。社会福祉援助は、利用者・家族、ワーカー、専門職、非専門職といった関係者・関係機関・団体の人間関係を基礎として一定の過程を経て展開されているといえよう。

 このように、社会福祉援助過程においては、利用者の問題解決を効果的に援助するという理性的な側面と生の人間としてのワーカーと利用者が相互に関わりあうという情緒的な人間関係の側面とを持ち合わせており、そのどちらの側面も必要である[7]。本章では、前者の理性的な側面を取り上げ、利用者との関係については第6章で取り上げる。

2．導入

(1) 導入に至る経路

 相談機関、福祉サービス提供事業所・施設のワーカーと福祉サービスを必要とする当事者（この時点では支援が開始されていないので、利用者ではなく福祉サービスを必要とする当事者、以下当事者という）との出会いから支援がスタートする。ただ実際には、相談を申し出るのは当事者自らの場合もあれば、家族、民生委員、近隣住民、他の専門機関の専門職などであったりもする。

 当事者や家族が思い悩んだ末、各種の相談支援事業所に来所したり電話をかけてくることもある。この最初の接触は極めて重要となる。応対が不適切であった場合、支援が必要であるにも関わらず、当事者や家族が支援を拒否することも起こりうる。せっかく意を決して相談を持ちかけてきたにもかかわらず、不適切な対応によって支援が開始されず、当事者や家族の問題がさらに深刻な事態へと陥っていくのだけは避けなければならない。

 一方、当事者が自ら相談を求めていない場合も多々ある。福祉サービスを

利用する資格を有していることを知らなかったり、福祉サービスを利用することを躊躇したり、なかには当事者自身が支援の必要性を認識しておらず拒否する場合もある。このような場合、本当に支援が不要かどうかの見極めが重要となり、必要な場合は時間をかけてでも当事者にその必要性を認識してもらわなければならない。ワーカーが支援を開始しようと動き出しても利用者がその状況に至っていないため、意識のズレが生じることがある。利用者との波長合わせによって歩調をあわせていくことが不可欠である。

なかには被虐待の疑いのある児童、障害者、高齢者、婦人もいる。虐待が明らかになれば、行政が措置権を行使して被虐待児者を守るための支援が開始されることとなる。このように、支援の開始には様々な経路が存在している。

（2）導入の意味と内容

導入（インテーク）は、ワーカー（施設・機関）と利用者がはじめて出会う機会であり、支援のスタートを表す。施設・機関によっては、「インテークワーカー」といわれる専門性を身につけたワーカーが行う重要な過程である。

この段階では、緊急性を要する場合は別として、すぐに問題解決のためのサービスを矢継ぎ早に提示するのではなく、まず利用者との信頼関係を構築しつつ、利用者の生活状況、置かれている状況、生活上の問題、ニーズ把握に努めることになる。そしてこれまで当事者や家族がどれほど大変な想いをしてきたか、どれほど努力して生活してきたかといった当事者や家族の気持ちを受け止めたうえでフィードバックすることによって安心感を抱いてもらうことが重要である。導入では面接技法がきわめて重要となる。

「B．各福祉サービス提供事業所・施設による展開過程」では、福祉サービス提供事業所・施設の利用資格、意思があるか、提供できるサービスとニーズが合致しているかどうかを見極め、合意が得られれば「契約」に至る。実質的には、導入段階からアセスメントが始まっており、アセスメントとは一体的である。

2．導入

> **支援が必要であるにもかかわらず、当事者が支援を拒否する事例**
>
> 　大槻悠紀夫さん（仮名）、78歳、男性。脳梗塞による左上下肢麻痺。妻は4年前心筋梗塞で死亡。その後一人暮らし。アルコール依存傾向。大学卒業後大手企業の営業部に就職し、職場の同僚だった妻と結婚。2人の子どもがいるが遠方で生活している。若い頃は、家族思いの良い夫であり、父親であった。
>
> 　定年退職後は、妻との二人暮し。妻が亡くなった頃より、気を紛らわすためにアルコールに走り、暴飲が祟って依存症となる。このため入退院を何度か繰り返すが、一向に改善しない。2年前、脳梗塞により、軽度の左上下肢麻痺となる。自力歩行は可能で、身辺自立は十分できている。しかし発病後は、外に出ようともせず、閉じこもりきりとなる。家のなかも荒れてきているようで、生ごみが散乱し、異臭が漂っている。近所の人が見かねて民生委員に連絡し、役所に通報となる。地域包括支援センターの職員が本人宅を訪問する。部屋の中は散乱しており、足の踏み場もない状態であちこちに一升瓶や酒のパックが散らかっている。酒の臭いもきつくかなり衰弱しきった様子だった。ところが本人は、「生活に支障ない」と言い放ち一向に取り合わない。

　当事者が支援の必要性を認めない事例である。なぜ大槻さんは支援を拒否するのだろうか。福祉サービスについての知識や情報を持ち合わせていないのかもしれない。78歳という年齢を考えると、福祉に対する古い考え方があり、福祉サービスを受けることに引け目を感じているのかもしれない。「自分のことは自分でする」といった昔ながらの躾を受け、人の世話になることを恥と思っているのかもしれない。あるいは脳梗塞を発症したとき、福祉サービスと関わりをもったにもかかわらず、不愉快な経験から福祉サービスに対する不信感を抱いているのかもしれない。

> **当事者の意思とは関係なく特別養護老人ホームに入所した事例**
> 　氷野舞さん（女性：81歳）は、息子に付き添われ特別養護老人ホームにやってきた。今日が入所日である。担当職員が氷野さんを居室に案内し、荷物の整理を行っている。息子は、相談員との打ち合わせ後、そのまま氷野さんの顔を見ずに帰宅した。残された氷野さんは、「息子はどこに行った」「家に帰りたい」と不安な状態になる。担当職員は「せっかく来たのだから晩御飯だけでも食べていってください」と慰める。夕食後再び家に帰りたい、息子はどこへ行ったと訴える。担当職員は「今日は泊まっていってください」とその場その場をごまかすような対応を繰り返す。

　氷野さんは、自分自身が施設に入所したことを理解していない。息子に旅行に誘われ、やってきたのである。氷野さんが不安になるのも当然である。どれほど辛い想いをしているだろうか。本人の意思に反しながらも支援を展開していかなければならない。サービスを提供する施設、ワーカーも辛い想いを抱いているであろう。氷野さんの気持ちを受け止めるところから支援が始まるのである。そのうえで、施設での新たな生活を見出してもらえる関わりが始まるのである。この事例のように、当事者の意思にかかわらず、支援が開始されるという現実を噛み締めなければならない。

3．アセスメント

(1) アセスメントとは

　アセスメントは、日本語に直訳すると「事前評価」となる。支援を展開するうえで、前もっていろいろなことを調べておく、といった意味になろう。渡部律子は、アセスメントを「クライエントがもつ問題の解決やニーズの充足のために、どのようにすることが最適なのかを考えるための情報収集・分析のプロセス」としている[8]。いわば、アセスメントとは、利用者が生活上どのような問題を抱え、どのようなニーズを有しているのか、どのような支援が必要で、どのような支援が可能かを利用者の置かれている心理的・社会

的状況をもとに総合的に理解する過程といえよう。アセスメントは、アセスメントに必要な情報の収集と情報の整理と分析によって行われる。

岩間伸之は、アセスメント技法の面接の特質として以下の3点を紹介している[9]。①面接を通して利用者の世界に近づく。アセスメントは誰のためにあるのかを考えると、ワーカーが一方的に問題点を整理するのではなく、利用者本人の側から本人を理解することが重要である。②面接を通して利用者の気づきを促進する。利用者とワーカーとのやり取りを通して利用者自身が自らの問題に対する認識を深めるという気づきを促していく。この気づきは、問題解決のプロセスともなっていくことを狙いとしている。③面接を通して利用者の変化を継続的に捉える。利用者の世界に近づき、利用者の気づきを促進するためには、ある特定の時点でのアセスメントだけではなく、継続的なアセスメントが不可欠である。さらに岩間は、利用者の問題をアセスメントし、支援の方針を導くにあたって、「本人の側からの理解」というプロセスを通らずワーカーによって目標設定がなされることは危険であるとしており、利用者の立場に立つことを強調している。

アセスメントは、導入段階から始まっており、支援を方向づける重要な過程である。ある障害のある利用者が「金銭か管理が出来ず、振り込まれた年金をすぐに使い果たし、生活に困ってしまう」としよう。金銭管理ができるような様々な支援が考えられるだろう。一方、金銭という概念があまりないのかもしれない。そうすると、金銭概念を身につけてもらうための支援が考えられるかもしれない。「浪費家で生活観念がない」とアセスメントするのか、「金銭概念が乏しい」とアセスメントするかによって支援の方向性が異なってくる。アセスメントが正しければ支援の方向性も的確なものとなるが、誤っておれば支援の方向性は不適切なものとなる。

また、利用者の生活状況や取り巻く状況は変化する可能性も高いため、アセスメントは、一度で完結するものではなく、支援過程を通じて意識されるものである。

(2) 情報収集

アセスメントを的確に行うために、利用者や利用者の置かれている状況に関する必要な情報を収集することが不可欠となる。情報収集は、問題を認識

第5章　利用者支援の展開過程

するうえで適切であり、なおかつ正確なものでなければならない[10]。情報収集の方法は、利用者からの聴き取り、家族等関係者からの聴き取り、ワーカーによる観察（ワーカーが利用者の言動を観察する、家庭訪問をして家庭の状況を観察する、家族関係や生活環境を観察するなど）、他の関係機関の専門家からの情報などがある。

　利用者の生活状況や生活上の問題に関して、利用者、家族からの聞き取りによる直接の情報がもっとも重視されるべきである。なお、家族からの聴き取りは例えば母親だけにとどまるのではなく父親からも確認するなど複数の家族からそれぞれの立場による情報収集が不可欠である。一方、利用者や家族の主観的判断だけでなく、ワーカーが専門職として利用者の言動を客観的に観察することで理解を深めることも同時に行っていかなければならない。

　必要に応じ、家庭訪問して生活状況を直接確認することもある。家のなかの様子をうかがったり、家のなかにある写真、書物、絵画、家具や調度品などを確認したりすることで利用者や家族のヒストリーや今の生活状況、大切にしているものを知る手がかりとなる。写真、書物、絵画、家具や調度品を題材にしてコミュニケーションのきっかけづくりともなる。また、近隣の様子や住環境を直接観察することにも務める。加えて、これまで利用者に関わってきた他の専門機関の専門職（心理職による心理判定や医療関係者による保健医療に関する情報など専門的観点）からの評価も重要な情報源である。これらの情報を総合的に評価・分析することで利用者の状況理解が深まるといえる。

　利用者や家族からの聴き取りは、面接を通して行われる。単に客観的事実を一方的に質問するのではなく、利用者や家族が自然な形で話が出来、「気づきを深める」面接が重要となる[11]。なお、面接技法については、第6章で詳述する。

　情報収集は、支援開始直後のみならず、支援の過程を通して行われるものでもある。支援の過程で、援助関係が深まるにつれ利用者や家族から新たな情報が得られたり、利用者の生活状況の一面を垣間見たりすることもできる。さらに支援の展開によっては、新たな専門職からの情報が必要になることもある。

表5-1　収集すべき情報の一例

利用者に関する情報	氏名、性別、生年月日（年齢）、障害状況・等級、障害程度区分・要介護度、生活歴、経歴（学歴、職歴）、出生以来の大きな出来事、医療（病歴、服薬、現在かかっている病院や主治医）、身体状況（移動・動作関連、身辺関連、生活関連、社会生活関連、コミュニケーションなど）、友人関係、性格傾向、利用者自身の人生観や価値観、現在の生活状況（家のなかの様子、生活上抱える問題や課題）、今後の生活の見通し、意向、要望（訴え）、利用者の有するパワーや問題決能力、利用者の弱さなど
家族及び家族との関係に関する情報	家族構成、家庭環境、家族関係、家族の養育状況、利用者本人をどう思っているのか、本人が家族をどう思っているのか、家族の生活状況（生活上抱える問題や課題）、今後の生活の見通し、意向、要望など、家族の状況について
地域環境	自宅の地域環境、住民との関係
関係機関からの情報	心理判定、健康診断、医師の所見など

（3）アセスメントの内容

　アセスメントは、情報収集を通して、①利用者や利用者を取り巻く状況理解、②生活上の問題、課題、ニーズの把握、③利用者理解、④サービスの検討に大別でき、以下のような内容を含んでいる[12]。

1）利用者の生活状況はどのようなものか

　利用者は、どのようなところでどのような生活を営んでいるのだろうか。家の作り、日々の生活スタイル（活動状況）はどのようなものか、友人や知人はいるのか、社会とのつながりはあるのか（社会への参加状況）、あるとすればどのような人々、団体とどのようなつながりがあるのだろうか。利用者の心理状況、身体状況や生活上配慮すべき事柄はどのようなことか、そのことによる生活状況がどうなっているのかを把握し、必要に応じて、心理職や医療関係者に専門的なアセスメントを依頼することも起こり得る。

　利用者のなかには、現時点で生活上問題は発生していないが、近い将来発生することが予想され、問題発生の予防として支援体制を整えるといったこともある。このような場合は、問題を予測し、問題が発生したとき、どのよ

うな生活状況に陥るかを予見することも重要となる。
　これら利用者の生活状況を理解することを通して、生活上の問題やニーズ把握に役立つのである。

2）利用者を取り巻く家族や近隣住民などの環境や関係はどのようなものか
　利用者の家族構成、家族関係はどうなっているか、住環境や近隣住民はどのような人で構成され、近隣と家族の関係、近隣と利用者の関係はどのようなものかを理解する。また、家族は、利用者にとって大きな存在となっていることが多い。利用者の日常生活に関して物事を決めていく際、利用者が自己選択・自己決定しているのか、家族の意向が大きく働いているのか、家族が決定権をもっているのか、利用者の生活に家族がどれほど権限を及ぼしているのかを分析する。

3）家族は利用者をどのように見ているか
　家族は利用者をどのように捉えているのだろうか。厄介者、可愛そう、不憫、心の支えなど家族における利用者の位置づけを理解することで家族と利用者との関係を理解する。家族が利用者を受容的な態度で接し利用者のストレングスを尊重した関わりをしているのか、あるいは抑圧しているのかによって利用者の可能性や問題対処能力がどの程度発揮できているか異なってくる。そして、家族はどの程度利用者支援の協力者になりうるのか、その度合いを知る。

4）利用者の抱える生活上の問題や課題はなにか
　利用者は生活するうえでどのような問題を抱えているのか、またその問題を解決・改善するための課題としてどのようなものがあるのかを検討する。利用者の生活状況を理解するとともに、生活上の問題や課題を整理したうえでニーズを把握することになる。

①「問題」の意味
　「生活上の問題」ということばをどう解釈すればよいのだろうか。「問題」とは「解決すべきめんどうな事柄」「解決を求めるために取り上げるべき事

3．アセスメント

柄」[13]という意味である。つまり、解決しなければならない事柄を指す。利用者支援でいう「問題」を理解するにあたって、誰にとっての問題なのかを確認する必要がある。利用者にとっての問題なのか、あるいは、利用者を取り巻く人々が感じている問題なのか。この観点が異なることによって問題の意味するところは大きく変わってくるものと思われる。

　周囲の人々の観点からすると、利用者の自傷、他害行為、パニック行動、意味不明な行動、不規則な生活習慣、過度な要求、他者との関係が上手く築けない、未熟なパーソナリティといった利用者に問題の所在を求めることがある。従来の社会福祉援助では、利用者自身に問題の所在を求めようとした。このような解釈だと、利用者自身に問題があり、その問題とされた思考、感情、行動を改めることに焦点が注がれてきた。利用者の変化が強調されたのである。

　しかし、第3章でも述べたように、最近のエコシステムにもとづく社会福祉援助では、人と環境の接触面に焦点を当て、人と環境との不均衡を問題と捉えている。しかも人と環境との関係は複雑に絡み合っており、単一の原因だけで捉えられるものではない。

　さらに、利用者本位に基づき、利用者の視点で考えることが強調されている。利用者が円滑な生活を営むうえで、環境上どのような解決すべきめんどうな事柄、取り上げるべき事柄があるのか、といった利用者の観点に立って問題を解釈すべきであろう。

　下肢に障害のある利用者がいるとしよう。身体機能に障害があることが問題ではない。下肢障害のある利用者からすると、自由に移動することが出来ないことが問題であり、段差ばかりの町並みや下肢障害の人に配慮した交通機関が整備されていないといった物理的なバリアこそが問題であったり、人々が手助けしてくれないといった心のバリアが問題であったりする。他のことにも同じ解釈ができるのではないだろうか。

　一方、周囲から見ると問題と思える行動や意味不明な行動も何らかの理由あるいは意味があるのではないかと解釈できる。周囲からみて問題と見えるものの意味するものは何か、利用者を取り巻く環境との関係で考えていこうとするものである。一見、問題行動といわれるものも利用者から発せられたサインかもしれない。利用者が自らの想いを周囲に理解して欲しいがゆえに

第5章　利用者支援の展開過程

周囲が驚くような、あるいは見過ごすことの出来ないような注目を浴びる「問題行動」を引き起こすのかもしれない。そう考えると、利用者の意思を理解していない周囲、すなわち環境側に問題があることも多いのではないだろうか。

②問題の整理

　利用者の生活上の問題はどのような状況でいつ頃発生したのか、利用者や家族はその問題を解決・改善するためにどのような取り組みを行ってきたのかを確認する。これによって、利用者がその問題をどのように捉えているかを理解する手がかりとなる。

　また、利用者の生活上の問題は、単一ではなく、複数存在していることも多い。環境との交互作用のなかで、複雑に問題が絡み合っているとも考えられるので、利用者の生活全体のなかで総合的に捉えていく必要がある。

　利用者の生活上の問題が整理できたら、その問題を解決・改善するためにどのような課題に取り組まなければならないのかを検討する。ある身体障害（下肢障害）のある利用者が自由に移動できず生活に支障をきたしているとしよう。買い物などの所用で出かけることができず困っている。これが生活上の問題である。これを改善すべく、利用者の外出方法をどのように実現するのか、あるいは本人の代わりに用事を依頼出来る人的資源をどのように調達するのかが課題となる。

5）生活上の問題や課題はどの程度重要なものか

　利用者の生活上の問題は、どのように、どの程度、利用者の生活にどのような影響を及ぼし、支障をきたしているのだろうか。また、緊急に解決・改善しなければならない問題はなにか、時間的に余裕のある問題はどのようなことなのか、問題ではあるがそれほど重要ではなく様子を見守っていてよい内容などを見極める必要がある。それによって、取り組むべき課題も定まってくる。このように、問題や課題の重要度や緊急度を知ることによって、支援の優先順位や支援の内容が見えてくる。

3．アセスメント

6）利用者や家族はその問題をどう捉えているか

　利用者や家族がその問題をどう捉えているのだろうか。これまで順調に過ごしてきた生活が一変し、夢が破れてしまったのかもしれない。悔しい想い、後悔の念を抱いているかもしれない。生活上の問題に対する利用者の考えや感情といった想いを模索することでニーズ把握につなげていく。

　一方、利用者や家族が問題と捉えていなくともワーカーとして問題だと認識する事柄もある。ズレを調整し、共有のものとしていく必要がある。問題や課題を共有することで真のニーズを把握することができる。

7）利用者のニーズはどのようなものか

　ニーズについては既に第4章で述べているので参照していただきたい。ここでは、アセスメントを進める上で留意すべき点について述べることとする。まず、利用者や家族の訴えの内容を把握する。これは先ほどの生活上の問題と連動しているため、一体的に理解すべきである。利用者の生活上の問題や訴えをもとにニーズの把握に努める。ニーズは、今の生活、将来の生活、それぞれについて考えることが肝要である。利用者のニーズ充足とは、自立生活と密接に関係していることから、利用者にとっての自立生活とはどのような生活であるかを利用者とともに模索することになる。日々の生活に必要な事柄というのは具現化しやすい。ところが、長期的な観点に立った将来の自立生活を見越したニーズ把握は、極めて困難な場合が多い。具体的にイメージしにくいのかもしれない。長期的な観点での展望がもてないのかもしれない。あるいは利用者や家族が長期的な展望をもつことを回避しているのかもしれない。このような場合は、まず日々の生活のニーズを整理し、支援を開始し、支援を通して長期的なニーズを利用者、家族とともに模索するよう務めていけばよいであろう。

　入所施設の利用者の場合、利用者や家族が施設で生活することを望んでいる場合が多い。いくら地域福祉の時代といえ、地域で生活することのリスクを考えると、施設のほうが安心であるという"施設神話"は、根強く残っているようだ。特に障害者の場合、「やっと施設に入れたのに、なぜ出て行く話をしなければならないのか」といった家族の想いがある。そこで、契約を締結する前に、地域生活を視野に入れた支援を当事者、家族を含め、十分話

第5章　利用者支援の展開過程

し合い、長期的な展望に立って本当に当事者にとってどのような生活がもっともふさわしいのかを模索する姿勢を示していくことが何よりも肝要となる。

　一方、利用者から発せられた生活上の問題や要望は必ずしも本心ではない場合もあり得る。本心を言い出せないがために、別のことばでサインを送っていることもある。よって、ことばとして出て来たことのみを鵜呑みにするのではなく、そのことばの背景にあるものも理解する必要がある。

　また、意思表明の困難な利用者も多くいる。日々の生活上のニーズでさえ理解し難いこともある。そのような状況では利用者のニーズ把握は困難を極める。だからといって諦めてしまうのではなく、意思表明の困難な利用者だからこそ、利用者の意思やニーズはどのようなものか、利用者に寄り添いながら声なき声を聴き取ろうという姿勢を保持しつつ、真のニーズを理解する努力が不可欠である。

　意思表明困難な利用者の場合、利用者の現在の生活状況から、将来に向けたニーズをワーカーが利用者の立場に立脚しながら推測することになろう。日々のワーカーや家族など様々な人との関わりや様々な出来事を通して、利用者から発せられた非言語コミュニケーションをつぶさに分析しながら推測する。ある入所施設での出来事である。風呂場で利用者が手鏡をもって髭を剃っていた。この様子を見たワーカーが洗い場の壁に鏡をつけることを提案した。利用者から特に要望があったわけではないが、不便そうにしていた様子から声なき声を拾い上げたのである。

　むろん内容によって、一人のワーカーだけで行うのではなく、複数の関係者や専門職で行うべきであろう。そして、利用者の日々の生活の中から好んでいること、不快に感じていること、行いたいことや避けたいことなど利用者の感情や意思を非言語コミュニケーションから読み取り、「私が○○さん（利用者）だったらどう思うだろう」と常に自問自答し、「現在好んでいること、行いたいことから推察すると、将来○○といったことを望んでいるのではないだろうか」と推測するのである。いわば、利用者の代弁者として考えてみるのである。

　このことは、結果的にワーカーによる判断となるが、推察に至るまでの過程が重要な意味をもっているのである。一方で、ワーカーは、推察したニー

ズが本当のニーズだとすれば代弁者として素晴らしい実践を行っていることになる。しかし、もしニーズでなかったならば知らず知らずのうちに権利侵害を行っていることにもなることを自戒しておかねばならない。ところが利用者は自ら言語では主張してくれない、となれば正しいのか誤っているのか、利用者以外誰も（場合によっては利用者も含め誰も）知る由もないことである。この危険性を認識しつつも、利用者の心のニーズに近づくべく努力と自省を続ける姿勢こそが重要なのである。

8）利用者のキーパーソンはだれか

利用者に大きく影響を及ぼす人物、あるいは支援を展開するうえで、重要な人物は誰か、あるいは団体はどのような団体か。キーパーソンは、重要な人物であるがゆえに影響が大きく、支援をプラスに導く場合もあればマイナスに導く場合もある。キーパーソンを如何に支援に巻き込むかが重要となる。

9）利用者の人柄、価値観・人生観はどのようなものか
①利用者の人生そのものの理解

利用者主体にもとづく支援では、利用者の自己選択、自己決定、利用者の想い抱く生活とはいかなるものかといったことが支援を方向づけるうえで重要なポイントとなる。利用者がなぜそのような想いに至ったのかをワーカーが理解しなければ支援は円滑に進展しない。そこで、利用者の人となりを理解することが重要となる。今の利用者を理解しようと思えば、これまで利用者が歩んできた人生を理解しなければならない。人はその人を取り巻く環境と生きてきた年月の積み重ねに大きな影響を受け、今日の人格が形成されていく。今の利用者だけを見ても利用者理解は深まらない。

どのような環境で育ち、どのような生活を送ってきたのか、人生の中で大きな出来ごとがあればそれはどのようなことか、そのことに対して利用者はどのような想いを抱いているのか、利用者の最も輝いていた時代はどのようなときか、どのようなことに興味・関心を抱いているのか、利用者が大切にしていることやこだわっていることはどのようなことか、どのような人間関係を構築しているのかなどを理解することを通して利用者理解を深めていくことが出来る。利用者の歩んできた人生を理解することで、利用者の思考、

感情や言動の意味を理解するのに役立ったり、価値観や人生観の理解につながったりする。

　かつて、仕事や社会活動等で社会的評価の高かった利用者、家族と幸せな生活を送っていた利用者、特技や趣味を生かしていた利用者など一人ひとりの人生には様々な時代があっただろう。誇りに思える時代があるからこそ、今を生きていくことができる利用者もいる。そのような時代を尊重し、その時代のプライドを大切にした関わり行うことでエンパワメントが促進されていくのである。

　一方、辛い幼少期を送った利用者、大切な人に裏切られた経験のある利用者、大切な家族を亡くしている利用者もいるだろう。辛い経験のある利用者は、そのことをばねにして生きていたり逆にトラウマとなっていたりもする。その辛さに共感を示すことで利用者自身が心を開くきっかけともなる。

　さらに、これまでの人生のなかで大きな出来事は、人生の転換期ともなる。どのような出来事だったのか。また、その出来事に対し、当事利用者はどのような感情を抱いていたのだろうか。辛かったこと、悲しかったこと、嬉しかったことなどの感情を理解する。さらに、その出来事を今どう捉えているのだろうか。これらの出来事や想いが今の生活にどのような影響を及ぼしているのかを考察することで、利用者理解が深まっていく。

②理解への努力

　むろん、他人を100％理解することは出来ない。利用者のことを分かったつもりになってはならない。利用者のことは何でも知っている、と思うことが最も危険かもしれない。分からないからこそ分かろうとする努力が必要であり、そのことを利用者に伝えていくことによって、信頼関係は深まっていくといえよう。

　利用者理解を深めるにあたって重要なことは、どこまで利用者の立場に立てるかであろう。他の人からすると些細なことが、利用者からすれば非常に重要であったり、譲れないことであったりもある。また、他の人からは理解できないような思考や感情を抱いていることもある。「私が○○さんだったらどう思うだろう」「私が○○さんだったらどうするだろう」といった「本人の側からの理解」が不可欠である[14]。

3．アセスメント

③利用者理解の観点

　利用者理解を深める際、「○○について正常である」「○○について異常（病理的）である」といった見方をすることがあるが、この「正常」は何をもって表しているのだろうか。ある社会のある集団のある事柄に対して、平均値に近い値を正常、標準とし、離れた値を異常（病理的）と呼んでいるに過ぎない。社会や集団が変わり平均値が変わると、正常、標準の範囲も異なってくる。統計的に処理された結果、平均値付近の人がおれば平均値からかけ離れた人も存在している。よって、ある特定の状況のなかで、標準的であるということだけで望ましい規範としてしまうのは危険であり、離れたところにある状況の人を異常（病理的）であると決めつけてしまうことも危険といえよう[15]。利用者個人の理解を深めるためには、他者との比較による相対評価だけでなく、利用者個人の絶対評価の視点が不可欠である。

　ワーカーは、利用者理解に務め利用者の立場で物事を考えていくが、利用者にはなれない。逆の観点からすると、利用者の問題を客観的に見ることができるからこそ、冷静な考え方、多様な考え方もできるのである。利用者の側に立ちながら、ワーカーがアセスメントを行うのである。

10）利用者の長所や有する力はどのようなものか、また利用者の弱さはどのようなものか

　エンパワメントやストレングスの視点である。アセスメントにおいて、利用者の内面の問題に着目するのみならず、このエンパワメントやストレングスの視点で利用者の潜在性や可能性に着目する[16]。エンパワメントとストレングスの視点は、アセスメントの基本にある。

　一方、エンパワメントのところでも述べたように、利用者の強さばかり着目するのではない。人々は様々な問題に直面し、辛い想いをしたり、弱音を吐いたり、くじけそうになったり、自暴自棄になったり、悲しい感情を抱いたりするものである。利用者の強さに焦点をあてつつも、弱い部分が必ず存在するはずで、そこに寄り添うことも決して忘れてはならない。

11）利用者の問題解決や改善に対する対処能力はどの程度備わっているか

　利用者自身がどの程度解決・改善する力を有しているか、どの程度の支援

があればできるのだろうか。これまで利用者は、問題の解決・改善に向けどのような取り組みを行い、その結果どうなったのだろうか。生活上の問題を解決・改善するにはワーカーがすべてお膳立てを行うのではなく、主体性を尊重しつつ利用者自らが行うことが出来ることについては行ってもらうべきである。一方で、困難な事柄に対して、どのような支援をどの程度行えばよいかを模索していくことになる。したがって、問題解決や改善に向け、利用者の限界も含めどの程度の対処能力を有しているかを考察していくことになる。

12) どのような社会資源が必要でどのような社会資源が存在するのか

社会資源とは、福祉ニーズを充足するために活用される法律（制度・サービスなど）、施設・機関・団体、個人・集団などの人材、資金、知識・技能などの総称を指す。社会資源には、家族、親戚、近隣住民、友人、ボランティア団体などのインフォーマルな社会資源と行政や法人といった公的団体などのフォーマルな社会資源に分類できる。

利用者のニーズを充足するために、どのような社会資源が必要なのだろうか。まずニーズ中心に支援の方向性を模索する。そのうえで、今の利用者の状況や住んでいる地域ではどのような社会資源が活用可能か、実際にサービスを提供する施設や事業所はどのようなサービス提供が可能かを検討する。

必要な支援と提供可能な支援との間にはおのずとズレが生じるであろう。そのズレを少しでも埋めるためにどうすればよいかを考えていくところに専門性が問われるといえよう。利用者にとって必要な制度・サービスを開発したり既存の制度・サービスを改善したりすることを模索することが求められる。

ワーカーは、関連する領域に関するフォーマルな制度・サービス、インフォーマルなサービスや社会資源としてどのようなものが存在するのかを熟知しておく必要がある。少なくとも、調べる術を熟知しておく必要がある。

ワーカーが陥りやすい罠として、既存の制度やサービス、あるいは提供できるサービスに利用者のニーズを当てはめようとすることである。決して既存の制度・サービスに利用者のニーズを当てはめるのではなく、ニーズ充足のための必要な制度・サービス、人的資源はなにか、という発想からスター

トすることを怠ってはならない。
　一方施設支援においては、利用者集団を対象としとしているため、個別対応が困難な場合もある。特に日中のプログラムは、集団のなかの個人としての対応しか出来ない場合もある。施設支援の限界でもある。そのなかにあって、極力個々人に沿ったプログラムをどう工夫するかが問われている。施設以外の設備や人的資源の活用を模索しつつ、個別支援を検討していくこととなる。

(4) アセスメントの留意点

　以上、アセスメントの内容について考察したが、利用者のニーズ理解については、これまで歩んできた人生や今の心理状況、社会状況や生活状況などの環境を十分考慮して進められるべきである。そして、利用者のエンパワメントの視点に基づいて行われるものである。

1) アセスメント内容の操作定義と客観的データの収集

　社会福祉援助の過程全体のなかでアセスメントを捉えるならば、後述の支援計画作成、モニタリング、評価が可能となるアセスメントを念頭に入れておく必要がある。とくに、利用者の生活上の問題やニーズについては、支援に関わる関係者が共通の理解をしておく必要がある。抽象的な表現は、解釈の仕方が人によって異なる可能性が高いため、より具体的な表現に改め共通の理解が得られるようにしておくことも重要である。このように問題をより精密に観察できるように再定義することを操作定義という[17]。
　たとえば、一人暮らしの要介護状態にある高齢者が孤独状態である、といった問題が指摘されたとしよう。その高齢者にとっての孤独状態とはどのような状態なのだろうか。家族や親戚との関わりがまったくなく、友人もいないうえ、近隣住民との交流もほとんどなく、何がしかの団体に参加しているわけでもなく、人との交流がほとんどない状態をいう、と表記すれば孤独な状態がどのような状態を意味しているのかが具現化できる。
　また、問題の内容によっては、状況を正確に把握するために、頻度、程度、継続時間を客観化するために可能な範囲で数値化することも必要かもしれない。たとえば、ある特別養護老人ホームの利用者が他の利用者に罵声を浴び

せるといった行為や施設を利用している知的障害の利用者の自傷行為などは、どのような場面で、周囲に誰がいて、どのような状況のなかでそのような行為が起こっているのか、そのことに周囲がどう反応したのか、その結果どうなったのか、といった状況を踏まえつつ、それらの行為の発生する時間帯に集中して頻度、程度、継続時間を確認する方法も考えられよう。これによって客観的なデータを収集することが出来る。

　一方で、客観性を高めるためにある事柄を数値化したスケールは、断片的にアセスメントできたとしても全体を表すものではない。あくまでアセスメントのための基礎資料に過ぎないことを肝に銘じておかなければならない。

2）ワーカーによる総合的分析

　アセスメントは、だれが行っても同じ考察結果が出されることが望ましいことはいうまでもない。しかし、現実的にはほとんど不可能に近いといってよい。前述の情緒的側面を拭い去ることは出来ないため、ワーカーの感情や価値判断が入ってくるからである。ワーカーの感情や価値判断を排除するため、一定の尺度で統一した指標を数値化するなどスケールを用いたとしても、そのようなことで本当に信頼性の高いアセスメントができるのかどうか疑問である。介護認定や障害程度区分判定の調査項目は、当事者の状況を把握するための全国統一の指標であり、客観性を担保するためのものであるが、調査者の調査方法や判断基準によって、大きく結果が異なっていることが指摘されていることを鑑みれば一目瞭然である。

　たとえ、調査者の研修を通して、ある程度基準の統一が測られ一定の状況把握は可能となったとしても、本当に個別化されたアセスメントが可能かどうか疑問である。チェックシートによるアセスメントのみ頼っていると、アセスメントシートに挙がっていない項目は、無視しなければならない。あるいは、重要なポイントを見逃してしまうかもしれない。単にマニュアルに基づいた調査だけでは核心に触れたアセスメントを行うことが出来ない。利用者との面接や関わりを通して、あるいは様々な資料を通して浮き彫りにされた状況を個別的に把握し、総合的な観点で分析を行うべきであろう。

　一方、ワーカーの感情や価値判断をある程度是認するならば、必ずしも同じ見方がなされるわけではないことを周知しておくべきであろう。ある事

柄をどのように解釈するのか、解釈する角度によって物事の捉え方が大きく異なってくる[18]。ワーカーは、利用者の生活支援の方向性を左右するという重責を担っているということを認識すべきである。

アセスメントをより客観化するため、複数の目で見ること、そして何よりも社会福祉専門職として社会福祉援助（ソーシャルワーク）の価値に基づき、アセスメントに関する知識と技術を貯え事例の蓄積のもと、専門的観点での取り組みが求められよう。

4．支援計画作成

アセスメントに基づき、支援計画が作成される。実際には、アセスメントと同時並行的に支援計画が作成されることも多い。支援計画は、支援目標と目標を達成するためワーカーなど関係者の活動内容を記した具体的な計画とに大別できる。支援計画は、ワーカーのみによって作成されるのではなく、利用者、家族、関係機関・団体の専門職などがそれぞれの立場で意見を述べながら総合的な観点で作成されるものである。関係者、関係機関・施設が同じ目標に向かってそれぞれが役割を担っていくことになる。

（1）支援目標の設定

目標とは、利用者の生活上の問題が解決、改善された状態、すなわち利用者と環境との関係が改善された状態であり、ニーズが充足された状態を表す。いわば支援の到達点である。支援の最終目標（ゴール）は、利用者の自立生活である。利用者にとってどのような生活が自立生活となるのかをアセスメントする。これが長期目標となる。この長期目標は、利用者の「生き方・価値観」に沿ったものとなることを念頭に入れておかなければならない[19]。そして、長期目標を達成するための中間到達点（サブゴール）として、中期目標、短期目標を設定する。自立生活に向けた支援、今の自立生活を維持するための支援など利用者がどの状況にあるのかのアセスメントを行った上で目標設定を行う。

長期目標は、自立生活の状態を表すため、「地域において安定した生活を

第5章 利用者支援の展開過程

送る」「就労に結びついて経済的に安定し、地域で生活する」「施設内でゆったりとした生活を送る」といった抽象的な表現となる。中期、短期目標は、その中間点であるため、具体的な表現となってくる。

ただ、自立生活のあり方は一人ひとり異なっているため、極めて個別的にその利用者にとっての自立生活とはいかなるものかを模索し、具現化していくことが求められる。例えば、「経済的な保障を得て、地域で安定した生活を送る」といった長期目標を定めたとしよう。しかし、そこに到達するまでには、様々なプロセスが考えられるうえ多様な生活の在り方が考えられる。二つの極端な事例を通して考えてみよう。

石上聡さんは、一般就労ではなく、障害者の就労継続支援を利用しながらグループホームで生活することを想定しているとしよう。そうすると、「作業所に通ったりグループホームで生活するための生活習慣を身につける」「生活保護を活用するなど経済的保障が得られるようになる」「自分の想いを主張できるようになる」「作業所やグループホームのメンバーと上手く人間関係を保てるようになる」「地域で生活してみようという前向きな気持ちになる」といったことが中間目標として掲げられるだろう。

西村智佳子さんは、一般就労し、アパートを借りて一人で生活することを想定しているとしよう。そうすると、就労に必要な「作業技術を習得する」「規則正しい生活を送ることができるようになる」「他の人と上手く付き合いが出来るようになる」といったことや、アパートで一人暮らしをするために「生活資金を貯える」「火の元の管理ができるようになる」「食事の確保ができるようになる」「悪徳商法にだまされないよう断る術を身につける」「困ったことが生じたら自分で抱え込まないで支援センターのワーカーに相談できるようになる」といったことが中間目標として掲げられるだろう。

また、「食事の確保ができるようになる」といった目標でも、「メニューを考え、買い物をし、調理する」のか、「スーパー等で出来合いのものを購入して食べる」のか、利用者の健康状態や対処能力などによって様々な支援が考えられる。あるいは、ある利用者に「精神的に落ち着くようになる」といった目標が掲げられたとしよう。利用者本人が耐性力を高めることを目指すのか、周囲の環境を整え利用者が落ち着けるような状況を確保するのか、利用者の状況によって全く異なった支援となる。

このように、利用者の状況や環境によって、具体的な支援は大きく異なってくるのである。ここに個別性を尊重した支援が如何に重要であるかが理解出来るだろう。
　一方、各サービス提供機関、施設は、利用者の自立支援に向け、全体のどの部分を担っているのかを認識しながら、支援を展開していくことになる。そして、他のサービス提供機関、施設と連携を保ちながら支援が展開される。
　従来の入所型施設は、施設内の完結型であったところが多かったが、様々なニーズを有する利用者支援を行うにあたっては、施設内ですべてをまかなうことに限界がある。よって、施設利用者の支援においても多角的な観点から支援目標や計画を作成すべきである。

（2）目標設定上の課題

　目標設定にあたってはいくつかの課題がある。アセスメントのニーズ把握でも述べたが、長期的な視点に立った将来の自立生活を見越したニーズ把握が困難な場合、長期目標が設定し難い。アセスメントでも述べたとおり、言語による意思表明の困難な利用者のニーズを理解し、目標を設定することは、極めて困難であろう。とくに長期目標の設定は困難を極める。また、将来を見通した生活像を利用者自身イメージし難い利用者や将来をイメージすることに逃避している利用者もいる。一方で利用者の現状を勘案すると現時点で方向性を見出すことが困難であり、将来像を描けない利用者も多い。
　そこで、アセスメントや契約の段階から長期的な観点を見据えた生活設計が必要であり、利用者、家族に一緒に模索していくことの理解を促していく必要がある。まずは日々の生活支援からスタートし、支援を通して利用者の自立生活とはどのような生活かを模索していくことになろう。利用者の気づきを促していく場合もある。日々の生活のなかで、利用者に様々な体験をしてもらったり、考えてもらう機会を設けたりしながら、気づきを促していくのである。また、重度の知的障害や認知症の利用者の場合などはアセスメントのニーズ把握でも述べたように、日々の生活状況から利用者にとっての自立生活をワーカーが推測して代弁者として支援目標を設定する場合もある。
　利用者や家族が望む生活とワーカーが判断する生活像との間にギャップがある場合がある。まずは利用者が望む生活像に目標を設定しながら現実を見

第5章 利用者支援の展開過程

極め、利用者の気づきを促し、必要な場合は軌道修正を行う。

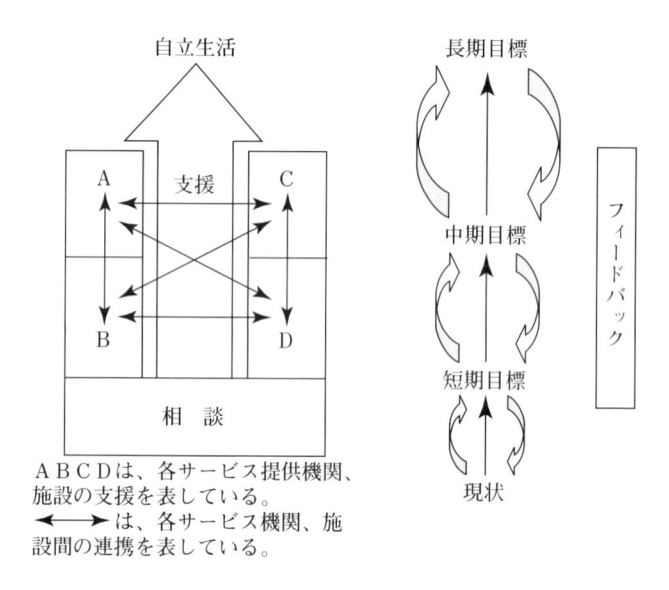

図5－2　自立生活に向けた支援概念図

ＡＢＣＤは、各サービス提供機関、施設の支援を表している。
⟵⟶は、各サービス機関、施設間の連携を表している。

　利用者支援の究極の到達点である「自立生活」は、一人ひとりの利用者にとってどのような生活なのか極めて個別的であり、「生活」といった幅広い概念であり、なおかつ長期的なものであるためイメージが湧かなかったり、利用者本人や周囲の状況変化に大きく左右されるため明確に設定し難くかったり、設定しても変更を余儀なくされたりすることも多くある。曖昧なゴールに向かって進んでいかざるを得ない苦悩が社会福祉援助に内包されている。だが、一ついえることは、「日々利用者が怪我なく、病気なく、楽しく過ごしておればそれでよい」、といった刹那的な快楽のみを保障するのが専門的な社会福祉援助ではない。日々の生活といった点と点をつなぎ、線として自立生活のあり方を利用者とともに模索していくことで、利用者の生活は受身ではなく主体的な生活へとつながっていくであろう。

　自立生活支援全体の概念は、図5－2のようになる。一方で、各サービス提供機関、施設が担う支援過程を見るなら、それぞれの提供機関、施設にとっての支援目標や計画が設定されることとなる。

（3）支援計画の作成

　支援計画は、目標を達成するための具体な支援の戦略であり、利用者と環境との改善に向け環境との調和をどう図っていくかを具体的に示したものである。支援計画の作成にあたって、支援の方針を立てることも重要となる。例えば、ある利用者との関わりの基本的態度は受容的態度で接する、といったことが挙げられる。また、別の利用者に対しては、大人として自主性を促す態度で接する、といったことが挙げられる。方針を立てることで支援が一貫性のあるものとなる。次に具体的な計画として、どのような制度、サービスといった社会資源を活用すればよいのか、利用者を取り巻く人的環境との調和をどのように図っていけばよいのか、利用者のエンパワメントをどのように高めていけばよいのかなど各機関・施設がどのような支援を提供できるのかを示したものである。

　作成にあたっては、いつ（までに）、どこで、誰が、どのように行うのかを明確にする。利用者に直接働きかける内容、利用者を取り巻く環境に働きかける内容など環境との調整を視野に入れた計画を作成する。計画は、利用者の生活上の問題、ニーズ、支援目標を踏まえた一貫性のあるものとする。

　支援計画は、長期目標、中期目標、短期目標それぞれについて作成することになるが、まず、短期目標に対する計画から立案していくこととなる。一方で、早急に解決・改善しなければならない緊急性や重要性の高いものについて直接長期目標とは結びつかなくとも、即座に対応する必要があることから、短期目標として掲げ、支援計画を作成することとなる。

　利用者の生活を支援するには福祉だけでなく、保健・医療、教育、就労など様々な領域にまたがることもある。　つの事業所・施設では対応できないことも多々あるため、自己完結型に考えないでケアマネジメントの手法を用いることも効果的である。

　また、支援計画作成にあたって、フォーマルなサービスだけでなくインフォーマルなサービスも視野に入れるべきである。近隣住民やボランティア団体などインフォーマルなサービスを有効に活用できるかどうかが自立生活の可否を左右する大きな要因となっているといえよう。

表5－2　支援目標および計画作成に際してのポイント

支援目標	支援計画
・あいまいな表現を用いず具体的な表現にする	支援の方針を確認する
・肯定的な表現を用いる	・いつ（までに）
・実行可能な内容にする	・どこで
・利用者のニーズに合致した内容にする	・だれが
・関係者の同意を得た内容にする	・だれに、だれを
・可能なものについては数値目標を設定する	・なにを
	・どのように行うのか
	（役割分担を明確に）
・利用者とともに作成することが基本	
・利用者の「生活」に焦点を当てた目標や計画	
・緊急性や重要性を考慮したうえで優先順位を明確にした目標や計画	
・評価（モニタリングを含む）を念頭に入れた目標や計画	

出典：津田耕一「個別支援計画」『「知的障害援助専門員養成通信教育」テキスト2006②知的障害者援助技術』財団法人日本知的障害者福祉協会、2006、p132をもとに筆者が一部加筆

5．支援の実施

（1）インターベンション（介入）の意味

　支援目標・計画が作成されたならば、それに基づいた支援が実施されることになる。エコシステムの考えによると、支援の実施はインターベンション（介入）と呼ばれ、「クライエント・システムの問題やニーズが人と環境の相互作用する接触面（interface）に現れるという考えに立っており、インターベンションがその接触面に現れた問題や相互関係を形成・調整していくことを目指す活動であると位置づけている」[20]。いわば、人と環境との関係を改善し、健全に維持できるよう形成したり調整したりする活動といえよう。

　第3章でも述べたように、ワーカーは、利用者と環境との双方に働きかけることによって、両者の交互作用を促進し、関係を調整し、適合を目指している。個人のシステムから社会システム、制度政策システムに働きかけることを通して利用者と環境との調和のとれた適応関係をよりスムーズに維持、

発展していくことを目指すのである。

(2) ワーカーの活動と役割

　ワーカーの具体的な活動として次のような内容がある。①利用者や家族の相談対応、②利用者や家族の心理的なサポート、③利用者の秘めた可能性や潜在性の発掘によるパワーの増強、④パワーの増強や適切な情報提供をもとに利用者が意思表明や自己主張できるような支援、⑤対人関係、社会性、生活習慣、生活技能、学習力、身体機能、職業能力など様々なスキルの向上、⑥必要なサービスの紹介や情報提供、⑦利用者と必要なサービスとの結びつけ（同行や代行を含む）、⑧身体介護、家事援助や外出介助、家庭訪問などの見守り活動、補装具などの介護用品、医療サービス、住宅改修、生活保護などの経済保障といった具体的サービスの提供、⑨利用者を取り巻く関係者の理解の促進、⑩関係機関、団体との連絡調整、⑪福祉、医療、保健などの機関、団体、人を含めたネットワークづくり、⑫サービスの改善、開発への働きかけ、⑬利用者の意思や権利の擁護や代弁（アドボカシー）、以上の活動内容に整理できる。

　このような活動内容から、ワーカーは、訓練者、助言者、指導者、教育者、促進者、相談者、調停者、調整者、資源提供者、資源開発者、協働者、代弁者など多様な役割を担っている[21]。これらのなかで、利用者主体の考えのもと訓練、指導、教育的な役割よりも、調停、調整、資源提供、資源開発、協働、権利の擁護や代弁といった支援者としての役割が重要視されている。

　調停、調整、資源提供、資源開発をよりスムーズに行うために機関・施設間のネットワークづくりも重要な役割である。普段から機関・施設間の連携、情報交換が出来ており、相互の信頼関係が深いほど、緊急時や困難事例に遭遇したときに杓子定規の枠組みを越えた対応が可能となる。

　また、地域支援においては、フォーマルな社会資源だけでなく、インフォーマルな社会資源を改善、開発することが重要となる。フォーマルなサービスには制度の枠に縛られるため、限界がある。緊急時の対応、小回りの利く対応が必要といった場合、インフォーマルなサービスが大きな力を発揮する。利用者がどれほどインフォーマルな社会資源を構築、維持できるかが支援を左右する大きな要因になっているため、その土台作りとしてのワーカーの役

割は重要といえよう。

　ワーカーの所属する機関、施設によってワーカーの役割は異なっており、利用者の支援目標および計画に基づいた活動が実施されることとなる。支援全体のなかでどの部分を担っていても、「個人の自己実現を促進すると同時に、個人が社会の一員としてより十分に機能するよう援助するのがソーシャルワーカーの努めである」[22]。

（3）支援の実施に際してのワーカーの悩み

　支援の実施を通してワーカーが苦悩するのは、どのように、どの程度介入すればよいのか、ということであろう。支援計画に基づいた実践といえども、実際の支援過程では、利用者との関係を維持しつつ、状況を鑑みながらの支援となる。一人ひとりの利用者に応じた支援を模索することは理屈で理解できていても実際は、利用者とのダイナミックな関係のなかでの関わりとなる。介入しすぎることで利用者の依存心を助長したり、自立を阻害してしまったり、やり足りないことで利用者が不利益を被ることもある。

　対人援助である利用者支援は、マニュアルがあってそのマニュアルに沿ってかかわっていけば良い、といった単純なものではない。ワーカーの裁量や判断が求められる。スーパービジョン、カンファレンス、事例検討、経験知を蓄積して一定の方向性を見出すなど専門性を踏まえつつどう振舞うのかについて多方面から検討し整理することが重要となってくる。ワーカーの個人芸に留めることなく、組織のなかでワーカー同士情報を共有する仕組みづくりが不可欠といえよう。

6．モニタリング、再アセスメントへのフィードバック、評価（evaluation）

　多くの支援は、単発的ではなくある一定期間継続して展開される。支援は、一度作成された計画のみにて行われるのではなく、支援過程のなかで状況を確認し、必要に応じて修正し、より柔軟で現実的な支援に結びつけていかなければならない。そのために、計画どおり実施されているかどうか支援経過

6. モニタリング、再アセスメントへのフィードバック、評価 (evaluation)

を確認したり、実施した支援の効果を確認したりする必要がある。あるいは、利用者の状況や利用者を取り巻く環境は常に一定しているわけではなく、変化することもあれば、新たな問題が発生して、利用者の生活上の問題やニーズが変化している場合もある。展開された支援過程の内容を監視したり結果や効果を分析・判断したりするのが評価である。前者をプロセス評価、後者を結果評価という[23]。評価は、支援の途中に主に確認や見直しのために行われるモニタリングと支援の終結に向け支援の結果と効果を測定する評価 (evaluation) とがある。評価は、利用者の生活上の問題を解決・改善し、ニーズ充足に結びつけるチェック機能を担っているといえよう。

(1) モニタリング

　モニタリングは、中間評価といえよう。モニタリングは、支援過程の内容を評価するものでありプロセス評価を中心に、支援の進捗状況や利用者がどのような状態にあるかを確認する過程である。モニタリングによって、支援が順調に展開されサービス提供機関の役目が終わろうとしている場合は評価や終結へと向かうであろう。また、更なるステップアップの支援が展開されたり、修正が必要な場合は再度アセスメントへと循環していくことになる[24]。その見極めを行う役割を担っている。

　一定の目標が達成され更なるステップアップが必要であるにも関わらず同じ支援を繰り返していたり、支援に見直しが必要であるにも関わらず修正しなかったり、利用者を取り巻く状況が変化しているにも関わらず考慮せず支援を展開し続けても意味をなさない。支援は、その経過や状況によって柔軟な対応が求められており、支援の途上で支援経過や状況について評価する必要がある。

　具体的には、どのような支援が展開されたのか、支援が計画どおり実施されたか、その要因はどのようなものか、実施された支援内容は適切であったのか、展開された支援によって利用者および利用者を取り巻く環境がどのように変化しそのことが問題解決や改善に役立っているかを分析することである。

　モニタリングでは、設定された目標や計画がどの程度達成されているか (具体的に何が達成され、何が達成されなかったか)、目標や計画の達成・未

達成の要因は何か、設定されている目標や計画が適切であったか、支援内容に対する利用者のニーズ充足度や満足度はどのようなものか、新しいニーズが発生していないかなどを評価していくこととなる。

(2) 再アセスメントへのフィードバック

　モニタリングを経て、次のステップへ向けての取り組みへと進むこともあれば、支援が上手く展開されなかった場合や利用者、利用者を取り巻く状況、ニーズの変化などによって設定されている計画の軌道修正が必要な場合もある。いずれにせよ、新たな支援に向けて再度アセスメントする必要が生じてくる。これを再アセスメントへのフィードバックという。

　長期目標に向け、短期、中期目標が達成されると次の段階へと進んでいく。この場合は、どの程度目標が達成され、どの段階を目指すのかをアセスメントすることになる。

　支援が上手く展開されなかった場合は、その要因を分析し、新たに仕切り直しをし、実施可能な目標や計画を模索することになる。そのために、どのような支援が可能なのかをアセスメントすることになる。

　一方、利用者の状況も常に固定しているとは限らない。身体機能の状況が変化しているかもしれない。ニーズが変更されているかもしれない。一緒に生活している家族の状況が変化しており、家族の協力が求めにくくなっているかもしれない。こうなると、以前と同じ目標や計画では意味をなさない。現状に見合った支援を考えるべく、再度アセスメントを行う必要が生じてくる。

　このように、利用者支援の展開にあたっては状況を見極めつつ柔軟に対応するべきであり、さらにステップアップするため、あるいは見直しのためにアセスメントへとフィードバックされるのである。ここに支援の展開過程は螺旋階段を上るがごとく循環するといわれる所以がある[25]。

(3) 評価 (evaluation)
1) 評価とは

　モニタリングが、支援の途上において行われるものであるなら、評価は、支援の終結に向けサービス提供機関、施設や相談機関における支援全体を振

6. モニタリング、再アセスメントへのフィードバック、評価 (evaluation)

り返り、利用者と環境との関係がどの程度改善されたのかといった支援結果や支援の有効性について総合的に評価するものと解釈できる。

具体的には、設定された目標や計画はどの程度達成できたか、作成された目標や計画は適切だったかなどを分析して利用者の生活上の問題の解決・改善やニーズの充足につながったか、支援は利用者の生活にどのような影響を及ぼしているか、利用者の満足度はどのようなものか、さらに、実施された支援が本当に効果があったのかといった効果測定や支援の効率性も評価される。

2）評価の内容と方法

評価をより緻密に系統立てて行うことによって、効果測定や支援の体系化が行いやすくなる。ここでは、評価の内容と方法について以下の手順で考察する。①提供された支援の内容と経過について整理する。②支援の結果、今現在の利用者の生活状況はどのようなものかを把握する。③どの程度問題が解決・改善され、ニーズが充足されたかを検討する。④これらをもとに支援内容の適正や効果について分析する。

①の支援の内容と経過については、いつ、どこで、誰が、なぜ（目的）、何を（支援の内容）、どのように（方法）、どれくらいの費用で、といった5Ｗ2Ｈを押さえながら整理する。

②の生活状況の把握については、アセスメントの時点での利用者の生活状況との比較を行う。アセスメントの時点が当該機関・施設のスタート地点となる。アセスメント時点での利用者の生活状況をベースラインという。支援開始後も生活状況の確認を行い、どう変化したかを時系列で追跡する。

数値化できるものについては数値化し、変化を確認する。例えば、「外出の機会がどれだけ増えたか」「（就労支援の利用者に対して）作業量がどれだけ増えたか」などその頻度や時間、数量などは数値化できるものである。利用者の思考や感情といったものは数値化しにくいが、「否定的、消極的な発言から肯定的、積極的発言が増えた」とか「罵声や自傷・他害行為の頻度が減少した」といった形で具体的な行動として表現し数値化することも可能である。また、利用者の主観を尺度として用い、「不安が非常に高かったが今ではかなり軽減された（たとえば、アセスメントの段階で不安の度合いが

第5章 利用者支援の展開過程

100点満点中90点あったが今では20点ほどに下がった）」といった測定も可能である。

　状況把握の方法として、ワーカーなどの専門職による観察と利用者や家族からの報告によるものがある。報告については、利用者や家族がターゲットとなっている課題に関して、セルフ・モニタリングによって記録する方法である。利用者の主観的な評価であってもその時々の感情がどうであったか、データを収集し変化を追跡することも可能である。数値化した課題をターゲットとして評価する場合は、アセスメントや支援計画を作成する際に評価できるようにベースラインをしっかり取っておくことが肝要である。

　③のニーズの充足度については、利用者自身が今の生活状況をどう捉えているのか、どの程度満足しているのかを確認したりワーカーや関係機関の専門職が利用者の生活状況をもとに検討したりする。

　④の支援内容の適正や効果については、①～③の作業を通して分析する。単に結果だけで判断するのではなく、利用者や家族が納得のいくものであったか、支援のプロセスそのものの評価も重要である。利用者の満足度は、満足度の尺度表を作成し、どの程度満足しているかを測定する。例えば、5段階評価（大いに満足、やや満足、どちらともいえない、やや不満、大いに不満）で聴き取り調査を行うことも可能である。

　実施された支援によって効果があったのか、なかったのかをどう測定すればよいのだろうか。支援開始前のアセスメントの状態と今の状態とを比較し、支援が開始されてから利用者や利用者を取り巻く状況に変化が見られたかを確認する方法がある。これをABデザインという。ただ実際、様々な統計手法を用いて効果測定を行う方がより科学的だといわれているが、統計の学習を深める必要がある[26]。変化の状況を目測によって視覚的に分析する方法がもっとも現実的である。

　実施された支援そのものに効果があったのかを検証するには、支援を一旦中断することで利用者や利用者を取り巻く状況がどう変化したかを把握することで効果を確認する方法が科学的だといわれている。これをABAデザインという。支援以外の要因が利用者に変化をもたらした可能性があるため、支援を一旦中断することでその効果を確認するためである。支援を中断することで、ベースラインの状況に戻れば支援の実施が影響を及ぼしていたといえ

る。しかし、このような方法は、倫理上問題が残るため非現実的である。そこで、利用者の生活に影響を及ぼしている要因はないだろうかを検討することで効果を確認すべきであろう。

　一方、現場に受け入れられやすい方法として、複数の問題、複数の利用者、複数の状況のなかで時期をずらして同じ支援の方法を用いて支援の効果を確認する多層ベースラインデザインがある。支援の開始時期をずらすことによって、支援が実施された時期から利用者や利用者を取り巻く状況に変化が見られれば支援に効果があったと判断できる。

3）評価の基本的視点

　これまで評価の内容と方法について述べてきたが、アセスメントでも触れたように、我々人間の生活をすべて数値化できるわけではない。目標や計画において操作定義を行い具体的に記述し、関係者の共通理解を得ることは重要であるが、数値化された項目だけで総合的な評価はなし得ない。利用者や家族の語り、ワーカーなど専門職による利用者の生活状況の観察を通して、ワーカーとしての考察をもとに利用者の生活状況を整理していくこととなろう。

　アセスメントの内容を再度評価の時点でも行い、利用者や家族など周囲の人々の生活状況、想い、満足度などをもとに利用者の生活状況はどのように変化したのかを整理しつつ、支援の到達状況や支援過程を分析する作業を通して評価は行われるのである。利用者の生活全体を再度見直して問題が解決、改善され、ニーズが充足されているかを評価すべきであろう。そして、この評価をもとに終結へと向かっていくことになる。

7．終結

　当該機関・施設での目標が達成されたり、あるいは逆に支援の効果が見られないと判断されたら、支援を終結する。終結に向けた波長あわせを行いつつ、次はどの段階に進むのかを利用者とともに模索する。サービス提供機関・施設との関係が終結することに不安を抱く利用者も多くおり、なかには

第5章 利用者支援の展開過程

終結を避けるため、新たな問題を申し出る利用者もいる。不安を抱く利用者については、不安を軽減すべく終結後の支援体制の説明を行う。終結後の支援体制を整えたうえでの終結であり、無責任に終結に至るべきではない。支援の終結とともに支援を意図した専門的援助関係も終結となる。

ただ実際、たとえば障害者の施設（新体系の施設系事業所）などでは、終結後のフォローアップ体制もとられているところも多くある。サービス終了後の生活を円滑に維持するためにアフターケアとして、継続的に退所者のための集いを開催したり、必要に応じて緊急に対応したりして関係が継続しているのも実際の姿であろう。

文献

1) 高橋学「スーパーバイザーの立場から－援助者の成長と援助プロセスから獲得するもの－」『ケアマネジャー』2007年2月号、2007、pp.28－31
   野村豊子「誰のためのプロセスか」『ケアマネジャー』2007年2月号、2007、pp.14－17
2) 太田義弘「第10講　実践課程」、太田義弘、佐藤豊道編著『ソーシャル・ワーク過程とその展開－』海声社、1984、p.66
3) 太田義弘『ソーシャル・ワーク実践とエコシステム』誠信書房、1992、p.142
4) 前掲3)、太田義弘、pp.142－143
5) 中村佐織「ジェネラル・ソーシャルワークの展開過程」、太田義弘、秋山薊二編著『ジェネラル・ソーシャルワーク－社会福祉援助技術総論－』光生館、1999、pp.84－85
6) 前掲5)、中村佐織、p.85
7) 芝野松次郎「社会福祉援助技術の過程」、岡本民夫、小田兼三編著『社会福祉援助技術総論』ミネルヴァ書房、1990、pp.106－109
8) 渡部律子「ソーシャルワークの構成と過程」、北島英治、副田あけみ、高橋重宏、渡部律子編『ソーシャルワーク実践の基礎理論』有斐閣、2002、p.24
9) 岩間伸之「ソーシャルワークにおけるアセスメント技法としての面接」『ソーシャルワーク研究』第26巻第4号、2001、pp.11－16
10) 前掲5)、中村佐織、pp.92－93

11) 前掲9)、岩間伸之、pp.11－16
12) 津田耕一「個別支援計画」『「知的障害援助専門員養成通信教育」テキスト2006②知的障害者援助技術』財団法人日本知的障害者福祉協会、2006、p.130を一部改正
13) 金田一京助他『新明解国語辞典(第5版)』三省堂、2002、p.1403
14) 前掲9)、岩間伸之、pp.11－16
15) ミルナー,J.&オバーン,P.著、杉本敏夫、津田耕一監訳『ソーシャルワーク・アセスメント－利用者の理解と問題の把握－』ミネルヴァ書房、2001、p.18
16) Hepworth,D.H., Rooney,R.H. & Larsen,J.A. "Direct Social Work Practice Theory and Skills" 5th, Brooks/Cole, 1997, p.194
17) 平山尚「シングル・システム・デザインの実践への応用の第一歩」、平山尚、武田丈、藤井美和『ソーシャルワーク実践の評価方法－シングル・システム・デザインによる理論と技術－』中央法規出版、2002、p.80
18) 松岡敦子「アセスメントにおける技法とツールの意味」『ソーシャルワーク研究』第26巻第4号、2001、pp.4－10
19) 渡部律子「援助計画作成技法・援助計画実施技法」、白澤政和、尾崎新、芝野松次郎編『社会福祉援助方法』有斐閣、1999、p.146
20) 前掲5)、中村佐織、p.104
21) 前掲12)、津田耕一、p.133を一部改正
22) ブトゥリム,Z.T.、川田音誉訳「ソーシャルワークとは何か」『ソーシャルワーク研究』第20巻第3号、1994、pp.12－18
23) 渡部律子「評価技法」、白澤政和、尾崎新、芝野松次郎編『社会福祉援助方法』有斐閣、1999、pp.158－159
24) 前掲5)、中村佐織、p.108
25) 前掲7)、芝野松次郎、p.110
26) 平山尚、武田丈、藤井美和『ソーシャルワーク実践の評価方法－シングル・システム・デザインによる理論と技術－』中央法規出版、2002にシングル・システム・デザインに基づく評価法について詳細な解説がなされているのでさらに学習を深めてほしい。

参考文献

- 白澤政和、尾崎新、芝野松次郎編集『社会福祉援助方法』有斐閣、1999
- 奥川幸子、渡部律子『面接への招待』Vol.1、2、中央法規出版
- ジャーメイン,C.B.著、小島蓉子編著『エコロジカル・ソーシャルワーク―カレル・ジャーメイン名論文集―』学苑社、1992
- 平山尚、武田丈、藤井美和『ソーシャルワーク実践の評価方法―シングル・システム・デザインによる理論と技術―』中央法規出版、2002
- 秋元美世他編集『現代社会福祉辞典』有斐閣、2003
- 中央法規出版編集部編『四訂　社会福祉用語辞典』中央法規出版、2007

第6章
利用者支援の技法

　本章では、利用者支援の展開過程の具体的な場面のなかで利用者とどう向き合い、関わっていけばよいのかといった技法について説明する。社会福祉援助の価値、倫理、知識を踏まえつつも、ワーカーの人間としての人生観や価値観も混在しながらの関わりも見え隠れするであろう。そのなかにあって、社会福祉援助の価値、倫理、知識から逸脱したものであってはならない。

1．援助関係
　第3章で、利用者とワーカーは対等な関係であると述べ、第5章で利用者とワーカーは情緒的な人間関係の側面に基づいていると述べたが、ここでは角度を変え、利用者とワーカーとの間で起こっていることに焦点を当て、援助関係について考察することとする。

(1) 社会福祉援助における援助関係
1) 援助関係の重要性と専門的援助関係
　我々人間の生活は、人それぞれ個別的、独創的である。人々の生活は、共通する部分もあるが、多様で千差万別である。個々の状況を踏まえたうえで、利用者支援を効果的に展開するには、利用者の生活全体についての理解を深める必要がある。そのために、ワーカーが利用者に生活状況について尋ねたり、双方で話し合ったり、感情や意見を交換したり、非言語においても赤裸々な行動を利用者がワーカーの前で表出できるといった人間関係を双方の間で構築しておかなければならない[1]。このような関係があってこそ、利用者は安心して自己表現できるようになり、正確なアセスメント、支援計画の作成、支援の実施が円滑に進展するのである。ここに利用者とワーカーとの

援助関係が重要とされる所以がある。

　援助関係には一般的援助関係と専門的援助関係があるといわれている[2]。利用者とワーカーの関係は、自然発生的に生まれるのではなく意図的に作られた関係であり、利用者のニーズに焦点を当て、支援を行うという対人援助のなかで形成されるものである。専門的な観点から結ばれる関係であり、これを専門的援助関係という。一方、家族、友人といったプライベートな関係においても援助は展開される。このような自然発生的な人間の援助関係を一般的援助関係という。

　社会福祉援助がプライベートな関係のもとで展開される援助関係と異なり、専門的な観点からの援助関係であることを認識するには理由がある。まず、利用者の自立を支援するために、第5章で述べた社会福祉援助の過程に沿って展開されるからである。一定期間のなかで、ニーズに焦点化し、利用者の抱える生活上の問題の解決・改善といった目的を持った関わりは、自然発生的に出来たものでも個人的な関係ではなく、意図的に作られた関係のもと、計画的に行われなければならない。

　むろん、ワーカー個々人による裁量によって支援の方向が異なってくることは否めない。むしろ、生身の人間同士の関わりを通して生じる感情的・力動的な関係が形成される。バイステック, F.P. (Biestek, F.P.) も指摘しているように、「援助関係とは、ケースワーカーとクライエントとの間で生まれる態度と感情による力動的な相互作用である」[3]。社会福祉援助は、機械的、マニュアル的な援助・支援ではない生きた対人援助である。

　ただ、ワーカーの個人的な愛情や好意といったワーカーの好みの方法で恣意的に作られるものではないことを自戒しておかなければならない[4]。バイステック, F.P.は、ワーカーは「人びとに密接なかたちで係わるため、「人間関係に関する科学的知識」が必要である」としている[5]。個人的な価値観に惑わされないようにするためにも専門的な援助関係が必要となってくるのである。

2）転移と逆転移

　援助関係は、利用者とワーカーとが相互に影響を与え・受けながら両者固有の関係が構築される双方向の関係である。利用者からワーカーに向けられ

る好意的、肯定的感情の場合もあれば、攻撃的、否定的な感情の場合もある。利用者からワーカーに向けられる様々な感情を精神分析では転移という[6]。

　たとえば利用者は、ワーカーを空想の世界で父、母、兄弟姉妹、配偶者、恋人など利用者にとって関係の深い人物として感じるようになる。ワーカーが受容的態度で接することによって、抑圧されていた利用者にとって関係の深い人物に向けられるべき感情がワーカーに向けられるのである。

　また、利用者の辛い、悲しい思いをどこにぶつけてよいか分からないため目の前に表れたワーカーにぶつけているのかもしれない。ワーカーに対し攻撃的、否定的な感情を露にするかもしれない。しかし、これは必ずしもワーカーに対するものではなく、自分自身への怒り、周囲への怒りといった感情を相談支援者であるワーカーに向けるのである。

　このように、利用者からワーカーに向けられる感情には様々な意味が内包されている。そのことに惑わされるとワーカーとして冷静な支援が出来なくなる。あくまで、支援を展開するうえで形成された関係でなければならない。

　一方、ワーカーも一人の人間である。ソーシャルワークの価値や倫理を優先すべきであるが、個人の価値観や倫理観が見え隠れすることも事実である。利用者・家族と関わるなかで、相性のよい人、悪い人もいる。「あの利用者にはどうしても業務を越えてでもなんとかしてやりたい。いてもたってもいられない」「あの利用者には異性として興味を抱いている」「あの利用者と関わっているといつもイライラする」「あの利用者はどうも苦手だ」「あの利用者には嫌悪感を催す」「あの利用者のあのものの言い方には怒りが込み上げてくる」といった様々な感情が湧き出ることもある。このように、ワーカーから利用者に向けられる感情も同様に存在し、これを精神分析では逆転移という。

　このような感情は、いくらワーカーといえでも生身の人間であれば当然抱くものである。武田建は、対人援助の専門職だからといって、ワーカー自身の個人的な感情を捨て去り、完全に客観的になりうることは不可能であると述べている。そしてワーカーは、利用者や家族に対する感情を覆い隠すのではなく、自らの未熟さ、弱さ、欠点、偏見、好き嫌い、不安、敵意などを持っていることを率直に認めることが是正の第1歩であると指摘している[7]。

　まず、そのような感情を抱いている自分自身を素直に認める。次に、ワー

カーが利用者や家族に抱いている感情はどのようなものかを整理する。そして、なぜそのような感情を抱くのかを吟味する。そのうえで、利用者や家族にどう向き合い、関わっていくべきかを模索していくのである。そのためにワーカーは、利用者との関係状況を常に見つめ直す必要がある。利用者との関係はどのような状況にあるのか、どうあるべきなのかを常にフィードバックしながら利用者のペースに惑わされないようにしなければならない。

ところが実際には、個人的な感情が大きく膨らんでしまっているワーカーが、冷静に利用者との関係を見つめることは困難であり、利用者との関係が歪んだものとなり、円滑な支援が出来なくなる。そこで、ワーカーは普段から自分自身を見つめる訓練が必要となる。また、周囲のワーカーやスーパーバイザー的存在の人たちが客観的な観点からワーカー支援を行っていく必要がある。この点については、第7章で詳述する。

プライベートな関係であれば、個人的な価値観に基づいて主観的な判断のもとに関わっていけばよいが、社会福祉援助を展開していく過程においてそのようなことが優先されてはならない。ここにプライベートな関係ではなく、利用者支援を目指した職業上結ばれる専門的援助関係としての意味がある。

(2) 援助関係の構築に向けて

1)「ほどよい」援助関係

では、どのような援助関係が望ましいのだろうか。尾崎新は、様々な生活上の課題やニーズを有する利用者に多様な種類の関わり方が必要であり、それぞれの有用性と限界を知ったうえでほどよく使い分ける方向へと発達することが望ましいとしている[8]。以下、尾崎の考えに基づいて援助関係のあり方を考察する[9]。

尾崎は、援助関係には、「指導」「お世話」「主体性の保障」という多様な関わりが必要であるとしている。「指導」とは、ワーカーが専門的知識・技術を用い、利用者を回復へ導く態度を特徴としている。ワーカーは、「能者」「識者」となり利用者の一歩前を歩き、技術を用いて問題を解決し、指針を示して安心感を与えるなどの役割を果たす。よって不平等さの一面も有している。「お世話」とは、ワーカーが利用者の立場に近づき、利用者の困難の理解を試み、支援ないし保護を提供しようとする関わり方をいう。ワーカー

は、利用者に寄り添い、親身になり、共に歩くことを目指している。「主体性の保障」とは、ワーカーが、利用者の主体性、人間としての権利、責任などを重視する関わり方である。ワーカーは、利用者の一歩後ろを歩く態度を特徴としており、利用者が自ら回復における主体性を育成し、回復過程を歩む契機となりうる。

　一方で尾崎は、援助関係の密接さの視点からも整理している。関係がつくりにくく利用者とワーカーの距離が遠い状態、密接な関係がつくられ極めて親密に感情が交流している場合、関係がつくりにくいとは感じられないものの何となく利用者の印象が乏しいと感じる場合があると述べている。そして、これらの関係の質が絶えず変化している状態もあれば利用者とワーカー双方の感情が複雑で両価的である場合もあるとしている[10]。このように利用者とワーカーの間には、様々な関わり方や様態がある。

　また尾崎は、援助関係の「かたさ・柔らかさ」といった援助関係の様態の観点からも述べている。「かたい・しっかりとした援助関係」は、支援目標や計画などが比較的明確であったり支援の課題が限定的な関係である。この関係は、安定ないし固定化され、混乱が生まれにくく、おのずと冷静で落ち着いた雰囲気が生まれやすい。利用者が不必要な不安や迷い、緊張感を抱くことが少ない。また、間柄が一定であるために、互いに感情的に巻き込まれることが少ない。一方で、融通性に乏しく、変化の可能性や多様なニーズに即応できる自由さに欠ける部分があったり利用者の援助への主体的かつ自由な参加を抑制する傾向があったりする。

　「柔らかな援助関係」は、支援目標や契約が比較的限定されない関係や多様な支援課題やニーズに対し、比較的柔軟に対応する関係である。両者の間柄が固定されず、様々なニーズや課題に対応する可能性を持ち、比較的豊かに感情や意見交換がされやすい。利用者が支援過程に主体的に参加しやすくのびのびとした雰囲気がつくられやすい。一方で、間柄や目標が安定しにくく、目標や課題が曖昧になったり、混乱する事態も生じたりする。それに伴って、利用者の不安を引き起こす恐れがあったり両者が感情に巻き込まれたりする危険性も高い。どの関係が望ましいのか、ということではなく、利用者あるいは利用者の状況によって「かたさ―柔らかさ」が異なってくる。それぞれの有用性と限界を知ることによって、柔軟に使い分けることが肝要で

第6章 利用者支援の技法

ある。

　尾崎は、以上述べたような多様な関係があるが、援助関係の望ましい発達の方向ないし質として次のように述べている。「どれか一つの関わり方、状態を良しと決めるのではなく、様々な関わり方を柔軟に同居させ、それらを柔軟に使い分けることである」として、このような援助関係を「ほどよい援助関係」と呼んでいる[11]。

　ほどよい関係を作るための条件として、①様々な関わり方を提供するためにワーカーが利用者に受け入れられた、おびやかされることはない、という感覚を提供すること、②様々な関わり方の有効性を生かすためには多様な関わり方それぞれの限界と危険性を認識すること、③ワーカーが多様な援助関係の持ち方のなかから一つを選択するとき選択にともなう自分の感情や動機を意識化し、吟味することである。そして、ワーカーがどのような関わり方を選択するかを判断する資料は、援助関係の相互作用のなかにあるとしている。表6−1に尾崎が示した「ほどよい援助関係」を築くための6段階の技術を整理した。

表6−1　尾崎新が示した「ほどよい援助関係」を築くための技術

段階	援助関係を築くための技術	
1	援助者の紹介	氏名、仕事内容、経験年数、なぜ担当しているかなど援助者自身を伝える。
2	感情移入	利用者がどのような心情で援助を求めてきたか、今面接室の椅子に座りどのような気持ちを味わっているかなど目の前にいる利用者がどのような感情を持っているかに関心を持つ。ポイントは、さまざまな角度から利用者の感情に関心を向け、複雑な感情の場合が多いので結論を急がないことである。
3	移入した感情を伝え返す	援助者が利用者に移入した感情を必要に応じて伝え返すことである。ポイントは、援助者が感じたことをどこまで伝えるのか、何を伝えるのかを判断し、遠まわしに伝えないことである。
4	利用者の自分を語ってもらう	「どのような相談で来られたのですか」「今、どのような気持ちですか」「あなたについて話してください」などの質問をしながら自分を語ってもらうことである。基本は、利用者の様子を見て、いつ何を尋ね、どの順番で質問するかを選べばよい。

5	利用者の反応を見て対応を決める	援助者は自己紹介や感情移入、質問をしながら利用者の反応を見て、援助関係作りの次の対応を考える。利用者との対話を続けながら、関係を作る方向や速度を決める。その過程において、焦って援助関係を作ろうとしたり、下手に介入しようとすれば、かえって硬直化したり混乱させたりするので、押しつけるのではなくまずは心配していることと必要があれば援助を提供したいと思っていることだけを伝え待つ姿勢を貫く。これによって、利用者の事情や感情に変化が起こったとき、利用者側から援助を求めてくるようになる。
6	援助関係の「枠」を大まかに設定する	援助に必要な経費や期間、どのような援助者が関わるのか、援助の出来ること出来ないこと、援助の目標を設定する。

出典：尾崎新『ケースワークの臨床技法－「援助関係」と「逆転移」の活用－』誠信書房、1994、pp.63～74をもとに筆者が作成

2）援助関係の基礎

　我々は、「真実の人間関係、嘘のない人間関係、信頼のできる人間関係」をもちたいと思っている[12]。緊張関係のなかでは、表面的に取り繕い、本音が出にくくなり、ありのままの自分を出すことは出来ない。社会福祉援助における利用者とワーカーの関係も同様である。援助関係には様々な関わり方や様態があるなかで、ワーカーは安心できる存在、信頼できる存在であることが求められる。利用者がワーカーに受けとめてもらえた、この人なら支援を任せても良い、と思える関係をつくっていくことが基本にある。我々は、どのような人に信頼を寄せるであろうか。嘘をつかない人、約束を守る人、秘密を守る人、裏表のない人、親身になって考えてくれる人、自分を大切にしてくれる人、自分の想いを受けとめてくれる人、誠実な人、人によって対応を変えない人、問題の解決に向け努力を惜しまない人、適切なアドバイスをくれる人などが挙げられよう。川村隆彦は、信頼関係を築く真の力は人間性や人格を高めることでにじみ出る力にほかならないとし、資質を養う努力が必要であり、そのために受容、傾聴、共感のスキルの向上が重要であるとしている[13]。

　一方で、ワーカーも利用者を信頼することが求められる。常に不信感で利用者を見ると、利用者もワーカーから不信感を抱かれていると認識し、ワー

カーを信頼することは困難となろう。いわば双方の信頼関係をベースに支援は展開される。

　援助関係は、導入時にすぐに構築されるものではない。支援過程を通して形成されていくものである。ワーカーや社会福祉援助機関・施設の対応を通して利用者が「信頼できる」「自分たちの味方だ」と実感できることによって援助関係は深まっていくのである。ときには積極的に、ときには見守りつつ関わり続けるのである。「私はあなたを心配しています。できることがあれば力になりたい。何かあれば遠慮なく話してほしい」といった姿勢を保ち、利用者がどのような想いでいるのか、その想いに対し受容的に接し続けることが基本にあるといえよう。

　なかには、嘘をついたり、ワーカーの嫌がる言動を行ったりするなどのためし行動によってワーカーがどのような態度に出るのかを確かめようとする利用者もいる。これまで大切な人から裏切られたり放任されたり押さえつけられた経験のある利用者は、人を信用できず、ワーカーを信頼できず無視したり反抗的な態度で接したりする場合もある。このような虚勢を張ったり、防衛的に構えてなかなか心を開いてくれなかったり、強がりばかり強調する利用者も実は、自分の辛さや弱さを受けとめて欲しいのかもしれない。人に対する接し方として、よいことはよい、悪いことは悪い、と一貫した態度で臨むと同時に、高圧的に接したりあるいは逆に腫れ物に触ったりするような関わりをするのでもなく、そのような状況にある利用者の想いを受けとめながら関わることが基本となろう。

　利用者支援は利用者とワーカーとの協働作業ともいえる。ワーカーのみではなし得ない。利用者自ら問題解決・改善やニーズ充足に向けた取り組みを行うために、ワーカーの共感や自己決定などを尊重した援助関係が不可欠である。このような援助関係のなかで、利用者は、「人間として認められ尊重されていること、また尊敬されていること」さらに「自分が自身のことを判断する能力があり適切に対処できること」や「強さ」を具体的に理解し、問題解決やニーズ充足に向かって進んでいくことが可能となるのである[14]。また、自ら進むことが困難な利用者においてもワーカーに対し、安心し信頼できるようになり赤裸々な自身を表現できるようになるのではないか。

1．援助関係

3）援助関係を築くための原則

　利用者とのよりよい関係を構築するための原則として、バイステック,F.P.の7つの原則が有名である。一般的にはケースワークの原則として紹介されているが、原著のタイトルは、「The relationship of casework」となっており、利用者とのよりよい関係を構築するための原則である[15]。これらの原則の意味を理解し、意識しながら利用者と関わることによって利用者との関係形成に役立っていくであろう。

①**個別化（クライエントを個人として捉える）**：我々人間は、唯一無二の存在であり、一人ひとり異なっており、同じ人間などいないのである。同じような障害状況や生活状況であっとしても、一人ひとりの置かれている状況や抱えている問題は異なっている。また、一人ひとりの歩んできた人生も異なっている。そこで培われた人間観や価値観も当然異なって形成されているのである。生活上の問題に対する捉え方も当然異なってくる。利用者である前に一人の人格を有する人間である。同じような状況にある利用者を十把一からげにして画一的な支援を行うのではなく、利用者一人ひとりの独自性を尊重し、これまで歩んできた人生を尊重し、一人の人としての関わり方を大切にしていくべきである。

②**意図的な感情表出（クライエントの感情表現を大切にする）**：利用者は、置かれている状況や抱えている問題に対して、怒り、悲しみ、絶望感といった様々な感情を抱いていることが多い。このような感情表出を妨げたり否定したりするのではなく、また事務的な対応や表面的な問題にのみ焦点化するのでもなく、利用者の抱いている感情を表現できるよう耳を傾け、必要に応じて感情の表出を促してく。感情が高まったままだと冷静な判断が出来ないため、利用者に感情を表現してもらう。利用者の気持ちが落ち着くと、次の段階へと進むことが出来る。感情表現がないまま進んでいくと、利用者のなかで十分納得のいかないまま支援が展開され、好ましくない結果になる恐れが生じるかもしれない。後述するが、自らの感情を表現でき、受けとめてもらえた、ということを実感できるならば、安心することが出来、利用者とワーカーの関係は深まっていくといえよう。

③統制された情緒的関与（援助者は自分の感情を自覚して吟味する）：ワーカーは、利用者の感情に対する感受性をもち、利用者のそのときの感情がどのようなものなのかを感じ取り、その意味を理解し、そしてワーカーとして理解した感情にどう反応するのかを吟味することである。ワーカーとして理解した感情をどのように利用者に返すことが専門的援助関係に基づく対応なのかを冷静に吟味する必要がある。

④受容（受けとめる）：ワーカーが、利用者の人間としての尊厳と価値を尊重しながら、ありのままの利用者の置かれている状況や立場を理解することである。利用者の歴史、個性、生き方を理解しようとすることで、ワーカーとは異なる価値観や人生観をもっていても拒否することなく、利用者の「あり方」を受け入れることである。このことは、利用者の反社会的行動や非社会的行動そのものを受け入れるということではなく、利用者がそのような想いにいたった背景を理解することである。受容には、後ほど出てくる「共感」と非常に密接な関係があり、共感することが出来て受容へとつながっていくのである。

⑤非審判的態度（クライエントを一方的に非難しない）：利用者の言動を一方的に非難するのではなく、その言動がなぜ出てきたのかを確認することである。理由が分かれば多面的な理解が可能となり対応法も違ったものとなる。利用者の言動の良し悪しについて審判を下すのではない。

⑥自己決定（クライエントの自己決定を促して尊重する）：利用者を一人の人として尊重し、分かりやすい情報提供を行い自己決定できるよう支援することであり、利用者の自己決定を最大限尊重することである。利用者には選択し自己決定する権利とニーズがあることをワーカーは認識すべきである。自己決定するのは利用者であり、ワーカーの判断を押し付けてはならない。ただ、自己決定の尊重と放任とは異なるものである。利用者が選択した内容であっても明らかに不利益をもたらす場合や他者に危害を及ぼす場合は見過ごすわけには行かない。このような場合は、十分利用者と話し合いの場を持ち、多面的に情報提供を行いながら正しい判断が出来るよう支援することが不可欠となる。

⑦秘密保持（秘密を保持して信頼関係を醸成する）：職業上知り得た利用者に関する情報をむやみやたらと他者に漏らしてはならない。利用者は、

自分たちを支援する専門職だからこそ、他人に知られたくないプライベートな情報までも提供しているのである。この情報を他者に漏らさない、すなわち秘密を守ることによって利用者は安心して支援を求めてくるのである。この秘密保持は、他の専門職との情報共有が必要な場合においてもあらかじめ利用者の了解を得ておくことが望ましい。また、意図的に秘密を漏らすことに限定せず、施設やグループホーム内でも他の利用者や部外者が聞いているような場所でスタッフ同士による情報交換や利用者との会話は慎むべきである。さらに、業務を終え、同僚と喫茶店などで利用者に関する話題を持ち出すことも慎むべきである。

2．コミュニケーション

(1) コミュニケーションとは
1) コミュニケーションの意味

すでに援助関係の重要性は繰り返し述べたが、利用者・家族とワーカーとの関係を支えているのはコミュニケーションであり、人間関係の形成にはコミュニケーションが欠かせない[16]。コミュニケーションは、第5章で述べた利用者、家族、他の専門職や関係者との情緒的な人間関係の形成をはじめ実践過程すべてにおいて重要な役割を果たしている[17]。その意味で、コミュニケーションが円滑に行われるかどうかによって、支援の展開過程は大きく影響を受けることになる。コミュニケーションは、様々なシステム内あるいはシステム間によってなされているが、ここでは利用者あるいは家族とワーカーとのコミュニケーション、すなわち対人コミュニケーションを中心に話を進めることとする。

深田博己は、コミュニケーションの概念を①当事者がお互いに働きかけ、応答しあう相互作用過程、②一方から他方へ意味を伝達する意味伝達過程、③一方が他方に対して影響を及ぼす影響過程、といった三つのタイプに分類できるとしている[18]。コミュニケーションは、話し手と受け手が存在し、話し手から受け手への伝達を通して双方の継続的なやりとりのもと、意味を共有し、そして、お互いが相手に対して影響を与える過程といえる。

コミュニケーションの過程は、①何らかの知識、感情、意思といった情報を伝達する主体としての送り手（話し手）、②伝達された表象記号の集合であるメッセージ、③それらを搬送する媒体としてのチャンネル、④情報の受け手といった4つの要素から構成されている[19]。

　コミュニケーションは、話し手からのことばや身振りなどのメッセージを視覚・聴覚・触覚・臭覚・味覚といったチャンネルを通して受け手に伝えられ影響を及ぼすといった流れになっている。また、話し手からのメッセージを受け手が解釈し、それを話し手に応答し、話し手が理解するという循環過程によって成り立っており、話し手から受け手への一方向で終了するのではなく、双方向による交互作用によって成立するものである。このことから、コミュニケーションは、単に物事や意思を伝達するだけではないことが理解できよう。

　なお、メッセージは単なる「記号」であってメッセージそのものに意味はない。話し手はメッセージを伝達し、聞き手がメッセージに意味を付与し、解釈しているのである。意味は、学習されるものであり、各個人の経験によって変化するものであり、同じメッセージでも意味上の差が生じるものである。メッセージの交換過程で意味が重なり合った部分が「理解」、重なり合わなかった部分が「無理解」、「誤解」となる[20]。

　たとえば、話し手が、「朝、目が覚めて窓を開けると目の前には"くも"」と言ったとしよう。聞き手が"くも"というメッセージをどう意味づけ（解釈）するだろうか。「空に浮かぶ雲」、「昆虫の蜘蛛」どちらにも解釈できる文脈である。蜘蛛が多く出没する地域に住んでいる人なら、"くも"と聞いて昆虫の蜘蛛を思い浮かべるかもしれない。また、いつも朝、窓を開け、空を見上げている人なら、空に浮かぶ雲を思い浮かべるかもしれない。聞き手の生活習慣や経験が"くも"といったメッセージに意味づけしているのである。話し手と聞き手が違った意味で用いるなら、話が噛み合わなくなる。話し手が"くも"をどのような意味で用いているのかを確認することで理解出来るのである。

2）対人援助におけるコミュニケーションの意味

　白石大介は、人と人がコミュニケーションを交わしながら形成される人間

関係の基底には、「心と心が触れあい、人格と人格が交わる中で、共感しあい理解しあう」ことが重要であり、「心と心が触れあい、温かさがかよいあわなければ、真のコミュニケーションとはいえない」と述べている[21]。

ここでは、対人援助におけるコミュニケーションを利用者・家族とワーカーが「援助の目標を目指し、人格の交わりのなかで意思を伝達し合い、心と心の触れ合いを通して相互理解を深めていく手段あるいは過程」と捉えることとする[22]。コミュニケーションを通してワーカーが利用者や家族に影響を及ぼすと同時に利用者や家族がワーカーにも影響を及ぼしていることを押さえておくべきである。

(2) 言語コミュニケーションと非言語コミュニケーション

1) 言語と非言語による分類

コミュニケーションは、大きく言語コミュニケーション (verbal communication) と非言語コミュニケーション (nonverbal communication) に分類できる。言語コミュニケーションとは、文字通りことばによるコミュニケーションであり、音声や文字などによって表出されるものをさす。非言語コミュニケーションは、ことばによらないコミュニケーションである。非言語として、①身体動作(身振り、身体の姿勢、顔面表情、凝視など)、②空間行動(対人距離、縄張り、個人空間、座席行動など)、③準言語(言語に付随する声の質(高さ、リズム、テンポ)、声の大きさ、言い間違い、間のとりかた、沈黙など)、④身体接触(触れる、撫でる、叩く、抱くなどの接触行動)、⑤身体的特徴(体格、体型、体臭、身長、体重、皮膚の色、毛髪の色など)、⑥人工品(化粧品、服装や眼鏡、装飾品)に分類される[23]。

2) コミュニケーションの困難さ

コミュニケーションは、言語コミュニケーションと非言語コミュニケーションが複雑に絡み合いながら行われている。しかしながら、物事を正確に伝達したり理解したりすることは非常に困難であることも事実である。たとえば、ある状況のなかであることを話し手が聞き手に伝えるとする。話し手が理解している範囲はその状況の一部であり、そのなかで話し手が伝えたいことはその一部である。しかもそのメッセージは、話し手のこれまでの社会、

第6章　利用者支援の技法

　文化や育ってきた慣習や育まれた価値観に基づくものの見方や観念、あるいは伝えようとすることに対する認識の仕方といったフィルターを通して伝えられている。そして、伝えたい内容を十分表現できていない場合もある。さらに、時間の経過とともに記憶は薄れていき伝えたい内容が欠落していったり、その人の既存の考えや思考のあり方によって変容されたりするものである。いわば記憶は歪曲されていくのである[24]。

　一方、聞き手が受け取るメッセージは、聞き手のフィルターを通して解釈されるため、話し手の伝えたい内容のみならず、伝えようとはしていない内容も聞き手によって意味づけされてしまうこともある。逆に、話し手の伝えたい内容が聞き手に伝わっていない部分もある。くわえて、話し手と聞き手の双方の関係によって伝え方や解釈のし方に影響を及ぼしている。

　一方白石は、真のコミュニケーションを阻む要因として以下の3点を指摘している[25]。①話し手が聞き手に総じて何を伝えようとしているのか、何をいったい話したいと考えているのか、聞き手がそれを聴こうとする姿勢が欠けていること。聞き手が関心や興味のある部分に注目したり、自分の尺度で話を聴こうとしたりすると、話し手の話す内容の表面的な事柄や一部にとらわれ全体像が見えなくなる。また、話し手も「話を十分聴いてもらえなかった」「理解してもらえなかった」といった感情を抱くようになる。②話し手が、どのような気持ちや感情をもって話しているのかを話し手の心のなかあるいは感情の世界に入って、受けとめ理解することが困難であること。③話し手が困ったり悩んだりしているような話に対し、聞き手が解決を急いだり何か助言しなければならないという気持ちになること。こうなると、話への理解が知的なものとなり、話のやりとりが理屈っぽくなったり、説教がましいものとなったりする。そのため、話し手が自分の気持ちを分かってもらえないといった感情を抱いてしまう。

　以上見てきたように、メッセージがチャンネルを通過し聞き手に届く間に「歪み」を生じさせる。これをコミュニケーションの騒音あるいは妨害という。ある状況のなかでのあることを正確に伝えたり理解したりすることは様々な困難を伴うものである。コミュニケーションは重要であるといわれる一方で、円滑なコミュニケーションは極めて困難であることが分かるであろう。

3）非言語コミュニケーションの重要性

　我々人類は、言語コミュニケーションによって飛躍的に発達してきた。現在のことだけでなく過去や未来について語ることが出来たり、抽象的な概念や理論を理解出来たり、目の前に存在しないものを想像することが出来たり、意思の疎通を行ったりすることが可能となった。言語は、他者との関係を構築しながら社会生活を営むために欠かせないものとなっている。

　しかし、言語コミュニケーションには限界がある。言語コミュニケーションとして表出された内容は、必ずしも話し手の意図するものとは限らない。ある利用者が「この施設の職員さんは、皆親切で良い人ばかりです。何一つ不自由に感じていることはありません」と言ったとしても、下を向いて小さな声でぼそぼそと言えば、聞き手の多くは、「本心ではない」と察するだろう。言語と非言語に矛盾がある場合、目を合わせず下を向いて、小さな声でぼそぼそと言った非言語のメッセージから「なにか不満がある」と利用者の本心を解釈（意味づけ）しているからである。

　人間の意思の多くは、非言語コミュニケーションによって表出されていると言われている。さらに人間の感情になると、ことばは7％、声による表現は38％、顔の表情は55％の割合になるとも言われている[26]。言語を意識的にコントロールすることは比較的簡単であるが、非言語の側面を意識的にコントロールすることは難しく、無意識のうちに非言語コミュニケーションを介して感情や対人態度を伝達したり、逆に他者の感情や対人態度を知ったりするものである[27]。言語コミュニケーションは、伝達内容が抽象的・論理的な場合に、非言語コミュニケーションは、自己の感情表出や相手に対する対人態度を表出する際に威力を発揮するといわれている[28]。

　非言語コミュニケーションは、言語的内容を補足するものであったり、強調するものであったり、言語的内容とは異なった意味を表現するものであったり、無意識的な問題や課題を表すものであったり、話を継続、終了あるいは急がせたり反復を求めるといった会話の流れを調整・管理するものであったりする[29]。このように見ていくと、非言語コミュニケーションは、コミュニケーションのなかで多様な働きをしていると同時コミュニケーションに占める割合が高く、重要であることが理解できよう。

4）非言語コミュニケーションの困難性

しかし実際、非言語コミュニケーションを正確に読み取ることは簡単ではない。①非言語の動作そのものに矛盾が生じている。顔は笑っていても手を強く握りしめ緊張の様子が見られる。②非言語コミュニケーションを意図的にコントロールしている場合がある。たとえば、友人の結婚式に招待されたとしよう。招待された人は二人の結婚を祝福するにふさわしい服装で参列するであろう。たとえば男性であれば略礼服に白のネクタイを締めていくであろう。しかし、何らかの理由で二人の結婚を快く思っていない人もいるかもしれない。③非言語で意図することを読み手が誤った解釈をする。たとえば顔の表で驚いた表情をして見せてもその表情を読み手が他の表情として解釈してしまうこともある。このように非言語コミュニケーションは、複雑な様相を呈しているのも事実である。

（3）利用者の意思を引き出すコミュニケーション
1）利用者の意思確認の困難性

言語コミュニケーション、非言語コミュニケーションを総合的に駆使しても、我々は他の人の意思や感情を100％理解できるのだろうか。極めて困難だろう。

利用者の意思を確認するに際して、いくつかの困難に直面する[30]。①利用者がワーカーに対して自らの意思や感情を意図的に歪曲して本心とは裏腹のことを伝えることがある。②利用者自身が意識していることも無意識ではアンビバレントであるため、本人自身が正反対の感情や意思をもっていることに気づかない場合がある。③利用者自身が漠然としたものを感じているが自らの意思を十分整理できていないこともある。④利用者のその場その場における欲求や要望は必ずしも本当の意味での利用者の自立や自己実現にそぐわないこともある。いわゆるニードとディマンドの相違の問題である。⑤重度知的障害者や認知症高齢者など自らの意思を上手く表明することの困難な利用者も多くいる。

この100％理解できるものではない、という前提のもとにコミュニケーションが始まるのではないだろうか。他人を100％理解できない、だから理解することは不可能だと諦めてしまうのか。あるいは、少しでも理解しようと

2．コミュニケーション

歩み寄るのか。ここに利用者支援におけるコミュニケーションの分かれ道がある。

とくに、意思表明の困難な利用者の場合、利用者の代弁者となって意思確認に務めるべきである。たとえば、重度知的障害者のように言語を表出するのが困難な利用者も多くいる。言語コミュニケーションが困難な利用者とコミュニケーションを図っていくことは不可能だ、と断定しているワーカーがいるかもしれない。言語を媒体に用いることが出来ないため、利用者が意思を表現することなど出来ないと判断したり、あるいは利用者の意思を聞き手であるワーカーが読み取ることができないと判断したりしているのである。しかし、はたしてそうであろうか。

2）非言語コミュニケーションからの意思確認の必要性

言語コミュニケーションの困難な利用者は、非言語によって様々な意思表示のメッセージを送っているのではないだろうか。言語コミュニケーションが困難だからこそ、非言語コミュニケーションを多様に発しているのである。第5章でも述べたように、問題行動といわれる行為も何かを表現したメッセージと解釈できる。大声、他害行為、自傷行為、器物損壊などは単なる問題行動として片づけるのではなく、利用者がこれらの行動を通して何を訴えようとしているのかを読み取ることがコミュニケーションを深める第1歩である。問題はむしろ、ワーカーがいかにこの非言語のメッセージを読み取ろうと意識しているのか、努力しているのかにある。

ワーカーが利用者の非言語コミュニケーションの意味をつぶさに分析し、利用者の意向を尊重した支援を繰り返し行うことによって、やがて問題行動といわれる行動が減少するであろう。同時に利用者は、意思表明しても良いことを学習し、肯定的な表現方法を用いて主体的な意思表明を行うようになるであろう。この仕組みについては、後ほど行動理論のところで詳述する。

さらに、将来の展望を模索する際に、すなわち利用者の長期の支援目標や計画を作成する際にも役立つであろう。確かに、重度知的障害者のように言語コミュニケーションの困難な利用者が将来の自分の人生設計を立て、そのことを非言語コミュニケーションで表現することはないかもしれない。しかし、利用者の日々の生活での主体的な意思表明を尊重することによって、利

用者の望むことや嫌がっていることを整理し、利用者の望む将来に向けた生活像が見えてくるかもしれない。いわば現在の生活から将来を類推するのである。ワーカーや専門職集団の推察に過ぎないかもしれないが、現時点での利用者の意向をもとにそれらを蓄積し、徐々に将来の生活へとつなげていくのである。

長期目標を設定し、現在へと戻ってくる支援計画がセオリーかもしれないが、現実に困難な場合も多い。このような場合は、現在の生活からスタートし、将来を模索する方法が現実的であろう。

3）利用者・家族と接するときの基本的態度

では、利用者の意思を引き出したりメッセージをより正確に読み取ったりするコミュニケーションを展開するにはどうすればよいのだろうか。芝野松次郎は、「人はただそこにいるだけで尊い」という想い、すなわち、「人の尊厳」という社会福祉援助の価値に裏づけられた態度こそが人と接するときの基本的態度であり、よいコミュニケーションを実現するための原動力になるとしている[31]。この個人の尊厳を根底におきつつワーカーとしての態度を以下に整理する。

①エンパワメント概念やストレングスの視点に基づく支援を行う。エンパワメントやストレングスについては第4章に詳述しているのでここではポイントだけ再掲する。利用者の可能性や潜在性を確信し、長所や良さに焦点化し、そのことを評価する。ワーカーが利用者を一人の人として尊重し、「意思表示してもいいですよ」といった態度に徹し、利用者の意思や選択を尊重することによって、利用者は経験的に意思表示してもいい、といったことを学習し、意思表示するようになる。いきなり大きな事柄や将来設計についての意思確認や選択を求めるのではなく、まずは日常生活の小さな事柄から利用者の意思や選択の尊重を実践する。このことが、利用者主体につながるのである。ワーカーの価値判断が優先すると、利用者は依存的になったりパワーレスな状態に陥ってしまったりする恐れがあるため、ワーカーの一方的な判断を押しつけないよう注意すべきである。

②ワーカーは、利用者にとって安心できる存在となる。ワーカーは、利用者がありのままの自分を素直に表現できる存在になることである。利用者に寄り添い、支持的で受容的な関係を維持していくことが重要となる。

そのためにワーカーは、余裕をもって暖かいまなざしで、また通常の関わりにおいては笑顔で接することが基本である。一般的に笑顔でいるとその人自身の不快さが和らぎ、心が和やかになるといわれている[32]。人は、心が和やかだから笑顔になる一方で、笑顔を作ることでやがて心が和やかになるのである。

利用者が求める関係のあり方は、一人ひとり異なってくる。関わりを求める利用者、自分のペースで生活を過ごしたい利用者、あまり関わりをもってほしくない利用者もいる。また、具体的な関わり方も一人ひとり異なってくる。関わりを求める利用者であっても、会話を好む利用者もおれば、一緒に何かに取り組んでもらうことを好む利用者もおれば、そばに一緒に付き添ってもらうことを好む利用者もいる。利用者と常に会話をしなければならないというものではなく、会話がなくともただワーカーが利用者のそばにいるだけでも利用者にとって安心できる存在になることもある。利用者が求める関係に沿うことが利用者にとって安心できる存在となるのである。

③ワーカーは、話し上手より聴き上手になる。「きく」には「聞く」「聴く」「訊く」の3種類あるといわれている。「傾聴面接」ということばがあるように、「聴く」ことが重要になる。「聴く」とは、心を込めて全身全霊耳を傾けて相手の話を聴くことを意味する。

松岡敦子は、聴き方のABCを具体例を用いて説明している[33]。AはAffect（感情面）、BはBehaviour（行為（行動）面）、CはCognition（認識面）である。ある高齢者がワーカーに「嫁はわたしのことが嫌いらしい。一緒に外出するのを避けるのです」と話したとする。これに対しワーカーが「お嫁さんは○○さんとは外出しないのですね」と受けとめると行為面に着目している。また、「○○さんはお嫁さんが一緒に外出しないので○○さんのことを嫌がっていると思われるのですね」と話を進めると認識面に着目している。一方、「嫌われていると思うとつらいですよね」と利用者の気持ちを汲むと感情面に着目している。松岡は、

第6章 利用者支援の技法

　この三つの側面から会話を分析する必要があるとしており、感情面をはじめにしっかり押さえそれを基礎に行為面、認識面に話を向けていくことで通り一遍の答えではなく内容の深い情報が得られるとしている。
　ここで押さえておかなければならないことがある。人間は、自分自身から遠い話だと客観的に聞くことができるが、自分自身と関係していると冷静にはなりにくいものである[34]。利用者とのコミュニケーションにおいて利用者の立場に立つよりもワーカー自身の体験や価値観のなかでワーカーの側に立って自分の想いや感情を相手の心に映し出そうとすることがある[35]。これを同情という。しかし、ワーカーには自他の区別が必要で、利用者の立場に立って利用者の感情や想いを共有しながら理解すべきであろう。いわば、利用者との間には適当な心理的な距離を保ちながら、利用者の感情に巻き込まれることなく、客観的で知的な理解を併せもつことが重要となる[36]。これを共感という。
　一生懸命、相手の話を聴くのであるが、どこかで自分自身を冷静に見つめながら聴くことによって、客観視でき、利用者の話の内容を吟味することができるのである。

④傾聴しつつ、利用者からのメッセージの意味を解釈する。ワーカーの一方的な解釈やワーカーの立場でコミュニケーションを進めるのではなく、利用者の立場で物事を見ると同時に客観的な観点から見ていくのである。「わがままなことを要求する」「自分勝手なことを要求する」「甘えている」利用者がいるとする。その表面的な出来事だけで解釈するのではなく、その言動の背景にあるものを考える視点が求められる。利用者は、なぜあのような言動を行ったのだろうか。どのような感情を抱いているのだろうか。何を求めているのだろうか。私が利用者だったらどう思うだろうか。このような利用者の想いを理解しようと努めることが利用者の言語・非言語のメッセージの理解につながっていく。

⑤利用者とワーカーとの双方向のコミュニケーションを行う。双方向のコミュニケーションによって相互理解が深まるとともに相互影響につながっていくのである。利用者とワーカーが交互に話し手、聞き手となり、メッセージの交換を行い、相手のメッセージを理解し、自らのメッセージを伝え、相手に理解してもらうことで相互理解が深まっていく。決し

2．コミュニケーション

てワーカーが利用者に一方的に伝えるだけの一方向のコミュニケーションに終わってはならない。

双方向のコミュニケーションということで考えるならば、利用者や家族からの言語・非言語メッセージをワーカーが解釈、理解するだけでなく、ワーカーからのメッセージも利用者や家族に発信されているのである。言語であれ非言語であれ、ワーカーとしての態度や姿勢が伝達されている。

ワーカーの利用者や家族に対する「どのような想いでいるのだろう」「どうしたいのだろう」「どのようなことを求めているのだろう」といった一生懸命に聴こうとする姿勢、理解しようとする姿勢もコミュニケーションとして発信されている。

一方で、利用者や家族に対して「そのような話を聴きたくない」「あまり接触を持ちたくない」「今忙しい時に話し掛けられたくない」「長話（電話）は鬱陶しい」「同じ話を何回も聞きうんざり」といったワーカーの感情も利用者や家族に発信されているのである。

このようなワーカーの様々な意図や感情を利用者や家族はコミュニケーションを通してメッセージとして受け取り、解釈、理解しているのである。また、ワーカーの何気ない言動を利用者や家族は、意味あるものと解釈することも多くある。とくに非言語コミュニケーションは、ワーカーが気づかないところで無意識に発信、伝達されていることを心得ておくべきであろう。

利用者や家族は、ワーカーからのコミュニケーション通して、「受け入れてもらえた」「理解してもらえた」「信頼できる」あるいは「理解してもらえない」「信用できない」「誠実でない」「不安だ」といった感情を抱き、その感情を、ワーカーへ発信しているのである。このように見ていくと、いかにワーカーの利用者や家族に関わる姿勢や態度が重要であるかが理解できよう。

そこでワーカーは、余裕を持って、利用者との関わりに全力を注がなければならない。他のことを気にかけたり、利用者や家族との関わりを「鬱陶しい」「面倒くさい」といった消極的な態度で臨んだりするならば、決して円滑なコミュニケーションを行うことは出来ないだろう。

⑥利用者の日常の生活場面がコミュニケーションの場ともなる。利用者とのコミュニケーションは、構造化された面接室での面接場面で「聴く」姿勢や態度に限定されるものではない。施設やグループホーム、利用者の自宅、あるいは外出先といった日常の生活場面でのコミュニケーションにおいても同様のことがいえる。ワーカーが業務に忙殺され、利用者とじっくり向き合う時間がとれず、事務的な対応しか出来ないとすれば、円滑なコミュニケーションは行えないであろう。ワーカーが忙しそうに立ち振る舞っていると利用者が不安になったり、利用者がワーカーに関わりを持ちにくくなったりする。現場の第一線で利用者と関わるワーカーは、利用者と関わる時間をどれくらい取っているだろうか。そして、取ろうと努力しているだろうか。他の業務を優先していないだろうか。利用者とともに過ごす、あるいは利用者の様子が視野に入る範囲で業務を行うことを少し意識しながら利用者と関わることでコミュニケーションも取りやすくなる。

　日常の生活場面のなかで利用者の日々の生活と比べ、「今日は元気がない」「いつもならこの話題に話が弾むのにほとんど反応がない」「真っ先に食堂にやってきて食事を摂るのに今日は居室に閉じこもったままだ」「いつもに比べ今日はいろいろと話が弾んでいる」などいつもとの違いがあればそれを感じること、そしてそこから利用者の心身の変化がどのようなものなのか、新たなニーズが生じていないのかを意識しながらコミュニケーションが展開されていくのである。

　日常の生活場面でのコミュニケーションは、構造化された面接場面のように密室で行われるわけではないので、プライバシーが保ちにくく、込み入った会話はできないかもしれない。しかし、利用者の日常のリラックスした状態でのコミュニケーションが可能であり、利用者の心身の状況が自然な形で表現される場面でもある。この日常生活場面も重要なコミュニケーション場面といえる。

　現場では、介護業務、作業業務、日常の家事援助、学習支援業務、スキルアップのための訓練業務、日々の雑用業務といった多様な業務を遂行しながら利用者と関わっている。この日常生活場面でのコミュニケーションを何気ない世間話で終わらせたり、あるいは利用者の生活状況を

2．コミュニケーション

十分観察することなく過ごしてしまったりするのではなく、これらの業務を通して利用者の状況把握の場として意識したり、支援のための介入の場と捉えたりすることで、日常生活場面でのコミュニケーションが活きたものとなる。そのコミュニケーションを通して利用者の様子からその日の状態を把握することに努めるのか、単に話題提供で終わるのか、外見では同じでも全く異なった関わりである。いわば、介護業務や作業業務などの日常業務は、利用者支援のための手段であり、意図的なコミュニケーションを行うという専門職性発揮の場である[37]。

⑦利用者に様々な情報提供手法を駆使し、意思表明支援の手段とする。一方向のコミュニケーションで単に情報を提供した、といった形では情報提供したとはいえない。利用者が理解できて初めて情報提供できたといえる。抽象論的な内容ではなく出来るだけ具体的な表現方法を用いて情報提供を行う、利用者が分かりやすいように具体例を用いたり絵文字や写真などを活用したりして説明を行う、メリット・デメリットの両側面からの情報提供を行う、具体的なイメージが湧かない場合や判断が難しい場合は利用者に実際に模擬体験をしてもらうなどの工夫が必要であろう。以上の取り組みを通して利用者が正しい判断ができるよう支援していくのである。

⑧文脈や状況に応じたコミュニケーションを心がける。利用者とのコミュニケーションは、利用者が「〇〇」と言えば「××」と返答すればよいと言った単純なものではなく、受け答えのマニュアルといったものは存在しない。利用者とのコミュニケーションを通して、その文脈や状況に応じた交互作用のなかで取り交わされるものである。当然、返答に困惑することもあるだろう。ただ聴くだけで上手くことばがでなかった、といった経験もあるだろう。場合によっては、下手にことばを投げかけるより「ただ聴くだけ」でも十分なこともある。話し手は、これまでの話し手の文脈から発しているものであるが、聞き手がその文脈を理解していなければ、話し手の意図することが理解できない。

4）コミュニケーション・スキルの活用

基本的態度を受けて具体的なコミュニケーション・スキルを主に面接技法

から紹介することとする。基本的態度を示しながらこれらのスキルを有効活用することが望ましい。

①姿勢、態度

　話を聴く際には、利用者および利用者の話に積極的な関心を示すべきである。座っているときは椅子に深く腰を掛け、やや前傾姿勢を保つようにする。座る位置も利用者の真正面は緊張感が高まるため、やや斜めで視界に入っている位置がよい。腕組みや足組みは、高圧的な態度を示すものであったり、防衛を表すことになったりするためワーカーが自分自身を守るメッセージを送っていることになる。一方、ワーカーが退屈そうな態度を示したり、話の途中でよそごとを行ったりすることは論外である。このような態度のワーカーに利用者・家族は心を開いて話をするとは思えない。

②視線

　話を聴くときは、話し手の顔を見ることが基本である。視線を合わさないのは、話し手からすると話を聴いてもらえていないという意味のメッセージを受け取るであろう。凝視するのではなく、暖かいまなざしと自然な形で視線を合わせることを心がける。

③質問

　質問には、開かれた質問と閉じられた質問がある。開かれた質問は、間口を広く取って質問する形式である。たとえば、「○○についてお話いただけますか」「○○についてどのようにお考えですか」といった質問の仕方で、相手のペースで話が進められ、最も強調したい内容や利用者・家族の感情や様々な想いを傾聴することが出来る。一方閉じられた質問は、「はい」「いいえ」あるいは「単語単位」で返答できるような質問形式である。たとえば、「お子さんはいらっしゃいますか」「施設での生活は楽しいですか」「何歳ですか」「家族は何人いますか」といった質問の仕方で、客観的な事実を情報として収集する際には効果的であるが、聞き手主導で進められ、表面的な内容しか把握できないといった問題がある。利用者や家族とのコミュニケーションにおいては両方を上手く活用することが望ましい。

　一般的に対人援助の面接では開かれた質問の方が望ましいとされているが、必ずしもそうとは限らない。たとえば知的障害のある利用者など開かれた質問だと返答しにくい利用者もいる。その場合、文脈や利用者の状況に応

じて限りなく閉じられた質問をするほうが返答しやすいかもしれない。これは何も知的障害のある利用者などに限ったことではない。一般的なコミュニケーションにおいても、間口があまりにも広すぎる開かれた質問は、何を質問されたかが理解できず戸惑うこともある。文脈の流れに沿って出てきた質問であれば、ある程度間口が広くても理解できるが、いきなり広い間口の質問をすると相手が理解できず、聴きたい内容とは異なった趣旨の内容が語られることがあるので、文脈に応じて焦点が絞れるような間口で聴くことを心掛けるべきである。

④うなずき・あいづち

　話の区切りや切れ目にうなずいたり「そうですか」「それで」といったあいづちを入れたりすることで、話を聴いているというメッセージとなったり話を促すメッセージとなったりして話し手に伝達される。大きくゆっくり、しかも暖かいまなざしや声の調子でうなずいたりあいづちを入れたりすることで利用者や家族はより安心して話を続けることが出来る。

⑤内容の反射

　利用者の話の内容を言い換えたり長くなった話の内容を要約し返したりすることである。さらに、深めて利用者の意図する内容を説明したり解釈したりすることもある。これにより相互理解が深まる。また、話し手が伝達したい内容を適切な言語で表現できず核心の周囲をぐるぐると回って同じことを繰り返すことがある。このようなとき、聞き手であるワーカーが核心を突いた言葉で表現することができると利用者自身の気づきにつながると同時にワーカーへの信頼度が高まる。利用者、家族が「なんと表現したらよいのか…。分かってもらえますか」といった発言に対し、「○○ということですね」と表現する。それに対し「そう、そう、そうなんですよ」といった返答があると、利用者や家族も自らの想いを整理することが出来る。

⑥感情の反射

　利用者の抱いている気持ちや感情を言葉にして利用者に返すことをいう。苦境に陥っていたり、限界のところで踏ん張っていたり、悔しい想いをしていたりする利用者や家族のなかには、聴いてもらうことで辛さや悔しさを共有してもらえたと実感できれば、随分と気分的に楽になる場合もある。「そのような状況に陥って、ほんとうに悔しいですよね」「そのような出来事に

遭遇するなんて、さぞかし悲しい想いをされてこられたのでしょうね」「今まで奥様は大変辛い想いされてこられたのですね。よくここまで一人で踏ん張ってこられましたね」といったこの感情面の受けとめによって援助関係はさらに深まっていくものと思われる[38]。

　経験の浅いワーカーは、この感情の反射を行うことが難しいようである。利用者や家族から出された要望に即座に応えなければワーカーとしての信頼が得られないと思い込んでいたり、辛い立場におかれている利用者や家族にどのような声掛けを行っていけばよいかに戸惑ってしまったりするようである。このような場合でも焦ることなく、まずは感情の反射を行いながら波長あわせを行い、利用者や家族と感情の共有を図っていきながら、ほんとうの訴えはどこにあるのかを模索していけばよい。そして、ともに問題に取り組んでいくことを伝えるとともに、エンパワメントの観点から利用者や家族はその問題をどう解決・改善して行こうとしているのかを引き出していくことも重要である。

⑦話の焦点化

　話し手の話題にしっかりついていくことをいう。聞き手であるワーカーが確認したいことや伝達したいことを優先して急に話題を変えると利用者や家族は、十分聴いてもらえなかったという不満の感情が残り、やがてこのワーカーには話をしたくないといった否定的な感情を抱くようになる。また、話の枝葉末節にとらわれすぎると、話の本質が見えなくなることもある。「利用者は何を訴えたいのだろうか」と常に意識しながら、最後までしっかり話し手の言いたい内容を聴き、受けとめていくことが肝要である。

3．利用者との関わり（行動理論からの考察）

(1) 行動理論の仕組み
1) 行動理論の考え方
　春木豊は行動心理学[39]の立場から、他者の心が見えるわけではないので、行為、動作といった行動を解釈し、理解することが他者の心を知る大きな手がかりになるとしている[40]。いわば非言語コミュニケーションを理解するの

に行動心理学を援用しようとするものである。

　行動心理学の基礎理論となっている行動理論は、人間の観察できる行動に焦点化し、その行動の多くは学習されたものである、という考えに基づいており、学習理論ともいわれている。具体的には、人間を抽象化したり概念化したりするのではなく、具体的な行動によって理解する。たとえば、「社会性がない」といった表現を「知り合いに出会っても挨拶ができない」「時間を守ることができない」など具体的な行動に置き換えることでより明確に理解する。また、行動の原因をあまり過去にさかのぼって究明せず現在の環境と行動との関係に注目している。学習理論でいう環境とは、行動に直接あるいは間接的に影響を及ぼすものすべてを指している[41]。具体的には後述する先行刺激や結果事象がオペラント行動に影響を及ぼす環境となる。

　さらに、これらの行動は学習されたものであると考えられている。よって、適切な行動も不適切な行動も同じ原理に基づいており、不適切な行動は誤った学習がなされているかあるいは適切な行動の学習がなされなかった、という理解がされている。したがって、不適切な行動も正しい学習がなされることによって消去され、適切な行動へと変容できるとみなされている。適切な行動というのは、時代背景や地域の文化・習慣、周囲の状況、個々人の価値観によって捉え方が異なってくる。ここでは、非言語コミュニケーションに限定せず、言語を含めた人間の行動の仕組みのなかでもオペラント条件付けといわれる学習スタイルを紹介することで利用者との関わりについて考察を深めたい。

　なお、ここで確認しておきたいことがある。利用者の行動の変容を促すことが目的ではなく、行動の変容によって利用者の生活上の問題がどのように解決・改善され、ニーズが充足されたのかを考察することが究極の目的である[42]ことを念頭におきながら読み進めていただきたい。

2）行動理論とソーシャルワーク

　行動理論の枠組みを紹介する前に、行動理論を応用した行動療法とソーシャルワークとの関係を整理したい。行動療法は、精神分析療法に対する批判から発達してきた。その影響がソーシャルワーク、とくにケースワークに及んだといえよう。

第6章 利用者支援の技法

　行動療法アプローチのソーシャルワークの導入は、1960年代後半の伝統的なケースワークの批判に応えるもので、主な理由として以下の点が挙げられる[43]。①利用者の洞察ではなく、具体的な利用者の行動面での変化を援助の目標としている。②経済効率を考えた短期間の解決が可能とされている。③特定の行動をターゲットとするため、効果測定が明確である。④言語を媒介としなくとも介入が可能である。言語によるコミュニケーションの困難な知的障害児・者や自閉症児・者、認知症高齢者には絶大な効果がある。⑤学習理論という理論的根拠が明確でしかも理論に基づいた多数の介入技法を利用者の状況や問題特性に応じて活用可能である。⑥利用者の家族、教師、社会福祉施設のスタッフなどに訓練を行うことで彼らにも介入が可能である。以上のような理由で導入された行動療法アプローチは、ソーシャルワークの改善・向上に大きく貢献していると考えられる[44]。

　アメリカでは、1960年代後半以降、行動療法がケースワークに導入され、トーマス,E.D.（Thomas,E.D.）らによって、広く紹介され、1970年代以降には多彩な実践が紹介されるようになった[45]。全米ソーシャルワーカー協会発行の『ソーシャルワーク辞典（Encyclopedia of Social Work）』1971年版にケースワークやグループワークとしての行動変容アプローチ（Social Casework and Social Group Work：Behavioral Modification Approach）が単独の項目として紹介された。その冒頭に、「ソーシャルワーカーは、しばしば利用者の行動の変化や安定に携わる必要のあることから、行動変容の考え方や実践が対人援助であるソーシャルワークと大いに関係している」と述べられている[46]。このことで、行動動療法アプローチはソーシャルワークの主要アプローチとして認識されるようになった。

　わが国では、武田建が行動療法をケースワークのアプローチとしてはじめて紹介している[47]。このとき武田は、よりよい実践のために利用者の行動の変化も介入目標にあるということと科学的方法の必要性から行動理論のケースワークへの応用を提言している。しかも、伝統的なケースワークとの統合化の観点からの応用を提示しており、臨床の視点で両者の相補関係を強調している。その後、いくつかの実践例も紹介されるようになった。

　一方、ソーシャルワークの統合化が進むなか、全米ソーシャルワーク辞典でも、1995年版では、「Behavior Modification Approach」という単独項目か

3．利用者との関わり（行動理論からの考察）

姿を消した。しかし、行動療法アプローチがソーシャルワークから姿を消したわけではなく、統合化のなかにあって利用者の支援計画を立案する際に行動療法の技法が有効な技法として適宜用いられるようになったのである[48]。その有効な技法としてオペラント行動に基づいた支援について考察を深めることとする。

3）オペラント行動

オペラント行動の理論根拠となっているオペラント条件付けは、ある状況（先行刺激）のなかで、ある行動を起こし、その結果どうなったのか、といった三つの要素から成り立っている。行動の後の結果事象によって人間のその後の行動は大きく左右されると考えられている。このような行動をオペラント行動という。さらに結果事象は、次に行動を起こすときの先行刺激となる。いわば、人間の行動を先行刺激、結果事象といった環境との関係のなかで理解しようとするものであり、この先行刺激、行動、結果事象という三つの要素の規則的な関係が、人間が行動を学習する仕組みであるとされた[49]。行動の後に結果が提示されることを随伴性といい、この先行刺激、行動、結果事象の関係を随伴関係という。このことを人とのコミュニケーションを例として考えてみたい。

①川越さんが、後藤さんとすれ違ったので、「おはようございます」と声をかけた。すると「川越さん、おはようございます。今日は良い天気ですね。お体の具合はいかがですか」など後藤さんから返答がありいろいろな話がなされた。
②川越さんが、渡辺さんとすれ違ったので、「おはようございます」と声をかけた。すると渡辺さんは、川越さんに気づかなかったのか小走りに去っていった。
③川越さんが、柿木さんとすれ違ったので、「おはようございます」と声をかけた。すると柿木さんは、「今忙しいのに後にしてくれない。見れば分かるでしょう」ときつい口調で返事をし、その場を去っていった。

誰かとすれ違った（先行刺激）ので、「おはようございます」と声をかけ

た（行動）。すると三通りの結果が返ってきた。この三つの会話のパターンから、川越さんは今後どのような行動をとるだろうか。①のパターンは、色々な会話がなされるという心地よい結果が返ってきた。②のパターンは、無視されるという結果が返ってきた。③のパターンは、注意されるという不快な結果が返ってきた。このようなことが数回繰り返されると、今後川越さんは、後藤さんとすれ違ったときは声かけをするであろうが、渡辺さんや柿木さんとすれ違っても声をかけなくなるであろう。

　本人にとって好ましい結果が返ってくればその行動は強められ、好ましい結果が返ってこなかったり、あるいは不快な結果が返ってきたりすれば行動は弱められる。我々人間は、この結果事象を学習することで行動を起こしたり行動を起こさなかったりしているのである。行動を強めることを強化といい、行動を強める結果事象を強化子と呼んでいる。この強化子として、意図的に関心を示し関わったり褒めたりすることで行動を評価する方法に効果があるといわれている。しかもその際、笑顔で接し全身で表現したり、単に抽象的に「良かった」「すばらしい」といった表現だけでなく具体的にどこがどう良いのかをフィードバックしたりすることでより効果が高まる。たとえば、単に「きれいな絵が上手に描けましたね」だけでなく、「この絵に描かれている人物の顔の表情が活き活きとしていてまるで今にも動き出しそうですね」「この絵の色の濃淡がはっきりしていてとても見やすいですよ」といった形で示すことによって結果事象がより明確に活かされてくるのである。

　一方、無視したりすることで行動を弱めることを消去といい、不快な結果事象を提示し行動を弱めることを罰という。このとき、後藤さん、渡辺さん、柿木さんは、川越さんが声かけをするという行動を誘発したり回避したりする手がかり（先行刺激）となっており、手がかりによって行動が異なってくるため、この手がかりを弁別刺激という。

　あくまでも行動を誘発したり回避したりする手がかりを弁別刺激という。赤信号であっても、急いでいるときで自動車がやってこない、他に人が見ていないといった状況であれば、横断歩道を渡るという行動を起こすことがある。この場合、赤信号よりも急いでいる、自動車がやって来ない、他人が見ていないといったことが弁別刺激となっているのである。

　行動を強めることを強化というが、好ましい結果が返ってきて行動が強ま

3．利用者との関わり（行動理論からの考察）

ることを正の強化という。また、不快な状況にあり行動を起こすことで不快なものを取り去ることによって行動が強まることを負の強化という。たとえば、親が常に「勉強しなさい」とうるさく言っているとする。子どもが勉強することによって、「勉強しなさい」とうるさく言われること（不快なもの）が取り去られ、勉強するという行動が強まるならこれを負の強化という。

行動を弱めることを罰というが、不快な結果が返ってくることで行動が弱まることを正の罰という。また、行動の後に好ましいものを取り去ることによって行動を弱めることを負の罰という。たとえば、弟をいじめる兄がいるとしよう。弟をいじめた日は大好きなテレビ番組を見ることを出来なくする。テレビを見ることが出来るという好ましい結果を取り去ることによって弟をいじめるという行動が弱まればこれを負の罰という。

これも弁別刺激同様、行動の後の結果によって行動が強まることを強化といい、弱まることを罰あるいは消去という。したがって、不適切な行動の後にきつく注意するという結果を提示してもその不適切な行動が減少しなければ罰にはならない。むしろ、当事者からすると、不適切な行動の後に注目を浴びる、人にかまってもらえるという、ということであれば、きつく注意を受けるという結果は、強化子になる。

以上のことを整理すると、人間が行動を獲得したり、変化したりするための手続きとして行動と結果との随伴性に焦点を絞ると、①正の強化、②負の強化、③正の罰、④負の罰、⑤消去に分類できる（図6－1）。

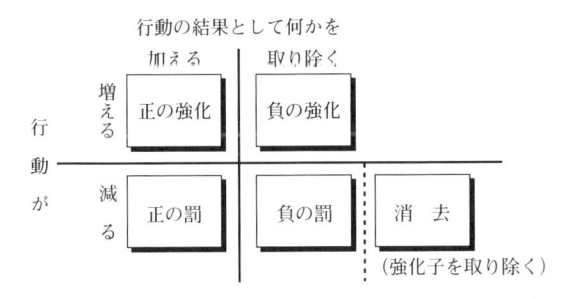

	行動の結果として何かを	
	加える	取り除く
行動が 増える	正の強化	負の強化
行動が 減る	正の罰	負の罰 ｜ 消去 (強化子を取り除く)

出典：芝野松次郎『社会福祉実践モデルの開発の理論と実際－プロセティック・アプローチに基づく実践モデルのデザイン・アンド・ディベロップメント－』有斐閣、2002、p.68

図6－1　オペラントのパラダイムにおける行動変容の手続き

第6章 利用者支援の技法

　先ほど述べたように、行動理論では人間の行動は適切な行動も不適切な行動も同じ原理に基づいており、一般的に問題といわれる行動もオペラントの手続きによって変えることが出来ると考えられている。一般的に問題といわれる行動は、①行動が多すぎる、②行動が少なすぎる、③行動が全くない、④不適切な場面で生じる、といった4つに分類できる[50]。

　①行動が多すぎる場合は、消去手続を行うのが一般的である。また、問題とされている行動に取って替わる適切な行動の強化を同時に行うと効果的であるとされている。②行動が少なすぎる場合は、強化手続き、とくに正の強化が望ましい。また、強めたい行動を利用者と確認することであらかじめその行動が起こった場合には「〇〇」といった好ましい結果が提示されることを約束する（行動契約）することで強化手続きをスムーズに行う方法がある。③行動が全くない場合は、ターゲットとなった行動を学習する機会がなかったか不十分だったため、と考える。この場合、行動形成法といった方法で少しずつ積み上げて行動の習得につなげていく。たとえば、作業所である作業を習得するといった行動を形成するために、利用者に手を添えガイドしながら、一緒に行い強化する方法がある。そして徐々に手を添える強度を弱め、やがて利用者から手を離し、一人でできるように導く。また、必要な食材の買い物を一人で行うといった複雑な行動をいきなり行うことができないかもしれないが、一つひとつの行動を分解し（必要な食材をリストアップする、近くのスーパーに行く、食材を選んで買いものかごに入れる、お金を支払う、袋につめる、家に帰るなど）、それらを一つずつ強化しながら積み上げ、徐々に高度な行動を習得する方法が代表的である。④不適切な場面で生じる場合は、刺激統制法といって先行刺激を明確にするとともに、不適切な場面で生じた場合に消去の手続きを取る。

　オペラント行動で重要なのが強化である。強化のための手続きは、行動の後すぐに行うことが望ましい。これを即時強化という。また、行動の後、毎回強化することで行動を強めることにつながっていく。これを連続強化という。しかし、利用者の行動を常に見守ることは実質不可能なので、最初は毎回強化を行い、やがて強化を行ったり行わなかったりすることで行動を維持する手続きが取られる。これを間歇強化という[51]。

3．利用者との関わり（行動理論からの考察）

4）プロセティック（補綴的）環境
　オペラント行動は、先行刺激、行動、結果事象といった三つの要素の随伴性によって成り立っていることから、行動と先行刺激および結果事象との関係を観察、分析し、環境を操作することによって適切な行動を形成しようとするものである。
　このことをさらに詳しく見ていきたい。リンズレー,O.R.（Lindsley,O.R.）は、遅れや問題を伴った行動というのは、当事者に問題があるのではなく、その人と環境とが適切に関連していないためで、適切な先行刺激や結果事象が不足しているために起こるものであると考えた[52]。そこで、環境を補綴（prosthesis）することによって行動上の問題がなくなるばかりか、環境が行動に有利に作用するかもしれないと述べている。つまり、まず環境を調整することで適切な行動の形成・維持につながると考えたのである。彼はこのような環境をプロセティック（補綴的）環境（prosthetic environment）と呼んだ。芝野は、プロセティック（補綴的）環境を「結果事象を意図的に操作し、行動と弁別刺激・結果事象との間にある随伴の仕組みを変えることによって、失われたと思われている好ましい行動や十分に学習する機会がなかった好ましい行動の出現順位を高めるように創られた環境である」と定義づけている[53]。
　では、プロセティック（補綴的）環境とは具体的にどのようなものがあるだろうか。体の不自由な人が補装具を装着することによって行動範囲が広がったり、施設やグループホームなどの食事のテーブル配置や座る位置を工夫することで会話や食事量が増えたり、壁紙の色を変えることで利用者の動きが活発になったり、大切なことをメモに記しておき必要なときにそのメモを見ながら会話を行ったり活動を行ったり、ターゲットとなっている行動が生起した場合に意図的に関心を示し深く関わったりすることなどが挙げられる。
　芝野は、このようなプロセティック（補綴的）環境における先行刺激、行動、結果事象という3要素間の関係、すなわち三項随伴性をプロセティック関係と呼んでいる[54]。そして、「好ましいが出現頻度の低い行動を強化すると考えられる結果事象を見出し、それを行動に随伴させるタイミングやスケジュールなどをプログラミングすることが行動と結果事象とのプロセティッ

ク関係を決めることになる」としている[55]。そして、プロセティック・アプローチを「人間の成長過程において育まれるべき問題解決（適応）能力すなわち「コンピテンス」を高めるために、オペラントのパラダイムに基づくプロセティック関係をプログラミングすることによって、プロセティック関係を創り出すアプローチ」と定義づけしている[56]。

このなかで芝野は、プロセティック・アプローチと生活モデルや岡村重夫の提唱した社会福祉の固有性との関係を整理している[57]。①人と環境との交互作用を通して人の適応能力と環境の育む力を高めるという生活モデルの考えとプロセティック・アプローチのコンピテンスを高めるという目標は共通している。②コンピテンスを高めるために、先行刺激および結果事象と行動との随伴性の仕組みを意図的に調整し、プロセティック環境を創り上げていこうとするものである。③このプロセティック環境をプログラミングするということは、岡村のいう人の要求と社会制度の交互作用である「社会関係」の調整と同じく、行動そのものでもなく先行刺激や結果事象そのものでもなく「随伴関係」の調整である。ワーカーは、時間の流れのなかでこの随伴性の計画的な操作的手続きをプログラミングしプログラムを実行していくことになる。このようにみていくと、生活モデルでいう人と環境との交互作用は、オペラント行動の考え方でいう行動と先行刺激や結果事象の随伴性、すなわちプロセティック・アプローチのプログラミングとも共通する考えといえる[58]。

生活モデル　　　　　　：人　⇔　交互作用　⇔　環境
プロセティック・アプローチ：行動 ⇔　随伴性　⇔　先行刺激や結果事象

図6-2　人と環境の交互作用、行動と先行刺激・結果事象との随伴性

生活モデルでいう環境は、物理的環境や社会的環境といった広い概念であるが、焦点化するところは人と環境の接触面であり、オペラントの考え方である行動と環境（行動に直接的あるいは間接的に影響を及ぼすすべてのもの）の随伴性はまさに行動と環境と接触していることを意味しており、この点でも両者に共通点が見られる[59]。

（2）行動理論に基づく実践

ここでは、行動理論のなかでもプロセティック・アプローチに基づく実践をいくつか紹介する。

①適応能力（コンピテンス）を高めるためにエンパワメント概念やストレングスの視点が重要であることはすでに述べたが、エンパワメントやストレングスの視点に行動理論の強化スケジュールが重要な役割を果たす。パワーレスな状態にある利用者は、「○○が出来ない」「ダメだ」「ムリだ」といった結果事象をフィードバックされ、学習性無力感に陥っていると考えられる。そうではなく、利用者の潜在性を確信し、言語も含めた行動の良いところ、出来ているところを見出し、評価することで自己効力感にもつながり、主体性が育まれることになる。しかも、評価の基準をいきなり高いところに設定するのではなく、わずかでも評価できるところからスタートし、ステップ・バイ・ステップで徐々に基準を高めていくことによって、エンパワメントにつながっていく。

②利用者の生活を先行刺激、行動、結果事象といった継続性のなかで捉えることである。我々の生活は、その場面での出来事だけで判断できない。一つひとつの行動が連続してつながっており継続性のなかで営まれている。色々な出来事や想いがあってその積み重ねとして表面化するのである。ある利用者がある要求をもっていたが上手くワーカーに伝えることが出来ず、非言語で小さなサイン（メッセージ）を出していた。しかしワーカーがそのことに気づかず過ごしてきた。ある日、そのいたたまれない想いが込み上げ急に大きな声でワーカーを攻撃したとする。

この急にワーカーを攻撃した、ということだけで理解しようとすると、その利用者は不適切な問題行動を起こした、と捉えられてしまうだろう。しかし、積み重なった鬱憤がここにきて一気に表出されたと理解できるなら、問題行動ではないことになる。小さなメッセージがこれまで出ていなかったか振り返ることで今後の対応が可能となる。これまでの一連の文脈や状況を把握することで利用者の意図する内容に近づいていくのである。

行動理論では、問題行動が起こったときに慌てて対応するという対処

法では、問題行動を起こせばワーカーが関わってくれる、といったことを利用者が経験的に学習していると捉えている。いわば、問題行動を強めているのはワーカーの関わり方の拙さということになる。行動が起これば環境に結果事象をもたらしたり結果事象が更なる行動の先行刺激となることから、行動は環境に働き掛け変化をもたらすことにもなる。ワーカーがきつく注意をしたとしても、利用者からするとワーカーが関わってくれると解釈しておればワーカーがきつく注意することが実は利用者の問題行動を強めている（強化している）のであり、そのワーカーがいる前では問題といわれている行動の頻度が多くなる可能性が高くなる。このような事態に陥らないためにも、日ごろから利用者の小さなメッセージを見逃さない関わりを心がけるべきである。

　よって、出来事の前後の状況を踏まえた判断が必要となってくる。その前後の状況を理解しようと思えば、その場面だけの関わりだけでなく、前後の状況を窺い知ることが不可欠となる。とくに施設やグループホームなど利用者の生活場面ではワーカーが日常のなかでどれだけ利用者と過ごす時間が取れているか、あるいは利用者の言動を窺い知る状況下で業務に携わっているかが重要となる。このことが出来て利用者の継続した生活を理解できるとえいよう。

　とくに問題となっている行動については、利用者の行動を観察し、記録に書きとめ、利用者の行動をつぶさに分析するのである。「いつ、どこで、誰がいて、どのような状況で、どのようなことが起こったのか、そのことに周囲がどう反応したのか、その結果どうなったのか」といった点をポイントに記録に書きとめ、データを蓄積する。先行刺激（いつ、どこで、誰がいて、どのような状況で）、行動（どのようなことが起こったのか）、結果事象（そのことに周囲がどう反応したのか、その結果どうなったのか）の随伴性を分析するのである。そこから何か法則性のようなものが見出せないだろうか。

　しかも、一人の目だと偏りが見られるため、複数のワーカーあるいは専門職の目で確認することが肝要となる。複数の目で見ることによって利用者の行動の解釈をより客観化できるであろう。さらに、利用者の行動を左右している環境はどのようなものかを分析することを通して、行

動の変化を促す必要がある場合、環境調整をどのように行えばよいのかが見えてくる。
③ 上述の②の分析方法は、利用者の非言語コミュニケーションの解釈を行う際に効果的であるといえる。非言語のメッセージは行動となって表出されることが多いため、先行刺激、行動、結果事象の随伴性を分析することで行動として表出されたメッセージを解釈しやすくなる。データの蓄積と複数のワーカーによる分析によって非言語メッセージの意味づけがしやすくなる。

　言語コミュニケーションの困難な利用者の非言語コミュニケーションの意図するところを行動理論に基づいて分析することで、利用者の行動の意味理解につながっていく。また、現時点での行動を理解することを通して、利用者の将来のニーズを推察していくのに役立つであろう。
④ ネガティブな行動をポジティブな行動へと移行するために行動理論による再学習が可能である。たとえば、対人関係においてネガティブな関わりしかできない利用者（苦情や要望が強い利用者）の場合、もしかすると、自分の存在を確認したいための不安の表れかもしれない。よって、ネガティブな行動を誰もが受け入れることの出来るポジティブな行動へと変容する必要がある。プロセティック・アプローチの考えに基づき、利用者を変えることを優先するのではなく、利用者が変わるためにはまず環境であるワーカーの関わりを変えることが先決である。

　問題が発生したときに慌てて関わるのではなく、普段からじっくり利用者に寄り添う関わりをすることで、利用者が安心することが出来るならば、やがて利用者の行動がポジティブなものへと変化する。施設やグループホームなどでは、次の事例をぜひ参考にして問題だと思われる行動を行う利用者への関わりを考えて欲しい。

他者攻撃の激しい利用者が良好な関係を築けるようになった事例

　北尾拓也さん（43歳、男性）は、障害者の就労継続支援を行っている作業所の利用者である。結婚の経験はあるが、妻は病気のため既に亡くなっている。子どもはおらず一人暮らしである。かつては、大工として働いていたが、脳血管障害のため右手に障害が残り、仕事を辞め作業所

に通うようになった。大工時代とはまったく異なった仕事の進め方に戸惑いを感じ、ことあるごとに仕事の進め方や作業所での生活について考えを訴えてくる。しかもその訴え方が、職員や他の利用者を非難する言い方であったり、自分一人だけが一生懸命作業しているにも関わらず職員は一向に評価してくれない、といったような言い方であったりする。さらに、状況を考えずに急に大きな声を出したり、無理な要求を唐突に行ったり、他の利用者と口論になったりして収拾がつかなくなる。福祉事務所にも作業所に対する不満を何度も訴えているようだ。

　職員も北尾さんを避けてしまい、北尾さんもそのことを感じているようだった。ある日職員に、「職員を呼ぼうと思えば、普通に声かけをしても来てくれない。だから大きな声を出すのだ」と大声を出すことを正当化する。

　しかし、北尾さんは、決して作業所を休むことはなく、遅刻する日はあるものの毎日出勤している。また、作業所が休みの日は、一人でいろいろなところに出かけるようで、月曜日には職員に「昨日は○○へ行ってきた」と話をしている。このようなことの繰り返しのなかで、北尾さんは、家族や友人は一人もおらず、寂しく、人との関わりを求めているのではないか、ということが分かってきた。ただ、北尾さんの攻撃的で自己中心的とも思える言動を職員が受け入れることが出来なかった。

　どうすればよいのか思い悩んだ末、担当職員が作業時間は出来るだけ北尾さんの隣に座って業務を行うことにした。北尾さんは、担当職員に作業に関することやかつて自分がどれだけ苦労したのかを繰り返し話をした。担当職員は、ひたすら話を聴き、極力言い返すことを控え、一緒に作業に取り組んだ。1ヶ月ほど経った頃である。北尾さんが担当職員に、「あなたも忙しいだろうからもういいよ。用事が出来たら声をかけるから、あなたも自分の仕事に戻っていいよ」と言った。

　その後、職員を呼ぶときの言い方も穏やかとなり、他の利用者との口論も随分と減少した。かつてのように収拾のつかない状況になることもほとんどなくなった。これによって、職員も他の利用者も北尾さんを肯定的に捉えることができるようになった。

3．利用者との関わり（行動理論からの考察）

　この事例から、利用者を受けとめ、しっかりと関わることで、利用者は人に認められてもらったと実感でき、安心し、落ち着いてくることが分かるであろう。ワーカーが変わることによって、利用者も変わるのである。このことを行動心理学の観点から説明すると次のようになる。これまでの不適切な行動の強化から適切な行動の強化へと切り替えポジティブな行動の学習につなげるのである。北尾さんが大声を出したときに対処していたことで北尾さんの大声を出すという行動を強化していたり、ワーカーが北尾さんを避けるようになったことでますます北尾さんは自己の正当性を主張すべく唐突に様々な要求をしたりしたのである。そうではなく、ワーカーが利用者を受けとめしっかりと寄り添うように関わっている状況が先行刺激となり、利用者がポジティブな行動を起こすようになり、その結果ワーカーはさらに受けとめるような関わりをするようになり、この結果は利用者にとって快いものとなり、ポジティブな行動を強める要因となっている。

　今回は作業所の例を紹介したが、生活施設やグループホーム、居宅サービスにおいても同様のことが言える。一見、利用者とテレビを見ているだけ、雑談をしているだけ、一緒にいるだけ、と捉えられがちだが、日常生活をともに過ごすことによって、利用者の安らぎとワーカーに対する信頼感につながることもある。制度的、人員配置の限界として特定の利用者にワーカーが付ききりになることは困難かもしれない。しかし、問題が発生した際に対応する労力を考えると、じっくり関わり、ポジティブな関係を構築する方が、利用者、ワーカーともに精神的な安定が得られ、今後の関わりを考えると効果的であり、効率的ではないだろうか。短期的に物事を見るのではなく、長期的な観点での支援の在り方を模索すべきである。これらのことを部署全体の取り組みとして行うことが重要であり、一人のワーカーの取り組みでは成功しないであろう。

　これまで見てきたように、オペラント条件付けに基づく行動変容法は、決して訓練志向のアプローチではないことが理解出来よう。環境との関係性の中で人間の行動が影響を受け、一方で人間の行動が環境にも影響を及ぼしている。よって利用者の適切な行動のための環境調整が極めて重要となるので

第6章　利用者支援の技法

ある。

文献

1）尾崎新『ケースワークの臨床技法－「援助関係」と「逆転移」の活用－』誠信書房、1994、pp.39－41
2）平岡蕃「対人援助サービスとその過程」平岡蕃、宮川数君、黒木保博、松本恵美子編著『対人援助～ソーシャルワークの基礎と演習～』ミネルヴァ書房、1988、pp.23－26
3）バイステック,F.P.著、尾崎新、福田俊子、原田和幸訳『ケースワークの原則［新訳版］－援助関係を形成する技法－』誠信書房、1996、p.17
4）黒川昭登『臨床ケースワークの基礎理論』誠信書房、1985、p.211
5）前掲3）、バイステック,F.P.、p.3
6）転移と逆転移：転移、逆転移は、精神分析の考えによるものである。ここでは武田建の解説に沿って説明する。転移とは、利用者がワーカーに対して感じたり表現したしたりする感情を指し、ワーカーに対する意識的な反応から無意識的な幼少時の経験の投射までを含んでいる。投射とは、精神分析で人間の自我がエスや超自我からの圧力によって不安を感じた時にこの不安を軽減させるために不安の原因を自分自身ではなく、外部に求め何かのせいにしようとすることである。

　利用者は、ワーカーに自分自身の感情を投射し、ワーカーをたとえば、父、母、兄弟姉妹、配偶者、恋人など利用者に関係の深い人物として感じるものであり、通常であれば表現されない抑圧されている感情が、ワーカーの受容的態度に触れたときに、言語、動作、態度といった形で表現されるのである。精神分析の考えによると、我々は成長過程で成熟と両立しないような態度を無意識の世界に抑圧しており、意識の世界には自我にとって安全なものだけが表面にでてきている。ところが、ワーカーの受容的態度によってそれまで押さえつけられていた感情や思考を安心して表出するようになる、というものである。転移は関係を築いていくうえで当然起こるものである。

　また、利用者の自我は、依存という幼児的な態度をとることから生じる劣等感を拭い去るため、攻撃的な態度に出たり、そのことに罪障感を感じると罪の意識を忘れようとワーカーを怒らせ自らを罰してもらうといったこともある。このように、

様々な形であらわれる利用者とワーカーとの間に展開される感情傾向を転移という。

　転移には、愛情や依存といった肯定的な転移と憎悪、敵意、不満といった否定的な転移とに分けられる。そしてこの転移は、対人援助において援助関係上大変重要なものである。

　一方、ワーカーが利用者に対して色々と感情を投射したり、個人的な感情を抱いたりすることを逆転移という。武田建『カウンセリングの理論と方法』理想社、1967、pp.225－234

7）前掲6）、武田建、p.231

　武田建『人間関係を良くするカウンセリング－心理、福祉、教育、看護、保育のために－』誠信書房、2004、pp.15－16

8）前掲1）、尾崎新、p.45

9）前掲1）、尾崎新、pp.18－58

10）親密さの視点からの援助関係の様態：具体的には、以下のような形で紹介している。密接さの視点から湯浅修一の援助関係の様態を紹介している。①利用者とワーカーの関係は、冷たく緊張した関係で両者の関わりは疎遠で間合いも遠く、対話はぎこちない関係で「取りつく島がない」といった感情を味わう。しばしば援助を中断する事態につながりかねない。これを「赤の他人」と呼んでいる。②利用者とワーカーの間柄が極めて近く熱い関係で間合いが密着し緊張も少なく対話もスムーズで「一蓮托生」といった心情を共有していたり「一を見て十を理解する」といった、打てば響く交わりが行われていたりする。援助関係が安定して継続する傾向がある一方で、ワーカーが利用者の感情に巻き込まれ自身を冷静に保てない不安や恐れをもたらす。これを「一心同体」と呼んでいる。③両者いずれも援助関係が硬直し、意図した方向に進みにくい。そこで、穏やかな、ほどほどに密着した間柄で間合いも「近からず遠からず」の関係がよい。これを「お馴染みの関係」と呼んでいる。ただこれも利用者を依存的にする傾向は否めず、利用者を援助から独立することを妨げる危険性もある。前掲1）、尾崎新、pp.43－45

11）前掲1）、尾崎新、p.51

12）東山絋久『プロカウンセラーの聞く技術』創元社、2000、p.3

13）川村隆彦『支援者が成長するための50の原則－あなたの心と力を築く物語－』中央法規出版、2006、p.98

14）山辺朗子「個別面接場面におけるコミュニケーション」『ソーシャルワーク研究』

第6章　利用者支援の技法

　　　第32巻第3号、2006、pp.13－19
15）前掲3）、バイステック,F.P.著
　　なお、バイステックの7原則の説明には、原著訳に加えて渡部律子『高齢者援助における相談面接の理論と実際』医歯薬出版、1999、pp.38－49を参考とした。
16）飯塚雄一「対人コミュニケーション」井上肇監修、野口勝己、飯塚雄一、栗田善勝編『対人援助の基礎と実際』ミネルヴァ書房、1993、p.63
17）コミュニケーションの目的：ジョンソン,L.C.（Johnson,L.C.）は、ソーシャルワークの相互作用におけるコミュニケーションの目的として次の5点を挙げている。①援助活動に必要な情報の収集（ストレングスや資源も含む）、②クライエントとそのエコシステム内のストレングスと資源を基盤とした考え、感情、ニーズの充足のための可能な方法を探る、③感情や考えの表現、④アクションシステムの作業の構造化（**利用者のニーズを充足するための協働関係を形成するものであり、それはワーカーと利用者との相互作用によって生じてくる枠組みにおいて形成されるものである**）、⑤支援、情報や助言を提供し、励まし、必要な支持を提供する。ジョンソン,L.C.＆ヤンカ,S.J.著、山辺朗子、岩間伸之訳『ジェネラリスト・ソーシャルワーク』ミネルヴァ書房、2004、p.269

　　なお、カッコ内のゴシック体は、山辺朗子「個別面接場面におけるコミュニケーション」『ソーシャルワーク研究』第32巻第3号、2006、pp.14－15の解説を筆者が挿入。
18）深田博己『インターパーソナルコミュニケーション―対人コミュニケーションの心理学―』北大路書房、1998、pp.1－3
19）林文俊「相互作用とコミュニケーション」、原岡一馬編『人間とコミュニケーション』ナカニシヤ出版、1990、p.31
20）前掲19)、林文俊、p.38
21）白石大介『対人援助技術の実際―面接技法を中心に―』創元社、1988、pp.92－93
22）津田耕一「コミュニケーションの技法」久保紘章、北川清一、山口稔編『社会福祉援助技術論』相川書房、2002、pp.202－203
23）前掲18)、深田博己、p.63
24）原岡一馬「人間とコミュニケーション」、原岡一馬編『人間とコミュニケーション』ナカニシヤ出版、1990、p.17
25）前掲21)、白石大介、pp.94－95

26) 前掲16)、飯塚雄一、p.53
27) 前掲18)、深田博己、p.66

非言語コミュニケーションの特徴：深田博己は、非言語コミュニケーションの特徴を言語コミュニケーションとの比較から次のように整理している。①言語との独立性：言語とは独立した非言語コミュニケーションが存在している。言語コミュニケーションは顕在化しているが非言語コミュニケーションは顕在化していない場合、言語コミュニケーションも非言語コミュニケーションも顕在化している場合、言語をまったく使用しないで非言語コミュニケーションのみが使用される場合がある。非言語コミュニケーションを含まない言語コミュニケーションは存在しないが、言語コミュニケーションを含まない非言語コミュニケーションは存在する。②状況による意味の変化：非言語コミュニケーションの意味は、状況や文脈によって規定される。例えば、人差し指と親指を丸めて円を作る動作は、文脈によって「わかった」「うまくいった」「OK」と意味が変わってくる。③抽象的・論理的情報伝達の困難さ：非言語コミュニケーションは、抽象的な情報や論理的な情報を伝達するのに適していない。④感情伝達の有効性：感情や対人態度の伝達には有効である。

28) 坂口哲司『看護と保育のためのコミュニケーション―対人関係の心理学―』ナカニシヤ出版、1991、p.10
29) 前掲28)、坂口哲司、p.16

加藤博仁「ソーシャルワーク実践を支えるコミュニケーション理論（言語・非言語コミュニケーションの役割）」、北島英治、副田あけみ、高橋重宏、渡部律子編『ソーシャルワーク実践の基礎理論』有斐閣、2002、p.183

30) 前掲4)、黒川昭登、pp.272－273

津田耕一「利用者の意思をどうとらえるか」『月刊総合ケア』第13巻第1号、2003、pp.18～23

31) 芝野松次郎「人と接するときの基本的な態度とコミュニケーションの技術」白澤政和、尾崎新、芝野松次郎編集『社会福祉援助方法』有斐閣、1999、pp.77－90
32) 志水彰『「笑い」の治癒力』PHP研究所、1998、pp.42－47
33) 松岡敦子「アセスメントにおける技法とツールの意味」『ソーシャルワーク研究』第26巻第4号、2001、pp.4－10
34) 前掲12)、東山紘久、pp.23－24
35) 前掲21)、白石大介、p.76

第 6 章　利用者支援の技法

36) 前掲21)、白石大介、p.76
37) 津田耕一『施設に問われる利用者支援』久美出版、2001、pp.102 － 104
38) 道具的コミュニケーションと表出的コミュニケーション：コミュニケーションは、目的や機能によって、道具的コミュニケーションと表出的コミュニケーションに分類できる。前者は、話し手（送り手）が何らかの目標達成の手段としてメッセージを伝達するものである。後者は、不安や怒りの表出のように、表現すること自体が目的となるコミュニケーションをいう。前掲19)、林俊文、p.32
39) 行動心理学：行動（学習）心理学は、人間の行動に着目し、その行動の多くが学習されたものであるという考えに基づく心理学で、行動（学習）理論によって説明される。なかでもオペラント条件付けに基づくオペラント行動の考えは、重度の知的障害者や認知症高齢者の行動を理解するための大きな手がかりとなる。このオペラント行動の原理を活用し我々人間の行動をより良い方向へと変容を促すことを目的としているものを応用行動分析、あるいは行動変容アプローチという。オペラント行動についての解説書として、アルバート,P.A.&トルーマン,A.C.著、佐久間徹、谷晋二監訳『はじめての応用行動分析』二瓶社、1992が参考になる。
40) 春木豊「人間にとってのノンバーバル行動とノンバーバル・コミュニケーション」、春木豊編著『心理臨床のノンバーバル・コミュニケーション－ことばでないことばへのアプローチ－』川島書店、1987、p.10
41) レイノルズ,G.S.著、浅野俊夫訳『オペラント心理学入門－行動分析への道－』サイエンス社、1978、p.5
42) 津田耕一「ソーシャルワークにみる行動療法アプローチの意義」『行動療法研究』第29巻第2号、2003、pp.119 － 132
43) 武田建、立木茂雄『親と子の行動ケースワーク』ミネルヴァ書房、1981、pp.1 － 8
44) 芝野松次郎「ケースワークにおける行動療法」『ソーシャルワーク研究』第10巻3号、1984、pp.173 － 176
45) 芝野松次郎「ソーシャルワークの文献に見る行動療法（Behavior Modification Approach）」『青少年問題研究』第25号、1976、pp.49 － 61
46) Thomas,E.D. 1971, Social Casework and Social Group Work：Behavioral Modification Approach Encyclopedia of Social Work16th ed. NASW, pp.1226 － 1237
47) 武田建「行動理論のケースワークへの応用」『関西学院大学社会学部紀要』第22

号、1971、pp.269－277
48) 芝野松次郎「行動療法アプローチ」、久保紘章、高橋重宏、佐藤豊道編著『ケースワーク―社会福祉援助技術各論Ⅰ―』川島書店、1998、p.118
49) 芝野松次郎『社会福祉実践モデル開発の理論と実際―プロセティック・アプローチに基づく実践モデルのデザイン・アンド・ディベロップメント―』p.65
50) 前掲49)、芝野松次郎、p.75
51) 間歇強化：行動は、毎回強化を行うことで学習しやすいが、現実的に不可能である。また、連続強化は、強化を中断すると消去のスケジュールとなってしまうため、一旦習得した行動を維持することが困難である。そこで、時々強化を行う間歇強化が効果的である。間歇強化の主なスケジュールには、以下の種類がある。①行動が一定回数繰り返された後に強化を行う定率強化（fixed raitio：FR）。たとえば、FR3といえば、ターゲットとなっている行動3回ごとに強化を行うことである。②何回か行動が繰り返されると強化されるが、何回目に強化されるかがその都度変化する（variable raitio：VR）。たとえば、VR3といえば、あるときは行動の直後、あるときは5回目にといった形で平均すれば3回ごとに強化を行うことである。③前に強化を受けてから一定の時間が経過した後にターゲットとなる行動が生起したら強化する定時隔強化（fixed interval：F）。たとえば、FI 30″といえば、前に強化を受けた行動が生起してから30秒を経過した後の最初の行動を強化することであり、この間の行動は強化されない。④前に強化されてからある時間を経過してから強化されるが、その時間は、その都度変更され、平均が一定になっている（variable interval：VI）。たとえば、VI30″といえば、前に強化を受けた行動が生起してから次に強化を受ける行動までに必要な平均時間が30秒となるように設定してある。

山内光哉、春木豊編著『学習心理学―行動と認知―』サイエンス社、1985、pp.80－82

ターゲットとする行動の強化には、最初は、連続強化で学習をよりスムーズに行い、その後徐々に間歇強化に切り替え、行動の維持を図っていくことが効果的である。
52) Lindsley, O.R. 1964 Direct measurement and prosthesis of retarded behavior Journal of Education, 147, pp.62－81
53) 前掲49)、芝野松次郎、p.95
54) 前掲49)、芝野松次郎、p.96

第 6 章　利用者支援の技法

55）前掲49）、芝野松次郎、p.97
56）前掲49）、芝野松次郎、p.97
57）前掲49）、芝野松次郎、pp.99－100
58）前掲49）、芝野松次郎、pp.98－98
59）前掲42）、津田耕一、pp.119－132

参考文献

・尾崎新『ケースワークの臨床技法－「援助関係」と「逆転移」の活用－』誠信書房、1994
・ジョンソン,L.C.&ヤンカ,S.J.著、山辺朗子、岩間伸之訳『ジェネラリスト・ソーシャルワーク』2004年、ミネルヴァ書房
・深田博己『インターパーソナルコミュニケーション－対人コミュニケーションの心理学－』北大路書房、1998
・原岡一馬編『人間とコミュニケーション』ナカニシヤ出版、1990
・芝野松次郎『社会福祉実践モデル開発の理論と実際－プロセティック・アプローチに基づく実践モデルのデザイン・アンド・ディベロップメント－』有斐閣、2002

第7章
実践力の向上を目指して

　対人援助である社会福祉援助は、利用者、ワーカーともに生身の人間であり、双方のダイナミックな関係のもとに展開されていくものである。画一的な支援などどこにも存在しない。それだけワーカーの力量が求められることになる。ワーカーは、より質の高い福祉サービスを提供すべく専門職として自らを磨かなければならない。しかし、支援過程において様々な困難に直面することも事実であり、ワーカーがそれを乗り越えていくための対処や周囲の支援体制も不可欠である。本章では、ワーカーに求められる素養について考察し、ストレス症状の一つであるバーンアウトを紹介し、さらにワーカー支援としてスーパービジョンを取り上げる。

1．求められる専門職としての素養

(1) 支援の「奥深さ」と「幅広さ」
　これまでソーシャルワークの考え方や過程、技法などを解説してきた。しかし尾崎新が指摘するように、社会福祉援助に限らず対人援助には画一的な正解というものは存在しない。なぜなら、利用者や家族、ワーカー、職場が、こうあるべきという画一化できない複雑な事情を持ち合わせており、答えが常に同じではないからである[1]。
　どのようなときにどう対応すればよいのかというある程度の方針、方向性、サービス内容、関わり方のパターンはあるとしても、一人ひとりの利用者に対する支援は極めて個別的であり、独創的なものである[2]。利用者や問題によって、支援の方針、方向性、具体的なサービス内容、関わり方が異なってくる。また、一人の利用者においても利用者の心身の状況や周囲の環境によっ

第 7 章　実践力の向上を目指して

て大きく左右される。このように社会福祉援助は、ソーシャルワークの理論を踏まえつつもマニュアルどおりの展開にはならず、常にワーカーの判断が求められるのである。

　尾崎は、このような事情によって援助の技術が「曖昧」で「多様」なものとなり、そのことが援助の仕事を複雑なものとしてしまい、援助者に悩み、迷いを生じさせるとしている[3]。さらに、資格制度の不十分さやマンパワー不足によって、援助者は「無力感」に陥ると指摘している[4]。そこに対人援助の難しさがある。

　尾崎は、この「曖昧さ」や「無力感」を否認するのではなく率直になることが重要であり、専門性を形成していくひとつの出発点であるとして以下のように述べている[5]。対人援助の仕事は「曖昧」であるから「創意工夫」が許される面白さが生まれる可能性があり、「多様」であるから「奥の深い」「幅の広い」仕事に育つ可能性もある。対人援助は個別的であり、一つの感情や援助観に固着するのではなく、援助の進め方や関わり方を踏まえたうえで「柔軟」かつ「自在」に適切な関わり方を選択することが求められている。そして、「どのように相手に働きかけるか」だけでなく「いかに自分に働きかけるか」が重要となるのである。また、「無力感」は、援助者が自分の出来ること出来ないことを冷静かつ柔軟に吟味するための基礎である。

　一方尾崎は、現場には矛盾が交錯し葛藤が存在するが、この矛盾や葛藤から現場の力を見出している[6]。すなわち、葛藤や矛盾が存在する場所であればこそ、「人が生きるとは何か」「人生や自己実現とは何か」を深く思索することができ、葛藤と出合ってこそ、「援助の専門性とは何か、社会福祉援助の向かうべき道は何か」を議論できる。そして、矛盾を無理やり否認しないことで社会の矛盾や欠陥を見通す力を身につけることができ、まさに現場に存在する葛藤や矛盾こそ現場の力を創り、育てる原点であると指摘している。

　このように見ていくと、現場には葛藤や矛盾に対する感性と耐性を育てる力が求められている[7]。そして、利用者支援は曖昧で多様である一方、奥深く幅の広いものでありワーカーの創意工夫が可能であるといえる。いわば、ワーカーの力量と持ち味を活かしてダイナミックに展開することが出来るやりがいのあるものでもある。

1．求められる専門職としての素養

（2）専門職を目指して
1）ワーカーに求められる資質
　川村隆彦は、支援者の基本にある資質として「豊かな人間性」を挙げており、具体的に以下の5点を紹介している[8]。

- ①**慈愛（慈しみと思いやりの心）**：より純粋な愛であり、人々に対する真実の関心、ねたみや高ぶりのない心、人を恨まず心から赦すこと、思いやりの気持ち、相手の利益を求めることである。
- ②**献身さ（相手のために自己を犠牲にする精神）**：自分を犠牲にして誰かのために尽くすことであり慈愛と表裏一体である。
- ③**誠実さ（真心と正直、正義感をもって対応する力）**：真心をもって人や物事に対応することであり、純粋な気持ちで心がまっすぐで、いかなる形の不正義をも憎み人々や社会が正義であることを望み行動できることである。
- ④**熱意（困難を恐れず、熱心に努力する力）**：物事に対する意気込みであり、失敗しても上手くいかなくても努力し続けることができることである。
- ⑤**セルフ・エスティーム（自分が価値ある存在であるという確信）**：自分の内面に対して抱く主観的なイメージであり、かけがえのない価値ある存在としてポジティブなイメージを抱くことである。

　資質とは、一般的に生まれつきの性質、才能といった意味であるが[9]、川村はこれらの豊かな人間性を培うために、人生の様々な経験のなかで、育み、伸ばし、深めていくものであるとしている。ここに紹介した資質は、支援者であるワーカーの人間として必要な資質といえよう。

2）ワーカーの具体像
　利用者支援を担っていくワーカーとしてどのような人が求められているのだろうか。久田則夫は、時代が求める職業人として、①利用者の最善の利益を優先する人、②職場内の常識（前例）を疑う勇気のある人、③小さな改善の大切さを知っている人、④タイムマネジメントができる人（時間を有効活

用できる人)、⑤うまくいかない原因を他者に押しつけない人、⑥ストレスをうまくコントロールできる人、⑦業界以外の領域にも目配りを忘れず、幅広い視野を有する人、⑧根拠に基づく発言、提案、主張ができる人、以上 8 点を挙げている[10]。そこには、ワーカーに必要な資質を基礎としたワーカーの具体像が提示されており、また業務のなかでどう立ち振る舞うのかといったことが示唆されている。自分自身を見直す際、大いに参考になるのではないだろうか。

　ワーカーは、自らを専門職として自覚し、自己研鑽に努めなければならない。日々のルーティンワークを消化すれば業務が終了するというのでは、支援の質は向上しないうえワーカーとしての成長も見られない。自己学習を行ったり、学習会や研究会へ参加したり、さらには職場の先輩や同僚などの社会福祉に関する考え方や利用者への関わり方などを参考にしたりして、各ワーカーが自分なりのワーカー像を作り上げていくべきであろう。いわば、支援の質の向上に向け、常に"学び、考え、そして行動する"ことこそがワーカーに求められるのである。

3) ワーカーのエンパワメント

　利用者のエンパワメントに基づく支援を行うには、ワーカー自身のエンパワメントが不可欠である。川村は、ワーカー自身のストレングスが支援に極めて効果があると指摘している。「私は自分の弱い部分を改善するならば、よい支援者になれると思っていた。しかしスーパーバイザーは、もっと自分のすばらしい資質に気づき、それを十分に活用するならば、利用者にとって効果的な支援が出来ると教えてくれた。彼女はいつも「Use of yourself」という言葉を使って、自分らしさを支援に生かすよう励ましてくれた。自分らしさとはなにかに気づき、それを意識するようになってから、私は、利用者のもつすばらしさ、強さ、彼ららしさを十分に生かした支援を考えることができるようになった」と述べている[11]。

　ワーカーが自分自身の欠けているところを自覚し、その部分を克服していくことも重要ではあるが、欠けているところばかり意識すると他者との関係においても欠けているところが目に付くようになる。ワーカーが自分のすばらしさや潜在性を自覚できると、利用者のすばらしさや潜在性を気づくこと

ができ、利用者のストレングスに焦点化した効果的な支援につながっていく。このことがワーカーの自己効力感を高めるための原動力ともなる。

4）利用者を一人の人として理解

　利用者は、何らかの事情があって福祉サービスを利用している。ワーカーは、利用者を高齢者、要介護者、障害者、被虐待児、生活困窮者といった要援護者として捉えがちである。しかしそれでは、表面的な理解しかできない。表面的な理解しかできないと利用者は決して心を開いてくれず、本当の支援は実施できない。利用者を福祉サービス利用者である前に尊厳ある一人の「人」として理解すべきである。一人の人として理解することから支援は始まる。

　そのために利用者の歩んできた生活そのものを知り、利用者の人生の幅、奥行き、重みを理解しなければならない。利用者の生き様を知る過程を通して、利用者の一人の人としての理解につながっていくのである。

5）自己理解

　利用者支援は、ソーシャルワークの価値やワーカーの所属する機関・団体の方針に基づいて展開されるが、その価値を解釈し、具体的に行動に移すのはワーカー自身であり、ワーカー個々人の判断基準に大きく影響される。ワーカーのこれまでの生活のなかで培われた人生観や価値観を拭い去ることは出来ないし、ワーカー個々人の持ち味を活かしながら利用者と関わっていくところに生身の人間同士の触れ合いが生じてくるのである。

　しかし繰り返し述べているように、ワーカー個々人の人生観や価値観を優先し、ソーシャルワークの価値観をないがしろにしたりワーカーの価値観を利用者に押しつけたりするようなことがあってはならない。利用者にも利用者のこれまでの人生のなかで培われてきた人生観や価値観がある。そのことを尊重しなければ、利用者主体にはならない。

　そこでワーカーは、自分自身がどのような人生観や価値観を有しているのかを十分自覚する必要がある。自分はどのような価値観を受け入れ、逆に排除しているのかを知ることが重要である。自分自身を知ることによって、自分自身を冷静に見つめることが可能となり、自分と社会、他者との関係が見

えてくる。

　自分自身の人生観や価値観を理解できていると、そのなかで利用者をどう見ているかが整理しやすくなる。自分自身の人生観や価値観と照らし合わせたらどうなのか、またソーシャルワークの価値と照らし合わせたときどうだろうか、といった多角的な分析が可能となる。冷静な分析を行うことが出来てはじめて、利用者の人生観や価値観を理解することができ、それに沿った対応が可能となるのである。

　また、利用者に対して否定的な想いを抱いたり感情的になったり、逆に萎縮してしまったりすることもある。あるいはワーカーの力量を超えた支援に携わっていることもある。限界を超えているにもかかわらず、そのことに気づかず、不適切な対応になってしまっていることもありうる。

　このような場合でも、これらの出来事を冷静に見つめ直し、そのときの想いを整理することで、ワーカー自身何が出来て何が出来ないかが見えてくる。出来ない事柄に対しては、他者に依頼する、利用者自身が乗り越えなければならないなどワーカー以外が対応すべきであるといったことも判断することが出来る。ワーカーは、自らの限界を知ることも重要であり、部分的あるいは全面的に他のワーカーや施設、機関、団体に依頼する勇気も必要である。そのことがワーカーの安定や利用者の利益につながったりもする。

　自分自身を知る手がかりとして、自己理解や自己覚知に関する書籍を参考にするとよいであろう[12]。

6）日々の業務の振り返り

　一方、日々の業務を振り返り、翌日以降の業務に活かすよう務めることも重要である。例えば、利用者との関わりを日々の業務のなかから振り返り、反省すべき点はなかったかを整理し、翌日以降応用していく方法がある。

　図7－1を参照していただきたい。いつ、どこで、どのような状況で、どのようなことが起こっていたのか、そのときの利用者の言動はどのようなもので、ワーカーの言動はどのようなもので、そのときのワーカーとしての自分の気持ちはどのようなものであったか、また、時間をおいて冷静に考えてみて今どのような気持ちでいるのか、そのことを踏まえて今後どのように対応していこうと考えているのか、といったことをシートに記載し整理するの

である。
　そうすることによって、同じような場面に遭遇したときに今後は冷静な対応が出来るようつなげていくのである。むろん、すぐにワーカーとしての言動が改まるわけではない。しかし、改めるという意識をもつことで、何度か失敗してもやがて冷静な対応へと結びつくのではないだろうか。

日時と場所	場面と状況	利用者の言動	ワーカーの言動	そのときの気持ち	今の気持ち	今後に向けて

図7－1　利用者との関わり振り返りシート

2．ワーカーのストレスとバーンアウト

(1) ストレスの意味

　多くのワーカーは、利用者支援に強い使命感や責任感を抱いて業務を遂行したり、理想とするワーカー像を目指して日々努力を重ねたりしている。しかしその一方で様々な困難に直面する。社会福祉援助が曖昧で多様であるがゆえに活路を見出し難いこともあろう。また、職場の人間関係や業務への取り組み方の相違といった職場環境に悩まされることもある。ワーカーも生身の人間であり、遭遇する困難や慢性的な課題を前にして立ち止まってしまうこともある。ときにはそのかべを乗り越えることができなくなってしまうこともある。このような困難はストレスの原因ともなり、やがてバーンアウト（burnout）へ陥っていく。
　ここでストレスについて考えてみたい。上續宏道によると、ストレスとはもともと工学系の用語で、物体に圧力が加えられたときに生じる歪みを意味する言葉として使用されてきたもので、それが後に身体的・心理的反応を表す言葉として使用されてきた[13]。ストレスとは、環境からの要求や圧力（ス

第7章　実践力の向上を目指して

トレッサ）によって、心身に様々な歪みが生じる反応のことである。ストレスの顕在化した具体的な症状として表7－1のような三つのレベルに分類することができる[14]。

表7－1　ストレスの顕在化した具体的症状

レベル	顕在化した症状
生理・身体的な反応レベル	十二指腸潰瘍、神経性胃炎、めまい、偏頭痛、気管支喘息、じんましん、円形脱毛症、腰痛、肩こり、眼精疲労、無月経、インポテンツなど
心理・精神的な反応レベル	過度の自信喪失や不安感、脅迫感、無力感、猜疑心、被害妄想、あるいはうつ病的傾向として労働意欲の低下、悲哀感、孤独感、自殺願望、食欲不振、便秘、動悸、不眠、手のふるえなど
行動的な反応レベル	出社拒否、自宅に帰らないほどのワーカホリック、労働意欲や生きる意欲の喪失などである

出典：上續宏道「ストレスが引き起こす諸問題」、清水隆則、田辺毅彦、西尾祐吾編著『ソーシャルワーカーにおけるバーンアウト－その実態と対応策－』中央法規出版、2002、pp19－20をもとに筆者が整理

また田尾雅人と久保真人は、我々人間が何らかの外部からの要求や圧力に対して身を守るために防衛的に反応するが、その防衛に至る過程をストレスとしている[15]。そして彼らは、ストレス過程を次のような三つの要因群に分けて整理している[16]。

①**原因としてのストレッサ（stressor）**：ストレスの原因となるもので、我々に生体に歪みを与える要因
②**ストレッサによって、心身に何らかの歪みが生じた結果としてのストレイン（strain）**：心身に歪みとして表出された状態
③**ストレッサとストレインの関係に割り込んで、その歪みの態様を変えることになるモデレータ（moderator）、つまり調整要因**：年齢や感受性、性格傾向といった個人差、職場環境や職場外の環境など

第3章の生活モデルでも述べたとおり、ストレスそのものは何も悪いことではなく生活を営む上で誰にでも生じるものである。我々人間は、多少のストレスによって心身を緊張させながら生きているといえる[17]。ストレスは、

人々を興奮させ、気持ちを奮い立たせ、挑戦させるものである一方、物理的、心理的に反応できない要求を突きつけ、身体的、心理的に挫折をきたすという生命を脅かすものであるといわれている[18]。問題は、ストレスが過剰で慢性化すると、そのストレスを上手く対処できなくなることである。直面した問題に上手く対処できないことを繰り返し経験するとやがて自己効力感が低下し学習性無力感に陥り、そのことがストレスをさらに悪化させていく。

　ストレッサを取り去ることは重要であるが、完全に無くすことは現実的ではない。したがって、ストレス管理、すなわち上手くモデレータを制御しストレッサの影響を少なくすることが重要であるといわれている[19]。

(2) バーンアウト（燃え尽き症候群）

1) バーンアウトの意味

　過度なストレスの結果、自分自身で対処法が見出せない場合や組織内でのサポートが不十分な場合、これまでの張り詰めていた緊張が途切れ急に意欲が低下し、バーンアウトに陥ってしまうことがある。バーンアウトは仕事上のストレス症状の一つとして位置づけられている[20]。

　バーンアウトは、1970年代半ば頃にフロイデンバーガー,H.G.(Freudenberger, H.G.)によって提唱され、医療・福祉などの対人援助職がこれまで精力的に仕事をしていたのにあたかも燃え尽きたかのように急に意欲をなくしたり職を離れてしまったりする現象のことであり、対人援助職のメンタルヘルスを考えるうえでの重要な概念の一つと考えられている[21]。

2) バーンアウトの症状

　田尾と久保はバーンアウトの症状を要約して表7－2のように分類している[22]。当然これらは複合的に絡み合っている。

　バーンアウトの具体的な症状として、それまで意欲的に取り組んでいた仕事がつまらない無意味なものに思え、利用者に献身的に関わることが出来なくなり、疲労感、しらけ、無力感といった否定的な感情や利用者に対しても否定的、批判的な感情や態度が増加するような状態になる[23]。

表7－2　田尾・久保の分類によるバーンアウトの症状

消耗感	情緒的消耗感と呼ばれているもので、バーンアウトのなかで最も典型的に表出され、主症状といわれている。自分自身の仕事によって伸びきった、疲れ果てたという感情であり、もう働くことができないという気分をいう。メンタルな疲労を重視しているところが特徴で、単に体が疲れたということではなく、もう何もしたくないという心理的な要素を多く含んでいる。
消極的な見方	利用者支援におよび腰になったり後ろ向きの姿勢をとったりするようになる。脱人格化と呼ばれるもので、利用者に対して接触をほどほどにしたり、避けようとしたり、突き放したりするなど無情な、あるいは人間性を欠く感情や行動をさす。いわば、利用者をヒトというよりモノとして扱うようになる。
固執的態度	利用者に対して真面目に真剣に接しようとしない行為を正当化し、悪いのは自分ではなく、利用者であると考えるようになる。
個人的達成感の後退	すべきことを成し遂げたという気分や達成の充実感がなく、自分自身への不信や疑念が大きくなり、挫折感だけが重なることになる。
異常行動	理想と現実の矛盾から、何をどのようにすればよいかが分からなくなり、援助者としての望ましい枠組みを見失ったりバランスを欠いたりするような言動が見られるようになる。例として、急に黙り込む、怒りっぽくなる、少々のことでも腹を立てイライラする、家族との関係が悪くなる、真面目に仕事をしなくなる、欠勤が多くなる、辞めてしまうなどが指摘されている。

出典：田尾雅夫、久保真人『バーンアウトの理論と実際―心理的アプローチ―』誠信書房、1995、pp19－24をもとに筆者が整理

　また、慢性的な情緒的な疲労、身体的な疲労に加え、利用者に対して人間的な感情をもって接することが出来なかったり、仕事に対して達成感を感じられずにいたり、場合によっては利用者に対するいじめや虐待が起こったり、さらに欠勤、勤務態度の悪化、怠慢といったことが続き退職に至ったりすることもある[24]。

（3）バーンアウトの要因
1）先行研究から見るバーンアウトの要因
　前述のようにバーンアウトは、ストレス症状としてのストレインであるとするならば、ストレスを上手く処理できなかったことが要因として考えられる。要因を探ることによって、バーンアウトの予防につなげたり、あるいはバーンアウトの兆候が見られた際のワーカー支援の手立てを考えたりするこ

2．ワーカーのストレスとバーンアウト

とが可能となる。では、具体的にワーカーは、どのような要因によってバーンアウトに陥るのであろうか。田尾と久保は、表7－3に示したように広く対人援助職を想定して個人差要因と状況要因に分け紹介している[25]。同じストレッサでもストレスと感じる人と感じない人がいる。いわばワーカー個々人によって異なってくる。これが個人差要因である。一方、状況要因とは、どのような状況でバーンアウトに陥りやすくなるのかを整理したものである。

また、社会福祉従事者を対象にしたバーンアウトの要因に関する調査も多く行われている[26]。これらの調査結果は必ずしも一致しているわけではないが、要因を探る手がかりになるであろう。①利用者や家族に関する項目：利用者や家族への対応、利用者や家族からの暴力や暴言、②職場環境や職場の雰囲気に関する項目：職場の人間関係、上司とのコミュニケーション、上司の身勝手な言動、上司の感情的な行動、同僚との連携や調整、同僚との意思疎通、支援の考え方や方法の食い違い、組織のなかでの自分の立場・役割、業務の過重、他職種・他機関との関係がストレスとなりバーンアウトと大きく関係していることが示されている。社会福祉の現場では、職場環境が大きく影響しているうえに、利用者にどう関わったらよいかといった悩みや迷いが大きく影響していることが分かる。

ワーカーに限らず医療などの対人援助に従事する専門職が、バーンアウトに陥りやすいといわれている。それは人と接するからであろう。田尾と久保は次のように整理している[27]。まず、利用者や家族に暖かく人間的にときには献身的に接しなければならない一方で、仕事を成功させるためには冷静で客観的な態度を堅持しなければならない。いわば優しさと厳しさという二つのメンタリティないし態度傾性を一人の専門職のなかで両立させなければならず、そこには葛藤が生じる。さらに、利用者の生活に関与する機会が多くなったり深まったりするほど、強度の緊張にさらされるようになる。ところが、それに耐えたとしても相応の成果が必ずしも得られないことも多い。専門職がいくら努力しても利用者の生活が改善されるとは限らないのである。ここに、対人援助という利用者と関わる専門職独特のストレスが生じる要因の一つがある。

田尾と久保も指摘しているように、対人援助に携わる者は、現場に理想を持ち、理想に向かって進もうとする人たちであり、ワーカーとバーンアウトは不可避の関係にある[28]。換言すれば、バーンアウトは心有るワーカーには必ずといっていいほど高い割合でついてまわるものであり、決して無縁ではない。

第7章　実践力の向上を目指して

表7－3　田尾・久保が示したバーンアウトの要因

個人差要因	性格要因	ひたむきに働こうとする人（あまりにも多くの仕事を熱心に成し遂げようとし、できない場合深く悩みがちになる）、自己関与の高い人（山積みされた仕事一つひとつにこだわりすぎ、しかもそれらすべてを完遂させようとする）、完璧主義的な態度傾向の強い人、私生活を犠牲にしてまでも利用者との関係を尊重しようとする人、頑健さ（①生活の出来事に積極的に関わっていこうとする意欲、②物事を自分の力で変えることができるという信念、③安定よりも変化を望み、変化は成長につながるという信念）をもたない人、権威主義的な人が挙げられる。
	価値観	仕事人間や組織への忠誠の度合いの並外れた会社人間など理想主義的な信念の強い人、他人のことを優しく気遣う利他的な奉仕的精神の心を持つ人。
	属性要因	勤務経験や年齢に関しては、年齢が若く経験の浅い人ほど仕事に理想的で、ひたむきである一方、バーンアウトも経験しやすい。いわば、ストレスの対処法を習得していない経験不足の人が該当する。性差では、男性よりも女性の方がバーンアウトしやすいという報告もあれば性差に相違はみられないという報告もあり、一概に規定しにくいであろう。
状況要因	作業環境	対人援助であるがゆえに利用者や家族と深く関わるということを前提に、自らの裁量で判断しにくく役割の認識が曖昧であること、自律性が確立されていない職業、慌ただしくゆとりのないといった切迫感のある仕事、過重な負担状況にあることなどが挙げられる。
	管理体制の不備	厳しい規則や規律、逆に管理体制が確立していない、リーダーが仕事重視で人間関係に配慮していないことなどが挙げられる。
	役割葛藤（ストレス）	職場の中で期待されていることが分からなかったり、期待が大きすぎて十分果たすことが出来なかったり、利用者中心といわれつつも現状では業務多忙や人手不足で職員主導になっており「建前と本音」という二つ以上の両立しない業務を要求されたり、自らの資質や能力に合わない業務をさせられたり、自分自身の責任の範囲が分からなかったり、業務に明確な目的がなかったりすることなどが挙げられる。
	職場集団	凝集性の高い、仲間意識の強い職場で自分を押さえて集団の規範や基準に従わなければならないとき、職場内での人間関係が上手くいっていないときなどが挙げられる。
	職場集団の外に広がる社会的な要因	家族関係など職場以外のさまざまな状況が挙げられる。特に配偶者が相談相手になるかならないかはバーンアウトに大きく影響している。

出典：田尾雅夫、久保真人『バーンアウトの理論と実際―心理的アプローチ―』誠信書房、1995、pp50－74をもとに筆者が整理

2．ワーカーのストレスとバーンアウト

2）ワーカーのストレス要因

　これまでの先行研究と筆者の経験や見聞したことを通してワーカーのストレス要因を以下のように整理した。むろん、ここで示した要因がすべてではなく、考えられる要因を示したに過ぎないことを最初にお断りしておく。

①利用者支援に関する要因

　ワーカーの多くが専門的な支援をどう展開すればよいのか悩んでいるところである。利用者や家族との関係作りに苦慮したり、利用者理解に関する知識や技能をもちえていなかったり、利用者とワーカーの考えが食い違っていたり、利用者の抱える生活上の問題が複雑かつ深刻であるため支援の方針や方向性を見出せなかったり、利用者のニーズに適した制度やサービスを提供できなかったり、利用者にどうコミュニケーションをとったり対応したりすればよいのかが分からず支援に行き詰まったり、あるいは支援の効果が確信出来ず現在行っている支援が適切なのかどうか疑心暗鬼になったりしてワーカーとしての限界を感じたりすることもある。

　一方で、日々ルーティンワークのなかでの場当たり的な関わりにとどまってしまったり、重度の要介護状態の利用者への介護疲れに陥ってしまったりもする。なかには利用者から暴言を浴びせられたり暴力を振るわれたりすることもある。

②社会福祉関連制度に関する要因

　わが国の社会福祉の多くは、社会福祉関係の施策や法制度に基づいて実施されている。第1章でも述べたように、近年の制度改革のなかで社会福祉制度は、過酷なまでに福祉サービス提供機関・施設やワーカーに対し厳しいものを求めている。施策や制度と社会福祉援助が密接な関係にあるため少なからず利用者支援にも影響を及ぼしている。むしろ、施策や制度に振り回されているといった方が適切かもしれない。

　経費削減に伴う職員の雇用形態の変化、安価な単価での福祉サービス提供、そのことに伴う賃金の実質的カットといった締め付けの一方で、福祉サービスの質の向上が求められている。しかし現実的には福祉サービスの質の向上が望めないという矛盾と葛藤が生じている。さらに、ワーカーの業務量が多

第7章　実践力の向上を目指して

すぎてじっくりと利用者支援に専念できない現象も生じており、ワーカーに大きくしわ寄せがきている。

③職場内（組織）の問題に関する要因

　わが国の多くのワーカーは、どこかの施設、機関、団体といった組織に所属している。いわば組織の一員である。組織では構成メンバーが一丸となって同じ目標に向かって、各人がそれぞれ役割を果たしつつなおかつお互いに協力しながら業務に携わっていくべきである。ところが、組織内には様々な問題が発生している。経営者が経営効率を優先し利用者支援をないがしろにしている、経営者の方針が不明瞭である、組織の方針が自分の考えと合わない、組織の指示命令系統が曖昧である、職務範囲が不明瞭である、少ない人員配置のなか業務多忙である、職責が重すぎて負担がかかりすぎて過重労働を強いられている、トップからメンバーへまたメンバーからトップへの情報伝達が不徹底であったり職員間のコミュニケーションが円滑に行われていなかったりなど情報が共有できない、メンバー間の考え方が異なっており全体としての意思統一が図られず自分勝手に動いているなどが挙げられる。

　職場の人間関係に悩まされることもある。上司、先輩、同僚、後輩、部下、関係機関・施設・団体の職員など様々な人間関係のなかで業務に携わっている。職場の人間関係は、仕事を遂行する上で多大な影響を及ぼすこととなり、多くの職員が職場の人間関係に気を使っている。職場の人間関係がもっともストレスの原因となっているといわれている[29]。職場の人間関係が良いと他の事柄で少々問題が生じても仕事を継続することができるが、そうでない場合、離職する可能性が高くなる。

　また、ワーカーが利用者支援に行き詰まったり悩んだりしても適切なスーパービジョンを受けることができない場合がある。ワーカーの専門職養成の体制が不十分である。さらに、ワーカーが一生懸命利用者支援に取り組んだり利用者支援に向け様々な企画を職場に提案しても、上司にそのことを評価してもらえなかったり取り組みや提案を拒否されたりすることがある。人事考課そのものも不透明で職場全体で合意が得られていない。やがてワーカーは、「いくら頑張っても上司から認めてもらえない。頑張っても頑張らなくても一緒だ」といった学習性無力感に陥る。

2．ワーカーのストレスとバーンアウト

　一方女性ワーカーの場合、職場と家庭との板ばさみでストレスに陥ることもある[30]。職場にあっては家庭のこと主に子どものことが気にかかり、仕事が終わればすぐに帰宅するが、家庭にあっては仕事のことが気にかかる。どの状態にあっても気がかりでならないため気持ちの休まるときがない。

④社会福祉援助職者（ワーカー）の社会的評価の低さに関する要因
　ワーカーは、専門職であるといわれている一方で、ワーカーを取り巻く環境は大変厳しい状況にあり、業務に対する正当な評価が得られていない。たとえば、ソーシャルワーカーの業務を他の専門職がどの程度理解しているだろうか。まして、世間一般の人々となればさらに他の専門職と比較しても認知度が低いといえよう。公務員や一般企業と比較して賃金など労働条件が厳しい。昨今、社会福祉や介護福祉を学んだ学生が一般企業へ就職する割合が増加している。社会福祉の現場に就職していても結婚を機に転職するといった例も多く見られる。また、他の専門職から対等に扱われない、すなわち専門職として地位が低いといったことが挙げられる。

　以上述べたような困難が、ストレスを引き起こす要因となっていく。現実と理想とのギャップにワーカーは、誰にも相談できず一人で悩み、過度の緊張、興奮、不安、挫折を経験し、失望感や孤独感を味わい、業務に意欲が湧かなくなったり、利用者と向き合うことができなくなったりする。

（3）ストレスの対処法

　上述のような要因を踏まえたうえでストレスをどのように対処すればよいのだろうか。田尾と久保は、個人的な対処法に加えて職場や社会のレベルでの方策や制度の改善という二つの視点が不可欠であるとしている[31]。ここでは、田尾と久保の視点をもとに、ワーカー個人による対処法、職場の改善による対処法、職場外のサポートによる対処法に分類して整理した。

1）ワーカー個人による対処法

　田尾と久保は、個人的対処として考慮すべき点を以下のように述べている[32]。
　①個人がどのような人かではなく、その人がストレスを克服するためにど

のような努力を行ったかという過程が重要である。
②ストレス要因がどれほど自分にとって負担が重いかその程度を評価する。
③結果ではなく過程であり、ストレスに対する努力そのものであって結果とは明確に区別する。
④逃避したり何かに投影したり防衛的になったりするだけでなく建設的に処理する。
⑤対処法はその人によって意図的、無意図的に探索される。

　対処法は、唯一絶対というものはなく、人、置かれている状況によって様々であり、ストレスの原因に立ち向かったり、変えようとしたり、問題となっている事柄の良いところを見出そうとすることもあれば、ストレスの原因を無視したり逃避・回避したりすることもある。具体的には、問題を処理するための方策を考えたり工夫したり、問題を別の側面から考えたり、問題をはじめから見直したり、誰かに相談したり、他の人に立場を理解してもらったり、計画をきっちり立てて行動したり、仕事を人に任せたり、問題に関する知識を増やしたり、リラックスする時間を見出したり、経験豊富な人に教示を仰いだり、あるいは問題を忘れるために他のことに没頭したり、しばらくの間考えないようにしたり、怒りや不満の気持ちを他の人や何かにぶつけて発散したり、飲食、煙草などで緊張を和らげたりするといったことが挙げられる。

　問題に対して能動的に働きかける方法は効果的であるが、逃避や回避といった対処法は一時的には解消されても根本的な解決には至らないであろう。よって、ストレス軽減やバーンアウトの防止には、問題を直視し、解決・軽減に向け行動することが望ましいといえる。ところが現実的には、問題が対処できるような内容である場合は改善に向けた取り組みが容易であるが、そうでない場合は限界を感じ回避や逃避の方向へと走ってしまう。

　そこで、田尾と久保は、ワーカー個人がストレスに耐えられるように能力や資質を向上させることが求められるとしており、具体的に次のような点を指摘している[33]。何かをしたいという信念やそのことに対する価値意識をしっかりもつことである。ワーカーとして、専門職としての自覚を高めていくことがバーンアウトへの耐性を高めていくことにもなる。また、自分自身の

気持ちを上手くコントロール出来、他者との感情のやり取りを上手く操作出来るようなことを含めた対人関係能力を高めることも必要であろう。さらに、利用者との関係では、現実としてどのようなことが起こっているのかを冷静に直視し、ワーカー自身がどのように考え行動すればよいかを的確に学習することである。

2) 職場の改善による対処法

ワーカー個々人のストレス対処法もあるが、むしろ職場やワーカーを取り巻く社会状況がどれだけ改善できるかがストレス解消に大きな影響を及ぼすといわれている。ワーカーの属性に関わらず、その人を取り巻く環境によってストレスの感じ方は大きく影響する。たとえば、よい人間関係を維持していると、その人間関係自体が精神的な健康に寄与したりストレッサに直面しても耐えることができたりすると指摘されている[34]。負担が過剰な仕事でも休憩しやすいところであったり上司が部下に理解を示してくれるところであったりするとストレインは低減されといわれている[35]。

井村弘子は、介護職員を対象として職場環境とバーンアウトとの関連を調査した[36]。その結果、業務への負担が少なく自律性（自由度、裁量権、職場の意思決定への関与の度合いなど）の高い職場環境や、温かく馴染みやすい雰囲気があり、自分の考えや工夫を生かすことができたり、気軽に意見をいったりすることができたり、仕事を通じ自分が成長出来ると感じている人は、バーンアウトの得点が低いと指摘している。そして、バーンアウトの防止・軽減のために以下の取り組みが重要であると述べている。①業務の多忙さの解消や責任の範囲の明確化といった勤務条件の整備改善を行う。②職場内の人間関係のなかで円滑なコミュニケーションを図りつつ、自らの判断で仕事に関与でき、自由に発言できる雰囲気があり、情報や体験を共有することで得られる一体感や互いの成果を認め分かち合う受容的な雰囲気などを確保しながら職場環境や職場の雰囲気の改善・調整を行う。

高良麻子は、ある特別養護老人ホームの職員を対象とした調査結果からバーンアウトの予防策として以下の7点を挙げている[37]。①価値観の明確化：組織の価値観を明確にすることにより組織と職員のズレを是正する。②常勤と非常勤の位置づけの改善：非常勤職員の待遇を含め常勤と非常勤の役割分

担を明確にする。③業務の明確化：業務を具体的に把握・分析し、それらの見直しを行い、利用者サービスを中心とした業務への移行のための事務業務の効率化を行う。④コミュニケーション体制の構築：職員間（特に管理職と一般職との関係）、部署間のコミュニケーションを円滑に行えるようにする。⑤評価基準の明確化：人事評価基準を開示したり自己評価を加えたりしながら評価するなど評価の仕組みを作り上げる。⑥研修の充実：介護技術や援助技術、コミュニケーション、論理的思考、組織の問題解決といった内容の研修を行う。⑦ストレスマネジメント：ストレスに関する知識を身につけたり、ストレスの管理、自己管理などを行ったりする。

　これらの調査結果は、介護職や高齢者施設職員に限らず社会福祉に携わる多くのワーカーにも当てはまるのではないだろうか。個々のワーカーが抱える問題を改善することがストレス軽減につながることはいうまでもない。その内容は多様であり、利用者支援に関する項目に限定することなく、広く組織目標の明確化、責務や職務内容、職場のコミュニケーションと人間関係、チームワークといった組織活動やワーカーが自由に意思表明でき主体的に業務に携わることができるような肯定的なワーカー支援が不可欠である。

　なかでも、上司、同僚といった職場の人間関係、友人や知人、家族など身の回りの人によるサポートが効果的であるといわれている。とりわけ、上司からのサポートが極めて重要であるとされている。職場のなかでは、上司の指示や命令のもとに業務を行っており、人事考課の影響を受けることになる。ワーカーが気持ちよく働くためには、上司との関係が良好に保たれ、サポートを受けることである。このことによって業務へのモチベーションが上がり、ストレスが軽減されるのである[38]。

　上司から支持を得ている、信頼されているといった充足感や困難に陥ったときフォローしてもらえるといった安心感の有無もストレス軽減に大きく影響する。具体的には、ワーカーが困っていたら話を聴いて受けとめてくれる、役立つ情報を提供してくれる、場合によっては的確なアドバイスがもらえたり助けてくれたりする、失敗しても一方的に叱られるだけでなく慰めてくれる、といったサポートがストレス軽減に大きく影響しているようだ。このように見ると、ワーカーのバーンアウトの要因や対処法に職場の上司や同僚が大きく関与しており、人財育成に管理職が大きな役割を果たしていることが

理解できるであろう。管理職のための人財育成に関する研修が重要であることを認識すべきである。

3）職場外のサポートによる対処法

　職場以外の友人や知人、家族からのサポートも重要である。これらの人は職場の人とは違った立場であり、場合によっては信頼出来リラックスして相談できるのであろう。さらに職場外の同業種の専門職からのサポートも対処法として考えられる。同業種の学習会や交流会を通して同じような悩みを抱える人たちと課題や悩みを共有し、改善策を見出すことで明日への活力ともなる。

3．スーパービジョン

(1) 人財育成のための環境整備

　ストレス要因のひとつに利用者支援に関する項目があることは前節で既に述べた。利用者との関わり方が分かってきたり、利用者理解が深まったり、利用者や利用者の家族から信頼されたり、頼りにされたり、感謝されたりして敬意を受けたり、利用者支援の方向性を見出すことが出来たり、利用者に適切な制度や福祉サービスを提供し支援を実感出来たりすることでストレスが軽減することがある。いわば、ワーカーが専門職としての自己の存在を認識出来るということであり、業務へのモチベーション向上につながっていくことになる。

　ワーカーの専門職性向上は、ワーカーの努力だけでなし得るものではない。とくに新任のワーカーなど経験の浅い若いワーカーに対しては、専門職としてあるいは社会人としての育成が不可欠である。ワーカーとしてどのようなスタンスでどう立ち振る舞うのかといった自ら考え判断できる素養を身につけるための教育が必要となってくる。第1章でも述べたように、ワーカーは組織の人財であり、その人財にさらに磨きを掛けていくのは組織の使命である。そこで、ワーカーの専門職性向上に欠かせないスーパービジョンについて述べることとする。

第7章　実践力の向上を目指して

　ワーカーは、利用者支援に関して様々な悩みを抱えている。具体的には、「利用者にどう関わればよいかが分からない」「○○さんと上手く関係が築けない」「利用者の過去のつらい話を聴かせていただいたが、その話を聴いてワーカーとしてどう返答し、対応すればよいのか分からず、言葉が出なかった」「利用者との関わりの最中にどのような声かけや対応を行っていけばよいのか困ってしまった」「利用者のあのときの言動をどう理解し分析すればよいか悩んでいる」「○○さんの支援の方針や目標・計画が見えてこない」、「利用者の要望に十分応えることができない」「利用者に適した制度や福祉サービスが存在しない」「学校で学んだことと現場での実践が異なっているように思うが、どのようにつながっているのか理解できない」など多様である。
　これらのストレッサをワーカー自身がうまく処理できればさほど問題ないが、ワーカーが処理できず蓄積されるとやがて自信喪失に陥ったりストレスに耐えきれず精神のバランスを崩してしまったりすることも起こりうる。このようなワーカーが近年急増しているのではないだろうか。そのような事態に陥らないために、メンタル面でのケアが深刻な課題となっている。
　一方で、不適切な対応を行っているにもかかわらずワーカーがそのことに気づいていない場合もあるだろう。さらに、よりステップアップを目指すためにもワーカーの教育、訓練が必要となる。ワーカー自身も自らを専門職として高めていくためには、自らの状況を正しく理解し、熟練者から適切な指導、教育、助言を仰ぐべきである。
　利用者に最適な福祉サービスを提供し、支援の向上を目指すこと、そして、ワーカーの人間として、援助者としての成長を目指すためにもワーカー支援としてのスーパービジョンが重要な役割を担っている[39]。

（2）スーパービジョンとは
1）スーパービジョンの意味
　スーパービジョンは、ワーカーの教育過程[40]、ワーカーの教育訓練の方法であり支持する援助方法[41]、ワーカーの能力発揮の援助過程[42]など様々な捉え方がなされている。そこには、ワーカーが「自己を見つめ、吟味し、自らを理解し、受容する体験が提供されることを通じて、十分な力量を保持する社会福祉専門職として育っていくことが期待されている」のである[43]。

3．スーパービジョン

　スーパービジョンは、スーパーバイジーであるワーカーがスーパーバイザーである熟練者から一方的に教えてもらうことでもなければ、逆にあら探しをされることでもない。スーパービジョンではワーカーの気づきを促すことが重要視されている[44]。ワーカーが困難を直視し、自ら考え、その解決のために取り組めるよう支援することである[45]。これは、ワーカーが受身に学ぶのではなく、主体となって学ぶことを目指しているといえる。なぜなら、利用者支援は曖昧で多様なものであり矛盾や葛藤があるがゆえに、ワーカーの独創性が求められており、ワーカーが自ら考え判断しなければならないからである。すなわち、ワーカーの独り立ちを意図しているのである。

　むろん一人ひとりのワーカーの力量は異なっている。現時点で有する能力や置かれている状況も異なっている。一人ひとりのワーカーがその有する力量や能力や置かれている状況のなかで、最大限有する能力が発揮できるよう、さらにステップアップできるようワーカーの養成を行う過程であるといえる。

　スーパービジョンには、その働きともいえる教育機能、管理機能、支持機能、評価機能がある。

①教育機能は、具体的な事例を通して利用者支援に必要な価値、知識、技術、具体的な支援のあり方を教えたり、スーパーバイジーであるワーカーが学ぶのを援助したりすることである。専門職養成の一環としてワーカーを訓練するといった要素も含まれている。

②管理機能は、施設・機関の目的、役割や機能を遂行するために現場責任者の立場にある管理職が、管理業務の一環としてワーカーに伝達しつつ、業務計画の立案、ワーカーの業務分担、部署内・部署間の連絡調整を行うものである。単に職務管理に終始するのではなく、ワーカーと経営者との間に起こる葛藤を両者の間に立って調整したり、利用者の利益を守るために経営者に働きかけたり、利用者や家族から出てきたワーカーに対する不満への対応を行ったりするなど組織運営の重要な機能となっている。

③支持機能は、ワーカーを励ましたり、称賛したり、暖かく見守ったりするなど側面的に支援することである。ワーカーの意欲を維持したり、高

めたり、あるいは挫折感、不安感や不満感を軽減したりして専門職としての誇りと自覚を高めていくことである。支持機能にはワーカーの自己覚知の要素も含まれている。

④評価機能は、実践の結果を評価することとワーカーの組織の一員としてそして専門職としての成長度を評価することである。これによって、実践を客観的に分析できたりワーカーの成長の度合いをスーパーバイザーとスーパーバイジーであるワーカーが共有できたりするようになる。

どの機能を用いるかはワーカーの置かれている状況によって異なってくるが、管理機能と評価機能は、組織の一員として常に付随するものである。新任や経験の浅いワーカーには教育機能と支持機能を併用しつつ、ある程度熟練したワーカーに対しては支持機能を効果的に用いる方が望ましいといえる。

これまでの論議を踏まえ、ここではスーパービジョンを次のように定義しておく。「スーパービジョンとは、スーパーバイザーがスーパーバイジーの専門家としての養成を行う過程である。スーパーバイジーが備えている知識、技術の中で行ってきた実践の評価を行い、陥っている困難から脱却して今後クライエントに対してスーパーバイジーの力量の中で最良のサービスが提供できるよう、より力量の向上を目指した作業といえよう。それは、スーパーバイジーが自ら直面している問題に取り組み、自ら考え、行動できるようスーパーバイジーを訓練するとともに側面的に支援していくことである。そして、その成果を評価することである。スーパービジョンは、スーパーバイザーとスーパーバイジーが協働しつつ、クライエントの援助を行うのである」[46]。

2) スーパービジョンの進め方

スーパービジョンには様々な形態がある[47]。①職場に外部から学識経験者や熟練者などを招く、②同職種の研究会などに参加して学識経験者や熟練者からスーパービジョンを受けたり参加者同士のピアスーパービジョンを行ったりする、③職場の上司からOJTの一環として受けたり職場の同僚同士によるピアスーパービジョンを行ったりする、④専任のスーパーバイザーを配置する。

スーパービジョンは、組織の命令系統とは別の枠組みで行うことが理想的であるが、職場内にスーパービジョン体制を整え、OJTの一環として行うことがもっとも現実的である。特に新任のワーカーや経験の浅いワーカーには、決まった上司や先輩ワーカーのもとでスーパービジョンを受けながら業務を行う体制が望ましい。

　また、ケアカンファレンスなどの機会を活用し、職場の同僚同士のディスカッションによって様々な観点からの意見を聞くことで新たな気づきが生じることもある。この同僚とのピアスーパービジョンも極めて効果的である。

　ただ、わが国の現場の多くのワーカーが自ら体系的なスーパービジョンを受けておらず、どのようにスーパービジョンを展開すればよいか戸惑っているというのが現状である。スーパーバイザーとなるべきワーカーも利用者支援のあり方に悩みながら業務を遂行していたり、自らの業務に追われていたりして後輩育成にまで手が回らないのが現状である。さらに、ケアカンファレンスなどのピアスーパービジョンもディスカッションそのものが深まり建設的な意見が出ればよいが、職場によっては議論が深まらず特定の職員の意見がそのまま採用されたり、支援の本質とは異なった方向性が示されたりしても軌道修正できない現状もある。

　しかし、少しずつスーパービジョンの体制を整えることが重要であり、そのことが長期的観点に立つと、効果的であり効率的である。暗中模索のなかでまずはスーパービジョンを試みることが肝要となる。そのうえで問題点を整理し、必要に応じて学識経験者などにコンサルテーションを受ける方法もある。職場でスーパービジョンの土壌づくりを行うことが喫緊の課題といえる。そのためには、職場のトップがスーパービジョンの必要性を認識し、職員に周知徹底し、スーパービジョンの体制作りから始めなければならない。

3）スーパービジョン関係

　スーパービジョンは、決してワーカーの問題点を指摘することに終始するものではない。ワーカーがスーパービジョンを受けるにあたって自らを卑下したり卑屈になったりする必要はない。自らを磨き上げる機会と捉えるべきである。

　一方、スーパーバイザーは、スーパーバイジーであるワーカーを批判した

第7章　実践力の向上を目指して

り攻撃したりすることに終始するだけではワーカーの成長にはつながらないことを承知しておくべきである。ワーカーの人間として、専門職としての成長を意図するものであることを認識し、スーパービジョンにあたらねばならない。

　蘇珍伊らは、介護職が与えられた課題を自分自身がいかにうまくできるかを認知する有能感について、利用者との肯定的な関係が大いに関連しているという結果を導き出した。一方で、業務の達成感は、職場内での人間関係が良いと感じられる程度が高い人ほど感じており、能力の発揮や成長は、上司や同僚からソーシャルサポートを受けていると感じられる程度が高い人ほど感じているという結果も導き出している[48]。上司や同僚からの肯定的なサポート、すなわち支持的スーパービジョンを有効に活用することでワーカーの業務の達成感や能力の発揮や成長感につながり、業務へのモチベーションも向上すのではないだろうか。

　スーパーバイザーとスーパーバイジーの関係であるスーパービジョン関係は、援助関係に大きな影響を及ぼすといわれている。自分が受けたスーパービジョンで抱いた感情をワーカーは無意識のうちに利用者との関係のなかでも抱くというもので、これをパラレルプロセスという[49]。つまり、スーパーバイザーとスーパーバイジーの関係が上下関係で葛藤の強いものであれば窮屈な関係となり、そのことが利用者とワーカーの関係にも反映されるというものである。逆にスーパーバイジーがスーパーバイザーに対し赤裸々な感情を表現できる受容的な関係であれば、ワーカーは自分自身の感情を表現することができ、自分自身の不安や葛藤、困難な状況に気づくことができるのである。そして、受け入れられたという心地よさから受け入れられることの意味を理解でき、利用者の想いを受け入れることができるようになるのである[50]。しかし、そうした経験がなければ受け入れられるということの意味が理解出来ず、利用者を受け入れることが出来ないのである。

　よって、スーパーバイザーは、スーパーバイジーに対して受容的、共感的、傾聴的態度であることが望ましい。そして、ワーカーのエンパワメントを志向することが利用者のエンパワメントにつながっていくと考えられる。ワーカーの問題に焦点化するのではなく、ワーカーのパワーに着目したスーパービジョンが結果的に利用者支援につながっていく[51]。ワーカーは、スーパー

バイザーにエンパワーされることによって自らもエンパワーし、そのことが利用者のエンパワメントを支援できるようになるのである。

4．さらなる飛躍を目指して

　久田は、社会福祉の仕事を「チャレンジング・ジョブ（Challenging Job）」であると紹介している。チャレンジング・ジョブとは、「たいへんだからこそプロとしてやりがいがあるすばらしい仕事」であり「プロとして問題解決や課題達成に向けてチャレンジすべき仕事」という意味である[52]。そして、チャレンジング・ジョブとするためのポイントを①たいへんだと思われる仕事こそ、プロとしてやりがいのある仕事だと考える、②新しい取り組みに着手しようとするとき、「できるようにするための方法」を考えるという前向きな姿勢でのぞむ、③新たな課題にチャレンジするためには、自らの専門性を高める努力が欠かせない、以上3点を挙げている[53]。

　利用者支援は、これまで述べてきたように曖昧で多様であり、矛盾や葛藤が混在しており、明確なゴールが常に定まっているわけでもなく、しかも支援の効果も常に実感出来るわけではない。さらに、まだまだ社会的な評価が不十分である。ワーカーは、バーンアウトに陥ってしまいがちである。

　対人援助は一方で、奥深く幅広いものであり、ワーカーとしての裁量に左右されることが多い。いわば、ワーカー次第ともいえ、利用者に多大な影響を及ぼす重責を担っているのである。社会福祉は大変な仕事であるが、利用者支援を喜びと感じ、利用者の成長、安心を自分の喜びと感じられる、やりがいがあるのである。

　ほとんどのワーカーは、「やりがいのある仕事」だから社会福祉を仕事として選択したのではないだろうか。ぜひとも、「やりがいのある仕事」であり続けて欲しい。そのための努力を惜しまず、ワーカーとしての成長が望まれる。他のワーカーと比較して自分自身に優劣をつけてしまいがちである。そのこと自体悪いことではない。しかし、今の自分自身の位置からスタートして自分のペースで自分自身を高めていけばそれで十分である。周りに振り回されることなく、専門職として自己研鑽を怠ってはならない。自分自身と

第7章　実践力の向上を目指して

の闘いでもある。

　ワーカーは聖人君子ではない。ときには愚痴が出ることもあるだろう。それも当然の姿である。職場の内外を問わず、ぜひとも相談できる人を一人でも良いから作っていただきたい。心から話せる人、赤裸々な気持ちを受け止めてくれる人、厳しく指摘してくれる人、どのような人でも良い。信頼できる人に話をすることによって不安や不満が軽減したり解消したりすることもある。単に愚痴で終わらせるだけでなく、何気ない愚痴のなかから、あるいはその話し合いを通して新たな視点を見出すことも可能である。「私だけがこのような悩みを抱いていたのではなかったことが分かって安心した」「利用者との関わりで〇〇をチャレンジしてみよう」「〇〇さんの気持ちも少し分かったような気がするから明日から関わり方を変えてみよう」といった肯定的な見方が出来ることを期待したい。

　ワーカーは一人の人間であり、失敗もある。自己嫌悪に陥ることもあるだろう。だが、何よりも自分自身を大切にすべきである。自分を大切に思えないと利用者も大切に思えない。まず、自分自身を愛し、価値ある存在、尊厳のある存在、人から認められる存在であると自覚すること、いわば自己効力感を高めることが何よりも重要である。そのことが利用者に反映していくのである。自分自身をポジティブに捉えてもらいたい。そのためにぜひ、利用者支援に真剣に取り組んでいる自分を褒めてみてはいかがであろうか。

　これまで述べた取り組みをすべて実行することは不可能かもしれない。むろん、本書の内容だけで利用者支援すべてを網羅できるわけでもない。だが、実行可能なことを地道に行うことで、確実にワーカーとして成長していくであろう。利用者支援の実践と理論は、別物ではない。「根拠に基づく実践」を心がけていただきたい。

　読者である皆さんが利用者支援を担う専門職としてさらに飛躍することを期待して本書の締めくくりとしたい。

注

1) 尾崎新『対人援助の技法-「曖昧さ」から「柔軟さ・自在さ」へ-』誠信書房、1997、pp. i －ii
2) 前掲1)、尾崎新、p.ii
3) 前掲1)、尾崎新、p.ii
4) 前掲1)、尾崎新、pp.12－13
5) 前掲1)、尾崎新、pp.17－18
6) 尾崎新『「現場」のちから-社会福祉実践における現場とは何か-』誠信書房、2002、pp.11－12
7) 前掲6)、尾崎新、p.22
8) 川村隆彦『支援者が成長するための50の原則-あなたの心と力を築く物語-』中央法規出版、2006、pp.12－35
9) 金田一京助、山田忠雄（主幹）他編『新明解国語辞典第5版』三省堂、1997、p.583
10) 久田則夫『どうすれば福祉のプロになれるか-カベを乗り越え活路を開く仕事術-』中央法規出版、2004、pp.24－29
11) 前掲8)、川村隆彦、p.113
12) 川瀬政裕、松本真理子編『新自分さがしの心理学-自己理解ワークブック-』ナカニシヤ出版、1997などが参考となろう。
13) 上續宏道「ストレスが引き起こす諸問題」、清水隆則、田辺毅彦、西尾祐吾編著『ソーシャルワーカーにおけるバーンアウト-その実態と対応策-』中央法規出版、2002、p.18
14) 前掲13)、上續宏道、pp.19－20
15) 田尾雅夫、久保真人『バーンアウトの理論と実際-心理的アプローチ-』誠信書房、1995、p.15
16) 前掲15)、田尾雅夫、久保真人、pp.16－18
17) 前掲15)、田尾雅夫、久保真人、p.16
18) 前掲13)、上續宏道、p.21
19) 前掲15)、田尾雅夫、久保真人、pp.18－19
20) 前掲15)、田尾雅夫、久保真人、p.18
 高良麻子「特別養護老人ホーム職員のバーンアウトに関する研究（1）-バーン

第7章 実践力の向上を目指して

アウトの予防を目指して―」『東京家政学院大学紀要』第43号、2003、pp.85－92
21) 井村弘子「介護職員のメンタルヘルス―職場環境とバーンアウトとの関連―」『沖縄大学人文学紀要』第6号、2005、pp.79－89
22) 前掲15)、田尾雅夫、久保真人、pp.19－24
23) 清水隆則「バーンアウトの理論と調査」、清水隆則、田辺毅彦、西尾祐吾編著『ソーシャルワーカーにおけるバーンアウト―その実態と対応策―』p.59
　　前掲20)、高良麻子、pp.85－92
24) 藤野好美「社会福祉従事者のバーンアウトとストレスについての研究」『社会福祉学』第42巻第1号、2001、pp.137－149
25) 前掲15)、田尾雅夫、久保真人、pp.50－74
26) 前掲24)、藤野好美、pp.137－149
　　前掲21)、井村弘子、pp.79－89
　　前掲20)、高良麻子、pp.85－92
　　藤本純子、富岡和久「介護福祉士・看護師のバーンアウト傾向とストレス要因の関係」『北陸学院短期大学紀要』第38号、2006、pp.193－201
27) 前掲15)、田尾雅夫、久保真人、pp.11－13
28) 前掲15)、田尾雅夫、久保真人、p.56
29) 職場の人間関係：上續宏道は、ストレスと職場の人間関係の関係を以下のように述べている。個人のストレスによるイライラや短気、自分の殻に閉じこもるといった態度が人間関係に悪影響を及ぼしており、このことがさらにストレスを増幅させている。また、人に対して、怒りっぽくなったり、反抗的になったり、上司の指示を被害妄想的・反抗的な態度で受け止めたり、上司や同僚に攻撃の感情をもち対話を避けたり、相手の行為を曲解したりする。出勤しても仕事が手につかず、精神的に不安定となりイライラ・おどおどした態度になり、出勤できない状態にもなる。職場の人間関係に神経を使い職務に専念しようとしても職場全体の人間関係から孤立し、職務に支障をきたすことにもなる。チームワークにも悪影響を及ぼし、コミュニケーションが上手く働かなければ、情報が歪められたり誤って伝えられたりして労働意欲が低下する。結果的に利用者への対応が不十分となり利用者が不利益をこうむることとなる。前掲13)、上續宏道、pp.26－27
30) 多田ゆかり、村澤孝子著『看護師、心理士、教員などとその家族のために対人援助職のメンタルケア』ミネルヴァ書房、2006、pp.3－18

31）前掲15)、田尾雅夫、久保真人、p.77
32）前掲15)、田尾雅夫、久保真人、pp.75－77
33）前掲15)、田尾雅夫、久保真人、pp.88－90
34）前掲13)、上續宏道、pp.25－26
35）前掲15)、田尾雅夫、久保真人、p.18
36）前掲21)、井村弘子、pp.79－89
37）前掲20)、髙良麻子、pp.85－92
38）前掲15)、田尾雅夫、久保真人、pp.69－70
39）津田耕一「スーパービジョンの意味」、相澤譲治、津田耕一編著『事例を通して学ぶスーパービジョン』相川書房、2000、p.7
40）荒川義子編著『スーパービジョンの実際―現場におけるその展開のプロセス―』川島書店、1991、p.20
41）黒川昭登『スーパービジョンの理論と実際』岩崎学術出版、1992、p.ii
42）黒木保博、倉石哲也『社会福祉援助技術』全国社会福祉協議会、1998、p.121
43）北川清一「社会福祉専門職としての成長」、山崎美貴子ほか編『社会福祉援助活動―転換期における専門職のあり方を問う―』岩崎学術出版、1998、p.178
44）前掲40)、荒川義子、p.20
45）前掲39)、津田耕一、p.8
46）前掲39)、津田耕一、pp.8－9
47）津田耕一「わが国にみるスーパービジョン」、相澤譲治、津田耕一編著『事例を通して学ぶスーパービジョン』相川書房、2000、p.208
48）蘇珍伊、岡田進一、白澤政和「特別養護老人ホームにおける介護職員の仕事の有能感に関する要因―利用者との関係と職場内の人間関係に焦点をあてて―」『社会福祉学』第47巻第4号、2007、pp.124－135
49）植田寿之『対人援助のスーパービジョン―よりよい援助関係を築くために―』中央法規出版、2005、p.160、pp.162－163
50）前掲49)、植田寿之、pp.162－163
51）丸山裕子「ソーシャルワーク実践過程へのクライエント参加とエンパワーメント―精神医学フィールドを中心に―」『大分大学教育福祉科学部研究紀要』第21巻2号、1999、pp.265－273
52）前掲10)、久田則夫、pp.79－81

第 7 章　実践力の向上を目指して

53) 前掲10)、久田則夫、pp.89 − 90

参考文献

・Freudenberger,H.G.「Stuff burnout」『Journal of Social Issues』30, pp159 − 165
・Maslach,C. & Lackson,S.E.「The measurement of experienced burnout」『Journal of Occupational Behaviour』Vol.2, 1981, pp99 − 113
・Maslach,C.Burned-out Human Behavior 5（9）, 1986, pp16 − 22
・田辺毅彦「高齢者介護施設スタッフのストレス研究－年齢別バーンアウト特性からみた介護環境移行の問題点－」『北星論集』第42巻第1号、2004、pp.41 − 56
・津田耕一『施設に問われる利用者支援』久美出版、2001
・相澤譲治、津田耕一編著『事例を通して学ぶスーパービジョン』相川書房、2000

索引（人名）

・あ・

相澤譲治 ……………………… 43
秋山薊二 ……………………… 76
秋山智久 ……………… 64、135
石渡和実 ……………………… 80
市川和彦 …………… 109、136
稲垣佳世子 …………………… 86
井村弘子 …………………… 239
岩田正美 …………… 122、127
岩間伸之 …………………… 147
植田寿之 ……………………… 72
上續宏道 …………… 229、250
太田義弘
　…… 44、70、73、139、140、141
大和田猛 ……………………… 43
岡村重夫
　…… 40、41、42、65、119、
　　　120、121、210
岡本民夫 ……………………… 36
尾崎新
　…… 180、181、182、223、224

・か・

川原邦彦 ……………………… 19
川村隆彦 …………… 183、225、226
北川清一 ……………… 39、52
北島英治 ……………………… 57
北野誠一 …………………… 116

・さ・

木原活信 ……………………… 67
空閑浩人 ……………………… 56
グティエーレス,L.M. ……… 84
久保真人
　…… 230、231、233、237、238
久保美紀 ……………………… 80
小松源助 ……………………… 77

・さ・

坂野雄二 ……………… 86、99
芝野松次郎
　……………… 37、194、209、210
ジャーメイン,C.B. ………… 72
ジョンソン,L.C. …………… 218
白石大介 …………… 188、190
副田あけみ ……………… 46、76
ソロモン,B.B. ……………… 77

・た・

田尾雅人
　…… 230、231、233、237、238
高山直樹 …………… 104、105
高良麻子 …………………… 239
武田建 ……… 179、204、216
武田康晴 …………………… 116
田中英樹 ……………………… 80
谷口明広 …………………… 116
トーマス,E.D. …………… 204

・な・

中村佐織 …………………… 84、140

・は・

パーソンズ,R.J. ……………… 83
バイステック,F.P. …………… 178
狭間香代子 ………………… 64
長谷川保 …………………… 23
長谷川力 …………………… 23
波多野誼余夫 ……………… 86
春木豊 ……………………… 202
バンデューラ,A. ……………… 99
久田則夫 …………………… 225、247
平塚良子 …………………… 45、55
深田博己 …………………… 187、219

・ま・

松岡敦子 …………………… 195
三毛美予子 ………………… 80

・や・

米本秀仁 …………………… 39

・ら・

リッチモンド,M.E. ……… 72、83
リンズレー,O.R. …………… 209
ロバーツ,E.V. ……………… 115

・わ・

渡辺俊介 …………………… 3
渡部律子 …………………… 146

索　引

・英字・

ABAデザイン …………… 172
ABデザイン ……………… 172
OJT ………………… 110、244
Off-JT …………………… 110

・あ・

アカウンタビリティー（説明責任）
　………………………… 34
アセスメント …………… 146
アセスメントの内容 …… 149
アセスメントの留意点 … 159
アドボカシー ……… 85、135
医学モデル ……… 69、72、75
一方向のコミュニケーション
　………………………… 197
一般システム理論 …… 70、73
一般的援助関係 ………… 178
インターベンション（介入）
　………………………… 166
インテークワーカー …… 144
エコシステム ……… 73、74
選ばれる事業所・施設 …… 29
援助関係 ………………… 177
援助関係を築くための原則
　………………………… 185
エンパワメント
　………… 77、81、84、211

応益負担（定率負担） ……… 9
オペラント行動 …… 205、208

・か・

学習性無力感
　……… 78、87、211、231、236
学習理論 ………………… 203
価値 ………………… 45、57
環境 ……………………… 203
環境のなかの人 ………… 74
間歇強化 …………… 208、221
感じるニーズ …………… 127
管理者の責務 …………… 64
キーパーソン …………… 155
聴き方のABC …………… 195
規制緩和 ………… 3、9、17
規範的ニーズ …………… 128
虐待 ………………… 107、109
虐待の捉え方 …………… 136
逆転移 …………………… 178
強化 ……………………… 206
強化子 ……………… 206、207
共感 ……………………… 196
行政処分 ………………… 2
競争原理 ………………… 16
経営手腕 ………………… 18
経営方針 ………………… 20
経営理念 …………… 20、22

255

傾聴面接 …………………… 195
契約 ………………………… 144
契約による利用制度 ……… 1、7
結果事象 …………………… 205
結果評価 …………………… 169
言語コミュニケーション …… 189
顕在化されたニーズ ……… 122
権利 ………………………… 104
権利擁護 ………… 101、105、135
交互作用 ………………… 72、75
行動 ………………………… 205
行動心理学 ……… 202、215、220
行動変容 …………………… 220
行動療法 …………………… 203
行動理論 …………………… 202
国際ソーシャルワーカー連盟
　…………………………… 43
個人の価値観 ……………… 58
個人の尊厳 ………………… 103
個としての尊厳 …………… 45
コミュニケーション ……… 187
コミュニケーション・スキル
　…………………………… 199
コミュニケーションの概念
　…………………………… 187
コミュニケーションの過程
　…………………………… 188
コミュニケーションの目的
　…………………………… 218
コミュニケーションを阻む要因
　…………………………… 190

根拠に基づいた実践 ……… 34
コンサルテーション ……… 245

・さ・

サービス提供の基本理念 …… 21
再アセスメントへのフィードバック
　…………………………… 170
三項随伴性 ………………… 209
ジェネラリスト（ジェネラル）・
　ソーシャルワーク ……… 76、95
ジェネラリスト・ソーシャルワーク
　…………………………… 70
ジェネラル・ソーシャルワーク
　…………………………… 70
支援 ………………………… 130
支援過程の二つの側面 …… 142
支援計画 ………… 161、165
支援の展開過程 …………… 139
支援目標 …………………… 161
事業所・施設の存在意義 …… 19
自己覚知 …………………… 54
自己啓発 …………………… 110
自己決定 ……… 51、86、115、130
自己効力感 ……… 82、86、87、99
自己実現 …………………… 129
自己選択 ……… 51、86、115、130
自己理解 …………………… 227
市場原理 …………………… 9、16
システム …………………… 71
施設神話 …………………… 153
実践と理論の融合 ………… 38

256

実践の科学化	36	職場の人間関係	250
実践モデル	34、37	自立	113、116、129
実践力	14、39	自立観	115
社会関係の客体的側面	41	自立生活	116、117、161、164
社会関係の主体的側面	40、41、42	自立生活運動	115
社会関係の二重構造	41	人権	101、103
社会資源	54、158	人権尊重	11、45
社会生活の基本的要求	121	人財	17、28
社会的学習理論	99	随伴関係	205
社会福祉援助	42、44	スーパーバイザー	243、245
社会福祉援助に必要な知識	52	スーパーバイジー	243
社会福祉援助の技能（スキル）	55	スーパービジョン	111、241、242
社会福祉基礎構造改革	2、103	スーパービジョン関係	245
社会福祉基礎構造改革について（中間まとめ）	3、4	スキル	67
社会福祉固有の視点	40、41	スティグマ	77
社会福祉制度改革	2	ストレス	75、110、229、230
社会福祉の対象	42	ストレス過程	230
終結	173	ストレスの対処法	237
手段的ニーズ	121	ストレッサ	229、242
消去	206	ストレングス	82、84、85、211
常勤換算方式	17	生活上の問題	119、150、152
情緒的な人間関係の側面	143	生活モデル	75、76、210
情報収集	147	生態学	71
職員の意識改革	59	生態学視座	70、73
職員のプロ意識	60	生態学的視座	72
職業倫理	47、57	制度改革	14
		制度改革の意義	15
		絶対的ニーズ	121

257

セルフ・アドボカシー ………… 87
先行刺激 ……………………… 205
潜在的ニーズ
　　………………… 122、123、128
全米ソーシャルワーカー協会
　　……………………………… 55
専門職 ………………… 63、64
専門職性 ………… 34、62、64
専門職制度 …………………… 64
専門性 ………………………… 64
専門的援助関係 ……… 177、178
専門的価値 …………………… 48
専門分化 ……………………… 70
操作定義 …………………… 159
双方向のコミュニケーション
　　…………………………… 197
ソーシャル・ケース・ワーク
　　…………………………… 72
ソーシャルワーカーの倫理綱領
　　……………………… 45、48
ソーシャルワーク ……… 42、44
ソーシャル・ワーク実践
　　…………………………… 139
ソーシャルワークの専門価値
　　…………………………… 57
措置 …………………………… 2
措置制度 ………… 1、7、10、34
措置費 ………………………… 1
尊厳 ………………………… 103

・た・

対処能力 ……………… 75、157
対人援助サービス ……… 24、27
対等な関係 ……………… 5、6
多層ベースラインデザイン
　　…………………………… 173
ディザイア ………………… 125
ディマンド ………………… 125
テクニック …………………… 67
転移 ………………………… 178
転移と逆転移 ……………… 216
道具的コミュニケーション
　　…………………………… 220
同情 ………………………… 196
導入 ………………………… 143

・な・

ニーズ
　　… 13、119、120、125、153、158
日常業務 …………………… 60
日常生活場面 ……………… 198
日本介護福祉士会倫理綱領
　　…………………………… 50
人間尊重 …………………… 46
人間と環境との接触面 …… 74
人間の社会化 ……………… 46
人間の尊厳 ………………… 103

・は・

パートナーシップ ……… 85、133
バーンアウト ……………… 231

258

バーンアウトの具体的な症状
　　　　　　　　　　　……… 231
バーンアウトの要因 ……… 232
罰 ………………… 206、207
パラレルプロセス ………… 246
パワー ……………………… 80
パワーレス ………………… 77
パワーレスな状態 ………… 87
反射的利益 ………………… 1
ピアスーパービジョン ……… 245
比較ニーズ ……………… 128
非言語コミュニケーション
　　　　　　　　……… 189、202
非言語コミュニケーションの困難性
　　　　　　　　　　　……… 192
非言語コミュニケーションの重要性
　　　　　　　　　　　……… 191
非言語コミュニケーションの特徴
　　　　　　　　　　　……… 219
ビジョン …………………… 23
評価 ……………… 169、170
表出されているニーズ …… 128
表出的コミュニケーション
　　　　　　　　　　　……… 220
福祉経営 ……………… 16、19
福祉サービス
　　 4、6、16、23、24、26、27、28
福祉ニーズ ……… 119、120、121
プロセス評価 ……………… 169
プロセティック・アプローチ
　　　　　　　　　　　……… 210

プロセティック（補綴的）環境
　　　　　　　　　　　……… 209
プロセティック関係 ……… 209
ベースライン ……………… 171
変化の可能性 ……………… 46
弁別刺激 ………………… 206
「ほどよい」援助関係
　　　　　　　　……… 180、182

・ま・
無力感 …………………… 224
目標設定上の課題 ………… 163
モニタリング ……………… 169
問題の所在 ………………… 75

・ら・
理性的な側面 ……………… 143
理念 ………………………… 4
リハビリテーション ……… 117
利用者 …………………… 43
利用者主体 ……… 6、128、129
利用者主導 ………………… 87
利用者の意思 ……………… 51
利用者の意思を引き出す
　　コミュニケーション ……… 192
利用者の弱さ …………… 157
利用者本位 …………… 5、77
利用制度の意義 …………… 6
利用制度の課題 …………… 7
利用制度の光と影 ………… 10
倫理上のジレンマ ………… 50

連続強化 ……………………… 208

・わ・

ワーカー　……………………… 43
ワーカーに求められる資質
　　……………………………… 225
ワーカーのエンパワメント
　　……………………………… 226
ワーカーの活動と役割 ………… 167
ワーカーの具体像 ……………… 225
ワーカーのストレス要因 ……… 235
ワーカビリティ …………… 82、88

おわりに

　本書の企画から発行までに3年を有した。この間、社会福祉を巡る動向や制度が激変した。制度上の壁が重く圧し掛かっているだけに、社会福祉やソーシャルワークの理念や価値に基づいた実践が困難なことも多いだろう。だからといって諦めてしまうのではなく、制度が変わろうとも利用者支援の本質はゆるぎないものである。支援者であるワーカーや福祉サービス提供事業所・施設は、つねに利用者を中心に考え、利用者の生活を支援することを怠ってはならない。

　現場に役立つ、社会福祉や社会福祉援助の理論を踏まえた実践研究が重要視されつつある。2007（平成19）年に開催された「日本社会福祉学会第55回全国大会」において、現場経験のある研究者が報告者となり「時代を切り拓く社会福祉研究：実践現場との共同研究を通して」というテーマで学会企画シンポジウムが執り行われた。まさに、実践と理論の融合が求められているのであり、これからの利用者支援には「根拠に基づく実践」が不可欠となっている。

　学生時代、恩師の武田建先生（現在関西福祉科学大学大学院研究科長）が授業中に「大学の教員は難しい理論を現場のワーカーに分かりやすく解説し、現場のワーカーがそれを踏まえた実践ができるよう支援しなければならない。にもかかわらず、より難解な表現にしてしまっている」といった趣旨のことを話されていた。武田先生の著書はどれも現場において実践しやすいよう分かりやすい表現の記述となっている。まさに、実践と理論とが融合した書籍である。

　12年間の現場経験のある筆者は、現場に分かりやすい書籍として2001（平成13）年に『施設に問われる利用者支援』（久美株式会社）を刊行したが、これは初心者にも十分理解していただける表現となっている。しかし、内容的に不十分なところがあったり、もととなっている根拠についての記述が乏しかったりしたことは否めない。そこで今回、やや硬い表現となっているが社会福祉やソーシャルワークの価値、理念、モデルやアプローチを紹介しつつ現場に役立つ本書を刊行した。むろん、理論の紹介に終わったつもりはなく、現場のワーカーの方々との実践研究を踏まえて執筆したつもりである。

ぜひ役立てていただきたいと同時に忌憚のないご意見も頂戴したい。

　「現場に即した書籍を」という強い思いは、武田先生の影響によるものであろう。武田先生の教えを少しでも実践できれば幸いである。

　最後に、本書の企画を快諾してくださった久美株式会社の伊藤琢美氏、原稿が大幅に遅れたにもかかわらず温かく見守り適切な編集作業を行ってくださった大塚真須美氏には心より感謝する。

2008年9月
津田　耕一

著者紹介

津田　耕一（つだ　こういち）

　関西学院大学大学院社会学研究科（社会福祉学専攻）博士前期課程修了。身体障害者授産施設職員を経て、現在、関西福祉科学大学大学院社会福祉学研究科・社会福祉学部社会福祉学科教授。社会福祉士。複数の社会福祉法人の理事・評議員、権利擁護事業委員、各種行政委員などを兼務。また、福祉現場のワーカーの方々と共同で利用者支援のための実践研究やワーカーのスキルアップのための研修も実施。

主な著書

　単著『施設に問われる利用者支援』久美
　共著『社会福祉援助方法』有斐閣
　共著『新・社会福祉援助の共通基盤上』中央法規出版
　共著『ソーシャルワークの実践モデル』川島書店
　　　　　　　　　　　　　　　　　　　　　　　　　　　　　など

Ⓒつだこういち　2008

利用者支援の実践研究
福祉職員の実践力向上を目指して
2008年10月13日　第1版第1刷発行

著　者　　　津田　耕一

発行者　　　田中　久米四郎

発行所　　　久美株式会社

〒604-8214　京都市中京区新町通錦小路上ル
電話　075（251）7121
FAX　075（251）7133
郵便振替口座　00900-2-136933
http://www.kumi-web.co.jp/
Email：info@kumi-web.co.jp

ISBN　978-4-86189-089-5　C3036
印刷・製本　創栄図書印刷株式会社

落丁・乱丁本の節はお取り替え致します。
許可なく本書の一部または全部の複写・複製を禁じます。
＜ Printed In Japan ＞